Typisch Amerikanerin

Im vorliegenden Buch „Typisch Amerikanerin" schreibt der Erfolgsautor über seine Begegnungen mit amerikanischen Frauen, deren Denkweise und Verhalten in den USA und insbesondere in New York, so wie über vielseitige Begegnungen und Eindrücke auf einer Zugfahrt durch die USA.

Beeindruckend der dramatische crash von zwei Gedankenwelten mit Unheil und Verhängnis, einer in Deutschland lebenden Amerikanerin.

Albert Grell, geb.1945, von Beruf Diplom Sozialarbeiter (FH) emigrierte 1971 in die USA und kam wieder zurück nach Deutschland, arbeitete als Sozialarbeiter, Dolmetscher und freier Journalist.

Durch seinen Aufenthalt, zahlreiche Besuche in den USA und der Ehezeit mit einer Amerikanerin ist ihm die Gedanken- und Lebenswelt der Amerikaner vertraut, die er in seinen Büchern thematisiert.

2011 veröffentlichte er sein erstes Buch, seitdem hat er weitere erfolgreiche Bücher geschrieben.

*al*Bert Grell

Typisch Amerikanerin

Bibliografische Information der Deutschen Nationalbibliothek
Die Deutsche Nationalbibliothek verzeichnet diese Publikation in der
Deutschen Nationalbibliografie; detaillierte bibliografische Daten
sind im Internet über http://dnb.d-nb.de abrufbar.

© 2017 alBert Grell
Satz, Umschlaggestaltung, Herstellung und Verlag:
BoD – Books on Demand
ISBN 978-3-7460-3914-5

Inhalt

Ödön von Horváth

und dem möchte ich mich anschließen

„Ich habe nur zwei Dinge, gegen die ich schreibe,
das ist die Dummheit und die Lüge. Und zwei
wofür ich eintrete, das ist die Vernunft und die
Aufrichtigkeit".

„I've only got two things against which I write
and this is stupidity and lying. And two which I
defend; this is reason and truthfulness".

Der Buchautor, Dezember 2017

Intermezzo in New York

Die Fliegerei kann schon fast zu einer Sucht werden. Das aufregend erhebende Gefühl setzt bereits am Flughafen ein. Grund zur Beunruhigung besteht nicht. Dem Reisenden bleibt nichts anderes übrig als dem Flugkapitän und seinem Copiloten und der Computertechnik zu vertrauen. Worüber sollte man sich auch Sorgen machen? Entspanne dich und mach dir nicht so viele Gedanken. Ich liebe den „Stallgeruch", der kurz vor dem Start eines Flugzeuges durch die Passagierkabine zieht: eine Mischung aus Kerosin und frisch gebrühtem Kaffee – der Geruch von Freiheit.

Steil zieht der Pilot die Maschine vom Flughafen weg in die grauen tiefhängenden Wolken. Schon einmal hat dieses Bild mich auf den Gedanken gebracht, daß es umgekehrt viel besser wäre: gutes Wetter auf der Erde und schlechtes hoch oben in den Wolken, aber nur dann wenn man nicht im Flieger sitzt. Doch leider hat man darauf keinen Einfluß. Der Kapitän fabuliert etwas von einem angenehmen Reiseflug und den vorausgesagten guten Bedingungen in 11 000 Meter Höhe, empfiehlt dennoch freundlich den Anschnallgurt die ganze Zeit geschlossen zu halten, falls mal unvorhergesehene Turbulenzen auftreten sollten. Die Passagiere fühlen sich wohler, wenn die Voraussage ein wenig ins Schöne manipuliert wird. Wenn es einmal richtig heftig wird überlassen sie es der Crew, die schlechten Nachrichten per Lautsprecheranlage zu übermitteln. Die meisten Piloten melden sich gerade noch wenn es zu verkünden gibt, daß wir leider gerade ein kleineres Gebiet turbulenter Luftschichten durchfliegen.

Aus alter Gewohnheit hatte ich einen Sitz ganz hinten im Flugzeug gebucht und genieße nun das Gefühl, wie in einem Aufzug in die Wolken zu fahren. Aber schon wird es heller und Sekunden später fällt gleißendes Sonnenlicht durch die Fenster.

Die Maschine steigt auf die vorgesehene Reisehöhe von elftausend Meter, das Display über den Köpfen der Passagiere zeigt die Höhe, einschließlich der unwirtlichen Außentemperatur an. Die Außentemperatur betrug häufig mehr als minus 40 Grad. Jeder, der damit in Berührung kommen würde, wäre früher oder später gefriergetrocknet. Hier draußen - somewhere over the rainbow way up high - gibt's die grenzenlose Freiheit, wie sie von Reinhard Mey besungen wurde. 6720 Km und 9 Stunden Flug bis NY.

Daß man überhaupt fliegt bemerkt man eigentlich nicht, kein rütteln oder flattern und keine Vibration. Nur gelegentlich ein seltsamer Ruck, den man beinahe nicht bemerkt hätte. Die Stewardessen und ihr Kollege bringen die ersten Getränke. Seltsamerweise fragen nicht wenige nach einem Tomatensaft, den trinken sie mit hoher Wahrscheinlichkeit zu Hause aber nie. Vielleicht ist dies der Anfang von Schrulligkeit oder einfach auch nur Fantasielosigkeit. Für die Nacht über den Atlantik, zur Ablenkung und Bekämpfung der Schlaflosigkeit, gab es später die Bordunterhaltung. Zur Auswahl standen diverse Filme oder Musik sobald die hygienisch verpackten Kopfhörer vom Personal verteilt waren. Oder man hat wieder einmal Glück und es befindet sich ein interessanter und gesprächsbereiter Mitreisender im Nebensitz. Die wenigsten Passagiere reden miteinander. Die meisten sehen, bestückt mit ihrem Kopfhörer, nur vor sich hin. Die menschliche Vielfalt, die dem Alltag seine Würze gibt, kann im Flieger aber auch lästig sein, denn man sitzt bekanntlich hautnah nebeneinander. Da wackelt einer, ein zappeliges Wesen, wie ein Perpetuum mobile so schnell mit dem Bein, daß man Strom für ein ganzes Dorf erzeugen könnte. Andere erzählen langatmig ihre komplette Lebensgeschichte, ob man sie hören will oder nicht. Am Wenigsten erfreulich sind die, von denen man den Eindruck hat sie hätten sich wochenlang nicht gewaschen und von einem Deo noch nie etwas gehört. Wobei die Überparfümierung bei einigen Damen, mit dem gerade im Duty Free Shop erstandenen Parfüm, dessen Duft an der Grenze zur Körperverletzung liegt, auch so ein Thema wäre. Wenigstens überdeckt es den Geruch der zum Essen servierten langweiligen und seltsam nach Analogkäse riechenden Pasta.

Wie heißt die häufigste Frage einer Stewardess an die Flugreisenden?

Antwort: „Lasagne oder Chicken?“. Welcher Vielflieger kennt diese Frage nicht.

Einige sind ganz erpicht auf einen Platz am Fenster. Ich bevorzuge einen Platz am Gang, dann muß ich nicht ständig über die Nebensitzer steigen, wenn ich zur Toilette muß. Auch halbiert sich dadurch das Risiko, daß man versehentlich vom Getränk des Nachbarn überschüttet wird. Nicht, daß ich etwas gegen andere Menschen hätte, das natürlich nicht. Es wäre nicht nur langweilig, sondern eine Katastrophe wenn alle gleich wären. Aber es kommt eben auf die Situation an.

Diesmal wurde ich angesprochen: „Hi, I'm Frank!".

Vielleicht ist ihm später aufgefallen, daß ich in einem deutschen Buch las. Und er fragte noch „Where do you come from?".

Ein Geflügelzüchter und Eierproduzent, der geschäftlich in NY zu tun hatte, zwei Tage in NY übernachten wollte, um dann nach Ohio zu seiner Schwester weiterzufahren. Das Auto habe er in einem sündhaft teuren Parkhaus abgestellt. Seine Frau würde während seiner Abwesenheit den Betrieb in Kansas managen. Frank, der deutsche Wurzeln hat, schwärmte vom nach seiner Meinung deutschen Vorbild.

Er erzählte, daß er bereits mit 19 Jahren, im Durchschnittsalter der amerikanischen Soldaten, in Vietnam in der Hölle gewesen war und behauptete deshalb viel von der Welt gesehen zu haben, fühlte sich emotional und intellektuell mit Deutschland verbunden. Mit Bewunderung in den Augen schwärmte er vom deutschen Bildungssystem und besonders von der in den USA völlig unbekannten dualen Ausbildung. Als Geschäftsmann mit politischem Engagement in der Republikanischen Partei, interessiere ihn was Deutschland am Laufen hält und wie man es schafft trotz hoher Lohnkosten wirtschaftlich erfolgreich zu sein. „Wie macht ihr das, was kann Amerika vom deutschen Beispiel lernen?" Alles Fragen bei denen ich zugegebenermaßen etwas in Verlegenheit geriet. Schließlich rettete er mich aus meiner Verlegenheit indem das Gespräch auf die ideellen Werte in Deutschland, Friede, Verläßlichkeit, Vertrauen, Wohlstand und für einen Amerikaner besonders wichtig, die Freiheit zu sprechen kam.

Nachdem es in dieser Nacht nichts von Interesse mehr zu fragen und zu reden gab, sind wir beide noch ein wenig eingenickt, um schließlich wohlbehalten auf dem JFK-International Airport zu landen.

Dort mußte ich mich wie üblich in die Schlange zur Paßkontrolle einreihen, in der Hoffnung mit meinem Laptop nicht aufzufallen. Eine zeitraubende Einreise in ein Land, das von seinen Gästen das Maximum an Freigabe persönlicher Daten fordert, ohne selbst transparent zu sein. Das allein ist für einige abschreckend. Die Paßkontrolle kann ein bis zwei Stunden dauern. Hier wird jeder irgendwie arabisch wirkende Mann ausgesondert und noch genauer als alle anderen untersucht, die Reisenden ringsum sehen ängstlich oder auch beschämt zu Boden. Als ich mich das letzte Mal im Flughafen von NY der Paßkontrolle stellte, da winkten sie mich aus der Warteschlange. Sie wollten die Kontakte in meinem Handy prüfen und den Laptop nach mutmaßlichen „Staatsgefährdungen" durchforsten. Vermutlich waren es die Stempel in meinem Paß, darunter aus Ägypten, China und Australien, auch weil ich schon des öfteren ein- und ausreiste, daß ich verdächtig war und möglicherweise war mein Name im Computer der Grenzschützer besonders markiert. Selbst wenn einem keine Straftat vorgeworfen wird, kann man in ihr Kontrollnetz geraten.

Auch diesmal ist der Zugriff ins Leere gelaufen. Die Kontrolleure sahen sehr unglücklich aus, als sie sahen, daß ich nichts Verdächtiges gespeichert hatte. Vielleicht hätten sie die Ladys mit Kopftuch vor und nach mir genauer filzen sollen, aber von Terroristinnen haben die noch nicht viel gehört.

Good Morning, New York!

Hier ist einer der Plätze in der Welt, die eine magische Anziehungskraft haben. In der Sommerzeit das eisgekühlte Flughafengebäude zu verlassen, ist wie die Türe eines Backofens nach dem Kuchenbacken zu öffnen, so stark ist die Gluthitze.

Jahreszeitlich bedingt war die Stadt jedoch gut abgekühlt. Vielleicht hatte es auch ein wenig geregnet. Kühl ist NY am erträglichsten. Das Erwachen der Stadt ist ein Rausch der Sinne. Mit meinem gelben Taxi mußte ich zuerst wenig einnehmende Viertel und Slums durchqueren, dies ist der Weg nach Brooklyn wenn man, wie die meisten Besucher, mit dem Flugzeug auf dem JFK-Flughafen einschwebt. Später standen links und rechts ordentliche rote Backstein-Apartmenthäuser mit markisenüberdachten Eingängen und Namen, die wie mondäne Orte in Europa klangen: The Monaco, The Ravenna Terrace, Bellamy Drive, Sunshine Gardens. Prächtige Kronleuchter sah man durch den Eingang leuchten. Die Eingangshallen dieser Apartmenthäuser können sehr prächtig sein, kompromisslos mit neuestem Chichi: Marmorfliesen, Velourtapeten, rießigen Plastikpalmen und anderem Grünzeug aus Plastik, mit ledernen Couchgarnituren, alles in allem für Europäer etwas seltsam anzusehen. Wichtig sind scheinbar auch die Hinweisschilder in der Eingangshalle, wo es zum Fitneßraum, der Sauna, dem Swimmingpool oder gar der Dach- und Sonnenterrasse geht. Möglicherweise will man so bereits beim Eintreten zeigen was den Bewohnern alles an Einrichtungen zur Verfügung steht.

Angie konnte mich nicht abholen, da sie nicht in der Stadt war, ihr Angebot den Schlüssel des Apartments zu hinterlegen wollte ich nicht annehmen, dies hatte ich nur einmal getan und auf einem Futon in ihrem Wohnzimmer, das nicht sonderlich groß ist, geschlafen. (Ich weiß, ich hätte ihr damit einen Gefallen getan, weil der Gedanke es könnte jemand bei ihr einbrechen ein ständiger Alptraum ist).

Sie benötigt keinen Wecker, schon bei Sonnenaufgang steht sie auf. Ihre Selbstdisziplin ist beeindruckend. Jede Sekunde zählt. Beiläufig wird der Schlachtplan für den Tag ausgearbeitet.

Angie sagte mir einmal „Ich will immer etwas tun, was mir Spaß macht und Sinn hat. Oder was mich herausfordert“.

„In dieser Stadt kannst du tun was dir paßt. Sie ist dazu da um Rahmen für dich zu sein, egal was du tust. Das was sich vor den Häusern und in den Straßen abspielt, ist all das was sich Starke ausdenken können und Schwächlinge bewundern werden. Bis in die 1990er Jahre war NY ein Sehnsuchtsort, eine Aufbruchstimmung lag in der Luft. Und die Subkultur in manchen Stadtvierteln war ein Sammelbecken für Außenseiter, für Leute, die nirgendwo anders heineinpaßten. Vieles hat sich aber in den vergangenen Jahren geändert und immer deutlicher spürt man die Gegensätze von Offenheit und Rassismus, Freiheit und Hass. Wie überall in den USA gibt es auch hier ein paar Probleme mit Rassismus und der Aufarbeitung der Vergangenheit“.

Sie ist in jeder Beziehung selbstbestimmt.

Wie die meisten New Yorkerinnen ist Angie auf Dauerdiät. Zum Frühstück gibt es ein ungesüßtes Müsli, das in meinen Augen aussieht wie Katzentrockenfutter. Sie hat kaum etwas Eßbares in der Wohnung, geht sehr sorgsam mit Nahrungsresten um, das Wichtigste ist ihr riesengroßes Glas Vitamine als Nahrungsergänzung. Sie arbeitet hart daran in Form zu bleiben. Je nach Bedarf erhöht oder vermindert sie ihre Kalorienzufuhr. Sie fährt viel mit dem Rad und zweimal in der Woche ist sie als Fitneßtrainerin unterwegs. Fahrradfahren ist der neue Trend nicht nur in NY erzählte sie mir. Für viele jüngere Amerikaner sind Autos kein Statussymbol mehr. Für sie sind Autos nur ein Klotz am Bein, ein erstaunlicher Trend. Die „Millenials" wie sie in den USA heißen, weichen damit gravierend von den älteren Amerikanern ab.

„So will ich aussehen", sagte sie mir an jenem Morgen bei ihrem Katzenfutter-Frühstück und zeigte mir ein Bild in einer ihrer Frauenzeitschriften, eine langhaarige Göttin umweht von einem luftigen Kleidchen, die aussah wie die Venus von Botticelli, gerade der Venusmuschel entstiegen. Das Thema an jenem Morgen war, wie kurzlebig Gefühle seien und daß es vielmehr auf die richtige Überzeugung ankomme. Nach ihrem Verständnis ist es bei der großen Liebe wie bei einem Hurrikan: man erreicht das Zentrum nie, aber man kann ihm nahe kommen. Wenn man das verstanden hat, meinte sie, ist man nie frustriert.

Kaum mehr als eine halbe Stunde nach dem Erwachen war gefrühstückt, die Toilettensitzung erledigt, der Fön aus, das Geschirr stand im Spülbecken und nach einem Uhrenvergleich war sie für den Vormittag gerüstet.

Von ihrer Mutter habe sie nicht kochen gelernt erzählte sie mir einmal. Von ihr hat sie aber die Freude an Champagner, gutem Käse und Patisserie. Kochen findet sie äußerst anstrengend, denn die einzigen Kochkünste, die ihre Mutter an sie weitergegeben hatte, bestanden darin, Tiefkühlgemüse oder Fertiggerichte heiß zu machen. Deshalb war sie immer hoch erfreut, wenn ich etwas kochte, nicht zu vergessen mit dem steten Hinweis meinerseits „Kochen ist Liebe".

Dieses Mal hatte ich mir schon vorab ein Hotelzimmer im Wythe Hotel in Brooklyn gebucht. Ich wollte auch ein wenig allein unterwegs sein, Mittags eine Kleinigkeit essen, einen Kaffee trinken, abends etwas ausgiebiger essen.

Mal sehen was es Neues gab. NY lebt von seinen Kontrasten und in NY ändert sich ständig alles rasend schnell. Jährlich eröffnen rund 1000 neue Gastronomiebetriebe. Von fünf Betrieben soll es nur einem gelingen, länger als fünf Jahre durchzuhalten.

Die Wolkenkratzer-Avenues machten jedes Mal denselben Eindruck auf mich. NY ist die Stadt schlechthin, die wirklichste und unwirklichste Stadt zugleich, in der alles zu schweben scheint und wo alles unverwüstlich ist; ein gewaltiger Schrei des Menschen zum Himmel.

Hektik und Lärm, das ständige Hupen der Taxis, jene Kakophonie aus Huptönen, die den durchschnittlichen Lärmwert der restlichen industrialisierten Welt um ein vielfaches an Dezibel übersteigt. Dazu die Sirenen und das Jaulen der Polizeiautos auf den schnellen und gleichzeitig lauten Avenues, und auch die gestreßten Bewohner scheinen konstant zu bleiben. Geschäftsleute schießen aus ihren Hotels heraus in wartende Limousinen. Scheinbar ein ständiger Wettlauf gegen die Zeit. Bis heute habe ich nicht ergründen können, warum die Leute in NY ständig, selbst auf den meist ruhigeren Nebenstraßen, rennen. Besonders aufgefallen ist mir dies im hektischen Midtown Manhattan. Dort erwecken eigentlich alle ständig den Eindruck als würden sie die Chance ihres Lebens verpassen, wenn sie sich nicht beeilten. Leute, die aus Langeweile herumstehen oder trödeln, die gibt es nicht!

Sind die Gehwege voller Leute muß man sich dem Verhaltenskodex anpassen. Wer in der Menge geht, darf nicht schneller gehen als die anderen, darf nicht hinter seinem Nächsten zurückbleiben, darf überhaupt nichts tun, das den menschlichen Verkehrsfluß stören könnte. Wer sich an diese Spielregeln hält, wird von den Leuten kaum wahrgenommen. Besonders ätzend sind jene, die unendlich langsam exakt vor einem auf dem Gehweg laufen, weil sie gerade auf ihrer Geocache-App etwas nicht finden. Oder jene Touristen, die in Gruppen mitten auf dem Gehweg ratlos zusammenstehen und sich nicht sicher sind, ob es zur gesuchten Straße jetzt rechts oder links geht.

Wenn die New Yorker durch die Straßen gehen, legt sich ein eigenartiger Blick über ihr Gesicht, nämlich eine dort natürliche und vielleicht auch notwendige Form der Gleichgültigkeit den anderen gegenüber. Den Leuten ist es absolut egal wie man aussieht. Ausgefallene oder schäbige Kleidung, bizarre Frisuren, seltsame Barttracht, T-Shirts mit obszönen Aufdrucken z.Bsp. „Would you like to suck my dick ?" - „Class 69" - auf so etwas achtet kein Mensch. Aber es ist wichtig wie man sich verhält. Irgendwelche Gebärden werden sofort bemerkt und als bedrohlich empfunden. Laut mit sich selbst oder ins Handy sprechen,

herumfuchteln und sogar jemand in die Augen sehen sind
Abweichungen, die feindliche oder manches Mal sogar hef-
tige Reaktionen auslösen können. Man darf weder torkeln,
noch darf man, wenn es einem übel ist, sich an einem Ge-
länder festhalten. Man darf nicht laut lachen oder singen,
da jeder mit spontanem und auffälligen Verhalten sofort
böse Blicke auf sich zieht. Als ich einmal im Supermarkt in
der Schlange vor der Kasse zu nahe hinter eine Frau auf-
rückte, wurde ich mit einer Kaskade übler Beschimpfungen überschüttet. Ich hatte mir nichts dabei gedacht, denn
enges hintereinander stehen war für mich völlig normal.
Ganz konträr verhalten sich die New Yorker aber wenn sie
ihre Mittagspause im Central Park verbringen. Dieselben
Dinge, die sie auf der Straße beunruhigt hätten, werden
hier als ungezwungener Zeitvertreib betrachtet.

Auffällig in Manhattan ist die Mittagsstunde vor dem
Lunch mit ihrer Parade all der braungebrannten selbst-
bewußten Büroangestellten in dunklen Anzügen, die sich
auf den Weg zu ihrem Lunch begeben. Ein deutscher Immigrant hat hier eine Marktlücke entdeckt und bietet an
einem Straßenstand deutsche Bratwürste an. An seinem
Stand stehen sie zu jeder Mittagszeit Schlange für eine
Wurst, bevorzugt mit echtem deutschen Sauerkraut.
Eindrucksvoll auch die eilenden Massen nachmittags um
fünf in Manhattan. Dies ist Wochentags für viele Büro-
schluß und Arbeitsende. Dieselbe Szenerie wie Morgens,
nur läuft der Film jetzt rückwärts ab. Nach der Arbeit, in
einem letzten heftigen Ausbruch von Energie, strömen
die Massen vom frühen Morgen aus ihren Büros in die
U-Bahnschächte hinunter, als wären deren Eingänge der
Mund der Erde, der tausend Menschen in der Minute ver-

schlingen und wieder ausspucken kann. Sie trotten wie eine Schafherde hintereinander her. Man sieht es ihnen an, wie entleert, erschöpft sie sind, wenn sie zu Tausenden nach Hause streben, um sich dort neu zu sammeln und ihre Energie aufzuladen. Der morgige Tag kommt gewiß! In NY ein ständiges an den Nerven zehrendes Hochjagen des Energielevels in den roten Bereich. Selbst wenn sie ruhen, reden sie in einem kehligen Maschinengewehr-Stakkato und einem New Yorker Akzent, der deutschem Alltagsenglisch nicht unähnlich ist. Der Alltag wühlt die New Yorker auf und läßt sie kaum zur Ruhe kommen.

Einige kann man auch in der harten Stadt NY, wenn es fünf Uhr geschlagen hat, in verschwiegenen düsteren, anonym angezeigten Bars antreffen, mißmutig, in spröder, öder, mißmutiger weiblicher Gesellschaft, wo sie lustlos einen harten Martini nach dem anderen bestellen, in dem ein, zwei Oliven zappeln oder einen Whiskey nach dem anderen in sich hineinschütten. Ebenso mißmutig von einem Barkeeper ausgehändigt mit einem Gesichtsausdruck den man sich merken soll, denn er wartet darauf, daß das in seiner hinteren Hosentasche steckende Smartphone vibriert und sich endlich seine neueste Bekanntschaft meldet oder sonst ein sehnlichst erwarteter Anrufer.

Alles Anzeichen einer gewissen Einsamkeit, von verborgener, vergrabener Hoffnungslosigkeit, die man in NY überall und immer wieder antrifft. Da sitzen sie nun in ihrem besten Anzug, und ich wette, sie hausen in irgendeiner dreckigen, oder vielleicht sogar feuchten Kellerwohnung oder einem Miniapartment und haben nicht viel, leben von der Hand in den Mund. Die einen müssen bei „Wasser und Brot" im Souterrain darben, während es die anderen in der

Beletage krachen lassen dürfen. Himmel oder Hölle, der Kontrast ist groß in NY; die einen haben alles und die anderen fast nichts. An keinem vergleichbaren Ort gibt es eine derartige Ansammlung von Reichtümern, sozialen Kontrasten, von geistigen und künstlerischen Möglichkeiten. Viele sind der Meinung, sie lebten in dem Land mit dem höchsten Lebensstandart in der Welt. Eine bizarre Sicht auf die Welt. Nur leider waren diese noch nirgendwo außerhalb der USA. Man läßt sich besser nicht in eine Diskussion mit ihnen ein, denn mit dieser Weltanschauung wollen sie nichts anderes wahrhaben.

Eines ist sicher, die Lebenshaltungskosten in NY sind nicht gerade die geringsten im Vergleich zu anderen Großstädten in der Welt. Die Kosten bestehen nicht nur in Dollars und Cents, sondern auch in Schweiß und Blut, Enttäuschung, häufig fehlender Lebensperspektive, verlorenen Idealen, Arbeitslosigkeit und fehlender staatlicher Hilfe. Dagegen gibt es die besten Krankenhäuser, wenn man das Geld dafür hat, und jede Menge Gefängnisse. In Shakespeares Hamlet heißt es: „Es ist etwas faul im Staate Dänemark!“ Dies scheint mir auch hier zutreffend. Ich hatte nie eine Auseinandersetzung gescheut, wenn es darum ging, das Land gegen Vorurteile zu verteidigen und ein komplexes Bild von Amerika zu zeichnen, das an kulturellen Reichtum, die Energie und die Vielfalt des Landes erinnerte. Doch mittlerweile fällt mir dies schwer.

Anstatt staatlichen Hilfen für die Bürger gibt es eine große Armee in den USA mit vielen Bombern einschließlich einer stattliche Ansammlung von Atombomben und es gibt mehr Autos als man zählen kann. Wo sonst in der westlichen Welt gibt es so etwas?

Jene, die sich alles leisten können was sie nur wollen, müssen nur einen Telefonhörer abheben. Oberkellner sind entzückt, wenn sie sich im Restaurant sehen lassen. Ihre Unterschrift auf einer Restaurantrechnung ist über jeden Zweifel erhaben. Benötigen sie einen Anzug, so kaufen sie ihn, egal was der kostet. Sie sind nie mit der Miete im Rückstand, und wenn sie sich entschließen morgen mal schnell nach Europa zu fliegen, kostet es nur einen Anruf bei ihrem Reiseagenten. Sind sie berühmt und mächtig, arbeiten sie trotzdem, und wie sie behaupten, sehr hart. Für ihre ausschweifenden Vergnügungen können sie sich einen erstklassigen Harem halten. Sie müssen nur ihre Visitenkarte dem Objekt ihrer Wahl geben – und fertig. Derart angebetet und mächtig können sie mit jeder machen was sie wollen und sie auch mit Sicherheit halten so lange bis sie ihr überdrüssig sind.

Entgegen meiner sonstigen Gewohnheit hatte ich am Flughafen statt den A-Train oder Bus das Taxi genommen, weil ich heute einfach keine Lust hatte in einem Kleinbus und schon gar nicht mit der U-Bahn zu fahren. Man muß wissen, unter den Taxifahrern in NY gibt es wie überall auf der Welt, üble Beutelschneider, die den Touristen ein mehrfaches des Fahrpreises abknöpfen, aber ich wollte auf der Hut sein. Am Steuer saß ein älterer Herr, so um die 60, der sah mit seiner von der Sonne gegerbten Haut allerdings aus wie 80. Ein sehr großer Mann, der fast beide Vordersitze einnahm. Der gute Mann hatte seine Klimaanlage auf gefühlte 10 Grad minus eingestellt. Als ich eingestiegen war, zog ich den Pulli zu, die Kapuze über den Kopf und nahm den Rucksack auf den Schoß, für etwas mehr Wärme. Der Fahrer begann sofort mit seiner angenehmen tiefen

Stimme eine Unterhaltung. Seine amerikanische Aussprache klang zunächst wie ein Arbeiterslang in meinen Ohren,
doch dann verleugnete das rollende Rrr nicht mehr seine
Herkunft aus Texas.

Immerhin sprach er die Landessprache, nicht unbedingt
eine Selbstverständlichkeit bei Taxifahrern. Es soll Taxifahrer geben, die beherrschen weder die amerikanische
Sprache noch kennen sie sich in NY aus. Jene zum Beispiel, die, so hat man den Eindruck, scheinbar gerade eben
aus Port-au-Prince oder Karatschi angekommen sind, mit
viel Glück eine Fahrerlaubnis ergattern konnten und schon
verbotenerweise mit 70 mph über rote Ampeln fahren, um
im Konkurrenzkampf, dem Wettlauf mit der Zeit und den
anderen Taxifahrern, die unersetzlichen Sekunden und
Minuten in denen Geld verdient werden kann, nicht zu
verlieren. Ein Tourist ist dann schlecht dran, wenn er die
Fahrtroute nicht kennt. Diese Herren müßen im Zweifel
ständig in ihrer Leitstelle nachfragen wie und wohin sie
fahren sollen. Im extremsten Fall fahren sie in die verkehrte
Richtung und drehen auf Kosten des Fahrgastes wieder um.
Über ein Navi verfügen die wenigsten Fahrer.Trotzdem
kommt es gar nicht gut an, wenn einer mit einer Straßen-
karte in der Hand einsteigt und evtl. noch Anweisungen
geben will.

Es herrschte starker Verkehr, aber er war leidlich flüssig.
Das Taxi ruckte unablässig, wich aus, es bremste, holte wieder auf, schaffte es aber nicht anzuhalten.

„Was gibt es an Neuigkeiten?" wollte ich wissen und
lenkte das Gespräch auf den amerikanischen Präsidenten.

Ich dachte, er wäre auf Seiten des gegenwärtigen US-
Präsidenten und erwiderte „Es sieht so aus als mache diese
einen guten Job".

„Ha!" sagte er und drehte sich nach mir um, während er weiterfuhr, der ist für mich erledigt. Sir ich war Demokrat, aber mit dem bin ich fertig. Nichts als vollmundige Versprechungen. Viele die keinen Job haben sind jetzt gegen ihn. Ich hätte ihn manchmal sonst wo hingetreten. Er ist ein ... und hier benutzte er ein wenig erfreuliches Wort südlich der Gürtellinie, welches an dieser Stelle leider nicht mehr zitierbar ist.

„Genau was ich auch denke", stimmte ich schnell zu und hoffte, er werde wieder auf die Straße sehen.

Das tat er für einen Augenblick, und ich atmete auf und versuchte nicht nach vorne zu sehen.

Er sah wieder nach vorn, aber nur so lange wir bei einer roten Ampel anhielten.

Dann rief er „Wir Amerikaner haben uns den ganzen Salat selbst angerichtet". Er schaute mich an und verfehlte einen Bus nur um Zentimeter.

„Dasselbe habe ich schon immer gesagt", behauptete ich und versuchte einen schweren Lastwagen zu übersehen, auf den wir geradewegs zusteuerten.

Mein Taxifahrer bog gerade noch rechtzeitig ab. Mir wurde ganz heiß, meine Halsschlagadern spürte ich deutlich.

Mein Taxifahrer kam immer mehr in Fahrt und ich entschied mich besser kein Sterbenswort mehr zu sagen. Die Taxifahrt ging ohnehin bald zu Ende.

Der vom Taxifahrer genannte Fahrpreis von 45 Dollar war o.k. Vor dem Hotel reichte ich dem Fahrer fünfzig Dollar in Scheinen nach vorne und sehe gerade noch, wie er blitzschnell einen Schein gegen eine Ein-Dollar-Note austauschte, sie mir nach hinten hält und milde lächelnd meinte, ich hätte den Schein wohl für eine Zehn-Dollar-Note gehalten, weil ja die Dollarscheine auf den ersten Blick alle gleich aussehen.

Während der Fahrt und dieser durchaus üblichen kurzen
Unterhaltung, möglicherweise auch an meiner Kleidung
und dem Gepäck hatte er bemerkt, daß ich nicht aus den
Staaten komme und einer der Touristen bin, den er mit
einem seiner erfolgreichen Tricks hereinlegen kann. Über
meine Reaktion und die weiteren Sprachkenntnisse war er
dann aber mehr als überrascht als ich ihn ziemlich sauer
und mit Bestimmtheit aufforderte, gefälligst auf meine
50 Dollar herauszugeben, ansonsten würde ich mit meinem Handy sofort die Polizei rufen.

Wenigstens kenne ich nun auch diesen Trick.

Einen kurzen Augenblick dachte ich daran ihn trotz seines Betrugsversuches mit einem Trinkgeld, welches man
üblicherweise gibt, zu beschämen. Aber dann dachte ich,
er bekommt nichts extra, so frech wie der ist, hätte er das
Trinkgeld sicherlich ungeniert genommen. Es wäre gewesen als würde man „Perlen vor die Säue werfen".

Mittags im Bakery Café „to go" lagen die Hot-dog-Würst-
chen bereit. Was soll ich essen? Was soll ich bestellen? Mit
Sicherheit kein Stück von einer der rosa Torten oder von
den rosafarbenen Muffins mit Glitzertopping, die für meinen europäischen Gaumen übertrieben gesüßt sind und die
es auch hier, wie in nahezu jeder amerikanischen Bäckerei,
zu kaufen gibt. Ich bestellte einen Kaffee und entdeckte
neue Back-Kreationen. Keiner sollte denken die New Yorker wären nicht kreativ.

Bei den geschäftlichen Interessen und Ideen geht es meist
knallhart um's Überleben, nämlich „to stay in business",
auch wenn es nur um die Produktion und den Verkauf von
neuen Backwaren geht.

Meine Liebe gilt den Cafés in NY. Weil kein Bier, kein Wein und keine Spirituosen ausgeschenkt werden, bleibt ein bestimmtes Publikum unter sich, die Suffköpfe mit ihrem Gelabere findet man hier nicht.

Ich bestellte keinen der altbekannten und in den verrücktesten Varianten angebotenen Donuts, keinen der allgegenwärtigen Bagels, ein Sauerteig Kringel, urspünglich ein jüdisches Gebäck, einst eine New Yorker Spezialität, die zum Frühstück oder auch zum Mittagessen gegessen wird.

Diese Bagels gibt es furztrocken oder essbar aufgeschnitten und mit allem Denkbaren bestrichen oder belegt, zum Beispiel mit Frischkäse oder Lachs, auch bestellte ich keines meiner geliebten Croissants. Als neueste Kreation bot sich der Cronut an, eine Mischung aus Croissant und Donut, und der Cragel, so nennt sich die Mischung aus Croissant und Bagel, der mit Butter oder Creamcheese bestrichen für die Amerikaner zu jeder Tages- und Nachtzeit ein Leckerbissen ist. Der neuste Trend ist statt Milch oder Sahne, ein Stück Butter im Kaffee. Bisher kannte ich nur aus China, Tee mit ranziger Butter.

In NY ist die Butter im Kaffee natürlich nicht ranzig.

Angie erklärte mir später diese neuen Kreuzungen aus den Backstuben wären für die, die sich nicht entscheiden könnten was sie nun genau essen wollen. „Anything goes" - nichts ist unmöglich in NY, deshalb gibt es mittlerweile auch den Brookie, das ist eine Mischung der beliebten, und mittlerweile auch in Deutschland bekannten, Brownies mit einem Cookie oder Donuts mit Bacon. In den New Yorker Backstuben wird scheinbar gekreuzt was das Zeug hält.

In jeder Ecke des hippen jungen Coffee Shops sind Lautsprecher versteckt, sogar auf der Toilette. Der Lärmpegel ist so hoch, daß ihn ein gewissenhafter deutscher Arbeitsschutz beanstandet hätte, die US-Angestellten scheint dies aber nicht zu stören. Die Gäste, die miteinander reden wollen, müßen sich anschreien und weil dies so anstrengend ist, unterhält sich fast niemanden mit seinem Gegenüber. Links neben mir versuchen es zwei. Einer von den beiden ist ziemlich dick und sieht in seinen unförmigen Jeans von hinten aus wie ein Nashorn, einer dieser rastlosen in-sich-Hineinstopfer und Dauersäufer. Egal wo die sind, ob sie sitzen, gehen oder kurz mal stehen, sie müssen ihren Body ständig mit Brennstoff versorgen, ihren Energiespeicher scheinbar ständig auffüllen. Weil sie keinen Wasserspeicher wie ein Kamel haben, rennen sie auch ständig mit einer Wasserflasche oder einem Kaffeebecher durch die Gegend. Überall kommt man ihnen geschäftstüchtig mit dem „Coffee to go" entgegen. Die moderne Medizin ist sich darin einig, daß der Mensch zwei, drei Stunden ohne flüssige oder feste Nahrung problemlos auskommen kann. Die beiden lamentieren über Preise und den Niedergang der USA, eines der Lieblingsthemen der Amerikaner. Es gibt noch ein anderes Lieblingsthema, besonders in NY, dort erzählt jeder jedem, ob er es hören will oder nicht, wie viel er im Monat verdient und was für eine Karriere er zu machen gedenkt.

Ein Musikgenuß ist die Beschallung nicht, es ist nichts als Lärmbelästigung. Ich denke kein Mensch wird in ein Café gehen wegen der tollen und lauten Hintergrundmusik, trotzdem findet man selten Cafés, die nicht durchgestylt und vollbeschallt sind. Die wenigen Cafés in denen ein Gespräch mit dem Gegenüber geführt werden kann, ohne daß die Gäste sich anschreien müssen, muß man mit der Lupe suchen.

In diesem Café kleiden sich etliche der anwesenden Hipster nach deren neuester Mode, diesmal sind es rot- oder grünkarierte Holzfäller- und Flanellhemden, Trukker-Baseballmützen und grobe Cordhosen und natürlich männliche Bärte. Gerne bartmäßig dekoriert als leicht verwilderter Bursche, der ohne Hemmungen zu seinen Überzeugungen steht. Vor Jahren war ein solches Outfit in NY undenkbar, man hätte das Ansehen eines ewig gestrigen, rückständigen Hillbillys gehabt, gleichbedeutend mit einem Stallburschen vom Lande, ein Hinterwäldler der von der Welt keine Ahnung hat und somit in NY völlig deplatziert ist.

Hinter der Theke der Bakery eine andere „Sorte" Hipster, damit meine ich die wie geklont aussehenden 20- oder 30-jährigen, sehr muskulös mit kantigem Kinn, die ausgefallene Brillen tragen, derzeit sind es meist große schwarze Kunststoffbrillen mit extra dicken Rahmen, dies fällt besonders auf wenn jemand einen kleinen Kopf hat. Eine solche Brille macht fassungslos. Genaugenommen wer durch eine in über alle Maßen große Brille sieht, von dem kann man sich gut vorstellen, daß er die Welt ziemlich schrill und mit leicht verklärtem Schimmer betrachtet, aber aus seiner Perspektive natürlich auch wiederum gestochen scharf.

Weitere Auffälligkeiten sind ihre eigenartig gestylten und skurrilen Teilbärtchen. Wer zu den besonders „Coolen" dazu gehören will hat fast immer irgendwo ein Tattoo; ein Tribal, also ein verschnörkeltes Fantasie-Ornament. Oder chinesische Schriftzeichen, deren Bedeutung oder Doppeldeutigkeit ihnen hoffentlich richtig übersetzt wurde. Das verleiht dem Tätowierten neben einer ordentlichen Portion Verwegenheit auch gleich etwas Mystisches, Geheimnisvolles. Diese Jungs tragen auch den ganzen Tag, Sommer wie Winter, Strickmützen. Diese Mützen nehmen sie vermutlich erst im Bett ab, wenn sie überhaupt bemerken, daß sie eine Mütze auf dem Kopf haben. Begrüßen tun sich diese coolen Jungs, wie inzwischen überall auf der Welt, mit ihrem Fist-Bump.

Anläßlich meiner Bestellung wurde seine amerikanische Neugier angeregt und er fragte mich

„Where are you from?".

Er hatte natürlich bemerkt, daß ich nicht aus NY bin. Nicht gerade einer meiner Lieblingsfragen, eine Frage die ich eigentlich schon nicht mehr hören kann. Während er den Kaffeeautomaten bediente musterte er mich und lächelte mir aufmunternd zu, er wollte, wie es von allen Angestellten überall in den USA verlangt wird, freundlich und nett sein. Im Job war eine liebenswürdige Stimme gefragt.

„Germany" sagte ich kurzangebunden.

„Oh, Scheiße!" ruft er.

„Wie bitte" sagte ich.

„The only german word I know" sagte er.

„Ach so" sagte ich.

Der junge Mann fügt hinzu „and Arsch!"

Er reichte mir meine Bestellung über die Theke, weiterhin mit seinem antrainierten freundlichen Lächeln. Manche sehen darin auch ein trinkgeldgeiles Kellnergrinsen.

„Vielen Dank!" sagte ich.

Später beim Gehen ruft er mir „Tschüss!" hinterher, das 3. deutsche Wort in seinem Vokabular oder waren es noch mehr, weitere, die ich gar nicht hören will?

Was hätte sein Chef zu seinem Vokabular gesagt? Finale Nettigkeit und Freundlichkeit am Arbeitsplatz mit dem richtigen Vokabular mußte auch ich in den USA lernen.

Über die, wenn auch antrainierte, Freundlichkeit konnte ich mich also nicht beklagen.

Amerikaner lernen von Kindesbeinen an die permanente (leider auch vorgespielte) Freundlichkeit und das überschwängliche Lob. Sie äußern sich gegenüber Kunden niemals kritisch, sonst riskieren sie den Verlust ihres Jobs, da es kaum Vorschriften zum Kündigungsschutz gibt, die beachtet werden müssen. Frisch eingereiste Europäer, die in den USA Geschäfte machen wollen und dies nicht glauben wollen haben es schwer, sie tun gut daran einen Amerikaner im Verkauf zu beschäftigen. Eine zu deutsche Aura kommt gar nicht gut an. Das ewige „ Nice to see you; How are you? Great to see You!" den Kunden gegenüber muß man beherrschen. Ausnahmen von dieser Regel findet man nur in NY. Kundenfreundlichkeit ist dort in einigen Geschäftsbereichen nicht unbedingt eine Selbstverständlichkeit.

Denn eigentlich sind unter den Amerikanern die New Yorker bekannt für ihre Griesgrämigkeit. Ein Lächeln mag vielleicht ein Gegenlächeln hervorzaubern, aber sich in NY im Alltag durchsetzen kann man besser mit einem Knurren. Deshalb finden sich mindestens genauso viele, die der Meinung sind, daß gute Manieren Zeitverschwendung sind, ebenso wie Höflichkeit und Wohlerzogenheit. Ihrer Meinung nach sind diese Eigenschaften etwas für die faulenzenden Dorfdeppen von San Francisco oder sonst irgendwo in der amerikanischen Pampa, wo es nichts Dringlicheres gibt als nett zueinander zu sein. Wenn man dort durch die Straßen geht nicken einem die Leute zu und sagen „good morning". Anders in NY, nach ihrer Meinung ist es eine Dummheit in NY zu Fremden freundlich zu sein.

In NY habe ich die Erfahrung gemacht, es kommt auf das eigene Verhalten und das subjektive Erleben an, ob das Gegenüber es an Höflichkeit fehlen läßt, ob die angebliche Unfreundlichkeit eine häßliche Verleumdung und nichts anderes als die blanke Unwahrheit ist. Ich habe immer wieder unvermittelt spontane Hilfsbereitschaft und Freundlichkeit erlebt. Wo in Europa wird man überrascht von einem kurzen freundlichen Gruß im Vorübergehen, obwohl man sich noch nie zuvor gesehen hat. Am schönsten ist, wenn eine Frau, die mir schon aus zwanzig Meter Entfernung gefällt, wie ein Maikäfer strahlt. Und wenn wir auf gleicher Höhe sind, ein höflicher Gruß zu hören ist, das unverbindliche „Hi !"

Noch so ein Typ im Café soll nicht unerwähnt bleiben, der Arbeitskollege des Strickmützen Hipsters, ein Typ wie der Ken von der Barbiepuppe mit rabenschwarz gefärbtem stylischen Bart und mit einer Frisur, die aussah als wäre es eine Perücke im Ken-Style. Ein unwirklicher Typ dieser Zeit, im Aussehen wie eine lebendige Puppe oder auch Marionette. Ein solcher Typus, nur um einiges älter, sollte mir noch einmal begegnen.

NY, mein Blick ist offen für skurrile Gestalten, absurde Szenen, die Schönheit, das Häßliche, diese ganze irre Veranstaltung hier, die man nur erträgt, wenn man über eine Prise Selbstironie verfügt. Sehe ich die Shoppingschlampen in Manhattan auf der Straße, droht mir angesichts der modischen Überfütterung in NY so etwas wie Karies am Sehnerv. All die roten Herzchen, die parfümierten Ladys, deren Gesichter mit dem Gesicht bemalt sind, das sie gerne hätten. Mit gestylten Minihunden, bevorzugt die Chihuahua und Yorkshire-Terrier-Hündchen, die bunten Haare, auffallende Maniküre. Die Designerkleidung und Schuhe der Luxusnixen, die ein halbes Dutzend Gucci-Taschen am Leib hängen haben. In die eigene Schönheit verliebte Luxus-Schnepfen.

Manhattan verkommt immer mehr zu einem Einkaufszentrum für reiche Leute. Sie alle sind vermutlich fleißige Abonnenten von bekannten Frauenmagazinen und Opfer der Werbestrategen und der Modeindustrie, die zum Geldausgeben verführen und die eine oder andere frustrierte Lady zum Glauben verführen, Geld ausgeben sei besser als Sex.

Später am Nachmittag ging ich ein paar Blocks die Fifth Avenue hinunter und entdeckte eine tristes kleines „Restaurant" mit der Fensteraufschrift: Great British Cooking. Die Bude war schmuddelig, aber es gab dort nur echte englische „Spezialitäten": Fish and Chips, Dumplings, Würstchen mit Kartoffelbrei und Shepherd's Pie, den ich einst für meine Familie ab und zu selbst zubereitet hatte. Das einzige Zugeständnis an die regionale Küche waren vor Fett triefende frittierte Zwiebelringe, möglicherweise weil sie beliebt waren und sich, gemessen am Materialeinsatz und Kosten, damit Gewinn erzielen läßt. England liebt es herzhaft und deftig. An den Fish and Chips konnte ich nicht vorbeigehen. Ich hatte inzwischen tatsächlich einen Bärenhunger, war doch das Mittagessen etwas dürftig ausgefallen, und was gibt es da besseres als sich mit diesem fetten Zeug den Magen vollzuschlagen. Das ganze fette Essen lag mir aber später wie ein Stein im Magen, ein Underberg hätte da sicherlich geholfen.

Positiv in diesem „Restaurant" war die fehlende Hintergrundmusik, daraus ergab sich die unterhaltsame Möglichkeit dem Volk auf's Maul zu schauen, die Diskussionen und schrägen Dialoge an den Nebentischen mitzuhören und die Gesichter zu studieren. Dort gab es eine Gruppe von drei Frauen, der Sprache nach, mit britischem Migrationshintergrund in schrägem Outfit, übertrieben geschminkt und mit wilden Frisuren, die an Amy Winehouse erinnerten. Die drei zeichneten sich vor allem durch ihre Rüpelhaftigkeit aus, hatten was den Alkoholkonsum angeht trinkfeste Männer mit Sicherheit mittlerweile eingeholt und waren, was ihre Sauferei betrifft, von Männern nicht mehr zu unterscheiden. Aus Kalifornien weiß ich, daß dieser Typ von Frauen auch in Table-Dance-Bars und in Porno-Bars zu finden ist. Nach ihren kaltschnäuzigen Bemerkungen über Männer waren die drei in sexueller Hinsicht eindeutig promisk. Und mit ihren rüpelhaften Dialogen, waren sie unter Mißachtung aller Erwartungen längst aus dem üblichen Standardprogramm weiblichen Verhaltens ausgebrochen - female pigs -. Ein Erlebnis der besonderen Art.

Am Abend war ich auf dem Weg ein kleines Restaurant zu suchen, nicht unbedingt ein extravagantes oder „Fusion Cuisine", um entweder ein Steak oder Chinesisch zu essen. Mein Weg führte mich durch die 50. und 40. Straße, mal East mal West, da plötzlich riß der Himmel auf, ein Blitz schlängelte sich über den Himmel, gefolgt von einem ungeheuren Donnerschlag und unter ohrenbetäubendem Lärm schoß, mit monumentaler Wucht, eimerweise das Wasser herab. Gnadenlos fing es an in Strömen zu regnen, eine wahre Sintflut schoß die Straße hinab, es war der reinste Zorn, was aus den Wolken herabstürzte.

Ein richtig heftiger Platzregen, attackierte mich, und das ohne Schirm und Regenbekleidung, undenkbar weiterzu-

gehen. Ich stand unter um abzuwarten, bis sich der Regen
etwas legen würde.

Später, als der Regen bis zu einem Nieseln nachgelassen
hatte, und aus Furcht es könnte wieder heftiger werden,
ging ich schließlich in Richtung meiner U-Bahn Haltestelle.
An den Gebäuden hingen ziemlich viele Leute herum, die
mir nicht vertrauenswürdig vorkamen, sie schien der Regen nicht sonderlich zu berühren. Es waren armselige Pen-
ner, kaputte alte Männer, arm wie Kirchenmäuse, die den
ganzen Tag in Abfallkörben nach Dosen angeln, fünf Cent
die Dose, nebenbei ernähren sie sich von dem was sie in den
Abfalleimern finden: Pizzaränder, Stücke von Hot Dogs,
Reste von belegten Baguettes, Restinhalt von Getränkedo-
sen. An manchen Tagen platzen ihre Eßwundertüten regelrecht aus den Nähten, so gewaltig sind die weggeworfenen
Nahrungsmengen in NY. Trotzdem ein hartes Leben in
harten Zeiten. Manchmal taumelte einer herum oder saß
in einer dunklen Ecke, die nach Urin und Erbrochenem
stank und trank Bier versteckt aus einer braunen Papiertüte. Eigentlich hatte ich gedacht solche Begegnungen gibt
es nicht mehr, seit die letzten Bürgermeister ihre rigorosen
Regelungen eingeführt haben.

Nach Angies Meinung laufen eine Menge geistig gestörter
Leute in NY herum. Auf meine Frage „Warum?", meinte sie
die Immigration wäre schuld daran, das Fremdsein würde
ihnen den Verstand rauben. Studien hätten den Nachweis
erbracht, daß Städter doppelt so gefährdet sind an Schizophrenie zu erkranken, wie Menschen auf dem Land, vermutlich hat es etwas mit dem Streß in der Stadt zu tun.

Bekannt sei auch, daß psychisch auffällige Menschen mit Vorliebe in größere Städte ziehen.

Nach einer meiner alten Gewohnheiten ging ich in NY den auffälligen Leuten auf der Straße aus dem Weg, deshalb lief ich öfters im Zickzack von einer Straßenseite zur anderen, sobald es der Verkehr erlaubte, als plötzlich ein Auto anhielt und mich ein gut gekleideter freundlicher Herr fragte: „Kennst du mich?"

„Ich bin Frank, kann ich dir ein ride geben!" - ob er mich ein Stück mitnehmen kann.

Es war der Eierproduzent aus dem Flugzeug, der mich trotz der schummrigen Beleuchtung der Straße sofort erkannt hatte. Ich erzählte ihm, daß ich auf der Suche nach einem Restaurant war.

Frank fragte „Darf ich dich zum Essen einladen, ich habe noch nichts gegessen und würde mich freuen, wenn du mir Gesellschaft leistest".

Hierzu muß man wissen, daß man in den USA ungern allein in ein gutes Restaurant geht, es soll nicht der Eindruck entstehen man kenne niemanden, wäre gewissermaßen ein schräger Vogel oder es würde sonst etwas in der Lebensgeschichte nicht stimmig sein. Jemanden sollte es immer geben, mit dem man in ein angesagtes Restaurant zum Essen gehen kann. Die Restaurantbetreiber mögen es auch nicht, wenn ein Einzelner einen Tisch belegt. Anders als in Deutschland ist es absolut unüblich eine Einzelperson zu anderen Gästen an den Tisch zu setzen. In einem Restaurant sich selbst an einen Tisch zu setzen wird überhaupt nicht erlaubt, erst recht nicht zu fremden Gästen.

Während der Fahrt kam mir der Gedanke, daß ich diesen Herrn eigentlich nicht wirklich kenne und recht sorglos in sein Auto eingestiegen bin. Schließlich beruhigte ich mich, denn ich hatte mir nichts vorzuwerfen was zu irgendeinem Mißverständnis führen könnte. Schließlich hatte ich nicht wie einst Lili Marleen am Laternenpfahl gelehnt und war mutmaßlich nach unserer Begegnung im Flieger von seiner Seite richtig einzuschätzen.

Dinner in New York

Wir sind in eine Art Bistro gegangen und setzten uns an die Theke. Dort wurde Craft Beer von der bereits kultisch verehrten New Yorker Brooklyn Brewery ausgeschenkt, ein Bier das wegen seiner speziellen Hopfensorten nach Pfirsich oder Zitrone schmecken soll. Ein amerikanischer Trend, sie lieben auch Biere mit Erdbeergeschmack und ähnlich eigenwillige Geschmacksrichtungen. Dies ist der allgemeine Trend, aber auch zum guten Bier. Die urbanen Eliten in den USA haben schon lange keine Freude mehr an der labbrigen dünnen Brühe der großen Brauereien Budweiser oder Miller. Junge pfiffige Leute fingen nicht nur in Brooklyn an, ihr Bier selbst zu brauen. Ein Trend, der sich inzwischen auch in Deutschland ausbreitet.

Als ich die erstaunlich schöne und aufwendig gestaltete Speisekarte studierte wurde aus dem Staunen schnell ein leichtes Schaudern. Es gab nicht wie in China erlebt, geschälte und gebratene Hühnerfüße oder Hahnenkämme im Angebot, jedoch den kompletten Mist, der einem von der Ost- bis zur Westküste also auf zehn Millionen Quadratkilometern Fläche begegnet. Wieder einmal hatte sich bewahrheitet, je einfallsloser die angebotenen Speisen, desto aufwendiger die Speisekarte. Die Speisekarte bestand aus drei Sorten von sandwichartigen Gebilden und drei Salaten, dazu vier Salatsoßen zur Auswahl. Weiter gab es Clam

Chowder, dies ist eine in USA beliebte mit viel Speisestärke angedickte Suppe aus Miesmuscheln. Außerdem Schnitzel, oder was sie dort so nennen, in einem halben Dutzend Variationen, die immer als „entrées" angeboten werden, womit seltsamerweise die Hauptspeise gemeint ist – frankophile Amerikaner haben da scheinbar etwas falsch verstanden.

Dies war nun die Essensauswahl anläßlich der Einladung. Wobei Franks Gedanke an Schnitzel möglicherweise meiner deutschen Herkunft zuzuschreiben war. Denken doch viele in Deutschland ernährt man sich hauptsächlich von Schnitzel, Sauerkraut und Bratwurst. Die Herkunft bindet an das Heimatland und sofort wird eine Bilderwand aktiviert, wobei für die Differenzierung kein Platz mehr ist. Meistens wollen die Fragenden die Bilderwand in ihrem Kopf bestätigt sehen. In Begegnungen sehen wir in den anderen immer nur unsere Vorstellungen, die wir von diesen haben, nicht den Menschen selbst.

Weil alles Deutsche gerade hip ist, kann man sich in NY in dem als hip geltenden Stadtteil Williamsburg bis zum East Village und sogar in Harlem an deutschem Bier, Bratwurst und Schnitzel erfreuen.

Mein Gedanke anläßlich der Essenseinladung war: ist der sparsam oder vielleicht doch kein Geschäftsmann wie vorgegeben? Es war eine Einladung und ich wollte eigentlich nicht unhöflich sein, trotzdem sagte ich zu Frank

„Eine Essenseinladung habe ich mir eigentlich anders vorgestellt, denn eigentlich wollte ich in ein richtiges Restaurant".

Meine Kritik an der Lokalität beinhaltete gleichzeitig eine gewisse Undankbarkeit, dies war mir bewußt. Frank erwiderte zunächst „Ich komme immer hierher!"

Schließlich hat er es verstanden und wir gingen in ein schickes Restaurant, ins Marriot Marquis, das einzige sich drehende Dach-Restaurant in New York. Eine Absicht, die ohne vorherige Reservierung schnell in eine Warteschlange, mit der Wartezeit von einer Dreiviertelstunde, hätte einmünden können – Please wait to be seatet – Bitte warten sie bis man sie hinsetzt.

Viele Edelrestaurants in NY reservieren nur noch ab vier Personen, weil die Tische vier Sitzplätze haben. Eine Einzelperson hätte da ganz schlechte Karten. Apropos Karten: die Reservierung in besonders noblen Etablissements erfolgt nur gegen Vorabangabe der Kreditkartennummer. Sich den Bauch vollschlagen und später nicht bezahlen können, weil die Karte gesperrt ist, klappt nicht. Für die, die gar nicht auftauchen wird sogar eine Strafgebühr abgebucht, die sogenannte „No-Show-Fee". Was das Angebot an Speisen und vor allem die Zubereitung anbelangt ist in sogenannten „gehobenen" Restaurants Vorsicht geboten. Das Essen dieser „gehobenen" Restaurants ist des öfteren auch nicht nur annähernd mit ganz gewöhnlichen europäischen Restaurants zu vergleichen.

Stark von den Abbildungen in exquisiten Kochbüchern geprägt sehen die Speisen wie kleine Kunstwerke aus, aber wenn sie nicht einmal gesalzen sind, schmecken sie nach nichts. Darüber hinaus kann auch jegliche andere Würze fehlen, richtig raffinierte Würze steht leider selten im Kochbuch. Das Gemüse wird häufig nur in Wasser weichgekocht, aber eindrucksvoll und fotogen auf dem Teller drapiert.

Im Restaurant: viele graue und schwarze Anzüge, adrette Kostüme, gebürstete Schuhe (das Putzen und Polieren der Schuhe an der Straßenecke in NY kostet übrigens 5$), keine Piercings, der Dresscode von gestern. Einige dieser noblen Restaurants bestehen auf Jacketts bei den Herren. Wer es nicht weiß, dem wird ohne Jackett erbarmungslos der Eintritt verweigert. Jeder hier weiß was sich gehört in der zwischen Diätwahn und Fettleibigkeit schwankenden US-Gesellschaft.

Das Diktat einer gesunden Ernährung ist typisch für das Credo einer bestimmten Bevölkerungsschicht, weil Schlankheit für Disziplin und Leistungswillen steht und daß nur ein schlanker Körper ein schöner Körper ist. Eine intelligente Frau hat sehr schlank zu sein und hat auffallend glänzendes Haar vorzuweisen. Ein Mann hat sehr muskulös zu sein mit kantigem Kinn und ausgeprägten Wangenknochen. Je nach Profession gehört ein Dreitagebart dazu. Keiner der Restaurantgäste ist auch nur annähernd fett. Hier zählen die äußeren Werte mehr als die inneren. Was ist eigentlich leichter zu verändern, das Körpergewicht oder den Charakter?

Ganz so formell und geschäftsmäßig hatte ich es mir eigentlich nicht vorgestellt. Auf jeden Fall war es ein vernünftiges Restaurant und ganz der Gegensatz von dem was Amerikaner im Alltag so bevorzugen, im schlimmsten Fall nämlich von Papptellern zu essen und aus Plastikbechern zu trinken.

Als die Speisekarten ausgeteilt waren und noch bevor man überhaupt Zeit hatte etwas Eßbares auszuwählen kam die übliche Eingangsfrage des Kellners, an den älteren gerichtet: „Was möchten Sie trinken?" Frank bestellte sich aus den zahlreich angebotenen alkoholischen Drinks einen doppelten Manhattan als Aperitif und ich fragte den Kellner: „Haben sie einen Aperitif ohne Alkohol?" Dabei dachte ich an einen schön dekorierten alkoholfreien Fruchtcoctail. Der ob der Frage pikierte Kellner konnte in der Weltstadt NY mit meiner Frage überhaupt nichts anfangen und offerierte mir zur Auswahl Coca Cola, Orangensaft, Ananassaft oder Wasser. Armes Amerika, Wasser als Aperitif, nein Danke! Frank amüsierte sich köstlich und meinte ich müsse doch nicht mit dem Auto fahren oder ob es sonst irgendwelche Gründe geben würde. Dann erzählte er mir von einer Verwandten, die Vegetarierin ist. Als diese einmal in einem Restaurant nach Essen ohne Fleisch fragte, hat die Bedienung nicht verstanden was sie wollte. Schließlich habe sie es begriffen und geantwortet: „Dann bringe ich ihnen die Eiskarte!"

Wasser bestellte ich dennoch, denn das kostenfreie Leitungswasser auf dem Tisch einschließlich der Eiswürfel kannte ich schon hinlänglich von meinen zurückliegenden NY Aufenthalten, es war aus gechlortem Wasser hergestellt und hätte mir das Essen verdorben. Die Amerikaner stört es nicht eiskaltes gechlortes Wasser zum Essen zu trinken - alles Gewohnheit. Wasser fragt der Kellner zuerst, damit ist das kostenlose Glas Leitungswasser mit vielen Eiswürfeln, nicht selten in einem Plasikbecher kredenzt, gemeint. Das Wasser eine nette Sitte bei denen. Die Gäste löschen erst mal ihren Durst und desinfizieren ihren Rachen mit Chlor. Die Bitte „ohne Eis" ist sinnlos, sie paßt nicht. Der Kellner würde nicken, die Bitte aber überhören, weil sie bei ihm auf Unverständnis stößt. Nachvollziehbar bei der Bestellung von Coca Cola, denn dann benötigt man mehr davon, von dem ach so kostbaren und teuren Getränk, aber bei Wasser?

„No ice please!" Der Plastikbecher mit Wasser kommt garantiert nach Landessitte voller Eiswürfel.

Es gibt Restaurants dort wird Rotwein eisgekühlt mit (gechlorten) Eiswürfeln im Glas serviert. Der Grund für meine Alkoholabstinenz vor dem Essen war, ich wollte später zum Essen einen Wein trinken und beides zusammen wäre mir möglicherweise zu Kopf gestiegen.

Die Speisen auf der vorgelegten Speisekarte hörten sich, wenn auch etwas verstaubt, gut an und waren sicher nicht schlecht. Betreffs dem angebotenen Kaviar mußte ich spontan an den Moralisten in Simmels Roman „Es muß nicht immer Kaviar sein" denken. Den Kaviar, wenn er denn überhaupt einer vom Stör war, gab es als Appetizer auf Rösti für 180 Dollar.

Austern das halbe Dutzend zzgl. 8,875 % Mwst. und 20 % für die Freundlichkeit, und daß sie einem serviert d.h bis an den Tisch gebracht werden. Sicher gibt es hier über den Tag gesehen auch einige Geschäftsleute, die für die Besprechung nicht das Dessert abwarten, sondern bereits nach der Vorspeise zur Sache kommen.

Als der Kellner Frank fragte: „Was möchten sie bestellen?" wollte Frank für mich ungefragt etwas aussuchen.

Was ist das? dachte ich, bin ich die unbedarfte Freundin oder der unmündige Sohn?

War es bei einer amerikanischen Einladung üblich, daß man nicht gefragt wird was man essen will? Es war nicht üblich wie mir Angie später erklärte. Frank wollte wahrscheinlich sparsam sein und hatte möglicherweise Angst, ich würde das teuerste Steak für 300 Dollar bestellen, so viel war ihm meine Gesellschaft dann doch nicht wert.

Tornado Rossini suchte ich mir aus und als passenden Wein ein Glas Chateau Grand Crue, nicht gerade billig, der liebe Frank war platt, hatte er sich doch wohl verschätzt und gedacht ich würde das allzeit beliebte Coca Cola zum Essen trinken. Immerhin war ich beim Fleisch zurückhaltend und habe den Guten finanziell nicht über Gebühr belastet. Ich hätte auch ein Entrecote, in den USA sagen sie dazu Rib-Eye-Steak, oder das besagte teure Dry-Aged-Steak bestellen können.

Am Nebentisch sah ich wie der Kellner, der seinen Beruf ganz offensichtlich korrekt gelernt hatte, mit nur zwei Löffeln eine Forelle filetierte. Sauber und ohne, wie einmal in einem italienischen Restaurant erlebt, wegen Überforderung fortwährend Verwünschungen auszustoßen. Alles geschah mit anmutiger Meisterschaft, ganz ruhig und professionell.

Am Schlechtesten habe ich einen in L.A. georderten teuren Lobster in Erinnerung, der wurde mit Pommes als Beilage angeboten. Der komplette Lobster wurde klatschnaß auf den damit durchgeweichten Pommes serviert. Auf meine Bitte, ob man ihn mir nicht in zwei Hälften schneiden könnte, erhielt ich ein kurzangebundes „No" zur Antwort. Man benötigt nicht viel Fantasie sich vorzustellen, was es für eine Sauerei es war den Lobster auf den Pommes zu zerlegen. Auch das ist amerikanische Eßkultur. Alles ist möglich.

Am Ende unseres Abends glaube ich, hatte er mich auch kulturell richtig eingeschätzt. Frank hat kein böses Gesicht gezogen, er griente am Ende über das ganze Gesicht und hat mich, wie ich später von ihm erfahren habe, ob meines Selbstbewußtseins bewundert.

Ich werde die Amerikaner nie ganz verstehen und vielleicht sie mich nie. Amerikanern fehlt das Standbein Kultur. Dies ist einfach nicht generell gewachsen, meistens aus Mangel an Zeit und Bedarf. Ohne Europa hätten sie nicht einmal einen Hauch von Kultur. Ihre vielgepriesene Freiheit aber ohne Kultur ist eine nicht weniger groteske Angelegenheit als Kultur ohne die erforderliche Freiheit.

Es ist ein materialistisches Land, ein maßloser Kontinent, in dem nur der Dollar zählt.

Dies war der Anfang einer wunderbaren, auch später aus der Ferne anhaltenden Freundschaft, die mir anfänglich neue freundschaftliche Begegnungen einbrachte. Jahre später erzählte mir Frank, daß ihm erst später bewußt wurde in was für eine Gefahr er sich begeben hätte. Ein New Yorker würde niemals anhalten um jemanden, den er nicht bestens kennt, im Auto mitnehmen. In NY würde man eher Türen und Fenster verriegeln als (fast) Fremde mitnehmen. Es wäre eben ein spontaner Einfall gewesen und ich hätte in seinen Ohren bei unserer Unterhaltung im Flieger anfänglich einen so netten New Yorker Akzent gehabt, daß es ein europäischer sein könnte, wäre ihm zunächst nicht in den Sinn gekommen. Das Bistro hätte er seinerzeit zum Abendessen ausgewählt, weil er nicht das teuerste Abendessen aller Zeiten riskieren wollte, schließlich wäre die Essenseinladung kein „date with a girl“ gewesen, welches es zu beeindrucken galt.

In alter Freundschaft

„Hi, Angie this is Bert" und am anderen Ende am Telefon Angie's vertraute Stimme mit dem weichen Timbre „Wann bist Du angekommen?"

„Wie war dein Flug?"

„Wann kommst Du, oder sollen wir uns zum Essen treffen?"

Angie wohnt nahe am südlichen Ende von Brooklyn, in einem Stadtteil von NY der vor 30 Jahren noch als eine dunkle, gefährliche No-go-Area galt, ein erbärmlicher Stadtteil den jeder mied, der nicht beklaut, betrogen oder sein Leben aufs Spiel setzen wollte. Die Auftragskiller der Mafia legten dort einst ihre Leichen ab. Fast unglaublich, aber inzwischen ist Brooklyn so etwas wie ein kulturelles Herz; die junge, kulturelle Elite migrierte in den in den vergangenen 15 Jahren in diesen Stadtteil. Viele bekannte amerikanische Stars sind bekennende Brooklyn-Fans. Dort leben einige der bekanntesten amerikanischen Schriftsteller der Gegenwartsliteratur. Präsidentschaftsbewerber halten heute dort vor einer Menge von Leuten im Navy Yard in Brooklyn Wahlkampfveranstaltungen ab.

Im Brooklyner Szenestadtteil Williamsburg, einst der jüdische Teil von Brooklyn, ist der Ort wo alles Verwegene, Originelle und alles was es noch nie gab, entsteht. Kein schönes ästhetisches Viertel, gewiß nicht, eher mit einem morbiden Charme, die Gehwege sind voll von Taubenscheiße, mit alten Fabrikhallen in denen sich inzwischen teure Whisky-Destiller und originelle Barbecues, Bars und Discos eingerichtet haben. Hier gibt es alles, freundliche Galeristen, trendige Antiquariate und alte Buchläden, teilweise noch Bookstores mit hebräischen Ladenschildern, mit unglaublich vielen Büchern vollgestopft, dort wird schwunghafter Handel mit alten Büchern getrieben.

In anderen Teilen von Brooklyn wird von kleinen Handwerksbetrieben alles mögliche hergestellt. Einer stellt Möbel aus Altholz her und andere begehrte Modeartikel, wieder ein anderer stellt in seiner Bonbonfabrik Süßigkeiten her. Die Produzenten sind die Hipster, während sie die Käufer zu den Jupies zählen.

Jede Menge Bars, Cafés und vegane Restaurants, gegründet aus der Wirtschafts- und Finanzkrise heraus von jungen Arbeitslosen. Jeder will den anderen übertrumpfen, noch ökobewußter als der von nebenan zu sein. Sie haben sich mit ihrer Geschäftsidee selbst geholfen und ein Stück von ihrem „Amerikanischen Traum" verwirklicht. Wie wäre es mit einer „Chicken Waffle", jeder denkt dabei an eine frittierte Hühnerbrust aus dem Waffeleisen, tatsächlich ist es eine Hühnerbrust auf einer Waffel mit viel Ahornsyrup. Ein süßes, salziges und fettes Fingerfood zugleich.

An einer anderen Ecke in Williamsburg hat man den Eindruck, daß dort, ganz anders als in Manhattan, fast ausschließlich die Sorte Jupie mit Jutebeutel und übergroßen Brillen beheimatet ist, Typen die vielleicht gerade zur Ayurveda-Therapie oder zum Yoga eilen. Auffällig auch die Jungs mit Vollbärten, auch so eine Modeerscheinung und nicht alle sind christliche Vollbart-Veganer. Die Bärte teilen sie sich mit den jungen Muslimen und orthodoxen

Juden, wenn auch jeder eine andere erkennbare Barttracht bevorzugt.

Brooklyn ist ein echter Einwanderer-Stadtteil, ein großartiger Ort; so viele Menschen und so viele Kulturen vermischen sich, nirgendwo sonst gibt es eine solche Vielfalt. Jede Nation hat ein Restaurant oder wenigstens eine Imbissbude eröffnet. Selbst Knödel in Anlehnung an die deutsche Küche sind eine beliebte Speise. Riesige Knödel, gefüllt mit Gemüse oder Schweinefleisch, ein New Yorker Knödelwirtschaftswunder. Die amerikansichen Juden scheren ein wenig aus, sie bedienen sich der „Fusionsküche", wobei Fusion in diesem Fall kein Konzept ist, sondern eine Folge der Diaspora, der in alle Welt zerstreuten Juden. Sie mischen aus vielen Ländern das Beste, osteuropäische mit arabischen Gerichten, dazu Kreatives aus der westeuropäischen Küche. So schaffen sie eine Identität jenseits der Identitäten, ein kulinarisches Multikulti.

Hier in den unendlich vielen kleinen Läden wird alles nur Erdenkbare zum Verkauf angeboten, von der Secondhand Mode und handgemachter Seife bis zur handgemachten Schokolade, in einem Geschäft wird die Tafel zum sensationellen Preis von 9 $ verkauft. Ladengeschäfte, mit dem Geruch nach Räucherstäbchen, Tee und Bienenwachskerzen und wer nicht viel Startkapital hat versucht es mit einem Saftkiosk an dem er Gemüseshakes und frisch gepreßte Säfte verkauft.

Es gibt einen Zigarrenladen, der an seine altbekannte Stammkundschaft, zu einem absoluten Horrorpreis, man spricht von 5000 $ für das Kistchen, die bisher noch unter Strafe verbotenen Kubanischen Zigarren auf dem Schwarzmarkt besorgt. Jeder kann es hier mit seiner Geschäftsidee versuchen, ob mit einer Autowerkstatt oder Künstler nach Maß mit einer Fotogalerie.

Die Ladenmieten sind mit wenigen Ausnahmen noch bezahlbar und es gibt nicht so viel Bürokratie wie in anderen Stadtteilen, die den Existenzgründern den Schlaf raubt. Wer andernorts nicht die richtigen Leute kennt oder jemanden der die richtigen kennt, man glaubt es oder nicht, der kann an der New Yorker Bürokratie verrückt werden. Jeder muß sich daran gewöhnen, der New Yorker Bürokratie widerspruchslos Gehorsam zu leisten, erzählte man mir.

Die bezahlbaren Ladenmieten beinhalten andererseits eine gewisse Rechtlosigkeit der Mieter und erfordern Gelassenheit. Bei den Vermietern eine bestimmte Gleichgültigkeit. Als einer der Ladenmieter bei dem es hereinregnete sich beklagte, und er auf sein vermeintliches Recht auf Schadensbehebung verwies, erntete er nur Gelächter, auch das ist NY.

Dieser Teil von Williamsburg in dem Angie wohnt ist absolut hip und ein heiß begehrtes Viertel in Brooklyn. Die Wohnungsmieten in Williamsburg steigen deshalb inzwischen rasant. Viele die auf der Flucht vor der Gentrifizierung und den steigenden Mietpreisen aus Manhattan geflohen sind sehen sich nun erneut vor demselben Problem.

Im Vergleich mit den aus Tradition Wohlhabenden an der noblen Upper East Side von Manhattan, ein Hotspot der Mächtigen und Superreichen, mit all ihren Macken und Vorlieben, ist in Brooklyn die Wohnsituation eine ganz andere.

Die noble Upper East Side wurde weltbekannt durch den Filmklassiker „Frühstück bei Tiffany" mit Audrey Hepburn. Jeder erinnert sich an die Filmszene, Hepburn im kleinen Schwarzen von Givenchy mit einer überlangen Zigarettenspitze vor dem Schaufenster des Juweliers Tiffany.

Bei Angie in Brooklyn gibt es am Hauseingang keinen Doorman vor der „Residenz" oder Portier der zuerst auf der Mieterliste nachsehen muß, ob der Name des Mieters vermerkt ist und von Fall zu Fall zuerst nachfragt, ob dem Besucher der Zutritt zu den Gemächern der Herrschaften gestattet ist.

Übrigens die teuerste NY-Wohngelegenheit in Luxus und Superlative soll im Trump Tower in Manhattan, dem Haus der Millionäre sein. Der Erbauer Donald Trump, zum Präsidenten der Vereinigten Staaten aufgestiegen, hat dort ein Apartment, ebenso die bekannte Wimbledon-Siegerin Martina Navratilova und Andrew Lloyd Webber, der Schreiber von vielen weltbekannten Musicals, die oft über Jahre in NY gespielt werden, beispielsweise Cats oder The Phantom of the Opera.

Der Trump Tower ist ein Wolkenkratzer mit einer Höhe von 202 Metern. Geradezu als ein Symbol des Überflußes an Geld der Bewohner, stürzt sich im Inneren ein Wasserfall über fünf Stockwerke in die Tiefe. Dort kommt ebenfalls nur hinein wer erwartet wird, selbstverständlich dirigiert ein Doorman den Zugang. In diesem Tower regiert schnell erworbenes und beständig vermehrtes Geld. Der Reichtum seiner Besitzer ist so immens, daß diese längst den Überblick verloren haben. Die Vermögensverwalter der Millionäre rücken einmal im Jahr zur Audienz an und geben Auskunft, die erwartungsgemäß jedes Mal besser ausfällt. Diese Superreichen müssen mit der Welt, in der all die anderen Menschen leben, nie etwas zu tun haben. Dieser monetäre Adel hat Einfluß auf die Gesetzgebung in Washington, damit eine reibungslose Weitergabe von Reichtum und Macht an die nächste Generation unanfechtbar vererbbar, über alle Launen des Schicksals triumphierend, sichergestellt ist.

Sobald man Köche hat, die besser sind als die in angesagtesten Restaurants, verliert die Außenwelt beträchtlich an Reiz. Im Millionen-Dollar-Apartment hängen an der Wand Ölportraits von Adligen, fraglos keine Abbilder von den eigenen Vorfahren, oder der ultimative Picasso, jeweils ein Original versteht sich. Die Kinder, wenn es überhaupt welche gibt, sehen aus als wären sie einer Modezeitschrift entsprungen. Ihre arroganten Mütter tragen gerne mal einen Hosenanzug dazu Seidenkrawatten, der sie aussehen läßt als steckten sie in einem Männeroutfit.

Ihre Bediensteten verteilen strategisch die Kerzen so geschickt um den Rand der Badewanne, daß die Herrschaften vom eigenen Spiegelbild bewundert werden, so läßt es sich auch im hektischen NY aushalten. Einer der großen Vorteile dieses Lebensstils ist es, daß man nie über Geld reden muß. Wer eine Wohnung kaufen möchte: die billigste Wohnung ist eine Ein-Zimmer-Wohnung im 1. Stock mit 55 qm, der Kaufpreis beträgt 700 000 US-Dollar. Je höher hinaus desto teurer, eine schon etwas größere Wohnung im 77. Stock kostet 5 Millionen Dollar. Das oberste, pompös eingerichtete Stockwerk, bewohnt Trump.

Den meisten Bewohnern geht es um ein repräsentatives Zuhause, dort wo auch ihr Geld ein Zuhause hat. Dieser vollverglaste Wohnturm ist ohnehin überwiegend für Leute, die ihre meiste Zeit des Jahres in Abu Dhabi oder sonst wo in der Welt auf riesigen Jachten und den Spielplätzen des Jetset verbringen, jedenfalls nicht überwiegend in NY.

Wiedersehen in Brooklyn

Angie war kurz zuvor vom Joggen zurückgekommen, hatte gerade ihre Sachen aufgehängt und meinte „I'm a mess".

Sie breitete zur Begüßung die Arme aus, wie ein Dirigent, der sein Orchester bittet, sich zum Applaus zu erheben.

„Welcome in NY! Laß dich ansehn!" Sie neigte sich vor und küßte mich auf beide Wangen.

„So macht man das in Frankreich!" Dann betrachtete mich von Kopf bis Fuß mit all der Herzlichkeit, die ich von ihr kannte und meinte „Wie nett du aussiehst mit diesen kurzen Haaren".

Und ich gab lächelnd zurück „Und du erst mit deinen langen! Oder waren die immer schon so lang?"

Sie müsse sich nur noch schnell eine Kleinigkeit holen, den ganzen Tag habe sie noch nichts gegessen. Schlüpfte in Jeans, T-Shirt und Sportschuhe.

„Ich mache eine Diät " sagte sie mit hinreißendem Lächeln.

„Du weißt es gibt Sachen, um die sollte man einen großen Bogen machen: Schokoriegel, Glutamat, Erdnußbutter, Salz, Drogen und zu viel Sex..." sagte ich.

„Bin schon weg, bin schon weg", sagte sie und küßte mich noch einmal auf die Wange.

Dann verzog sie ihre leuchtend rosa bemalten Lippen zu einem entschuldigenden Lächeln und ging zur Tür.

Weit hat sie es zum Glück nicht, es gibt einen „Supermarket" in unmittelbarer Nähe mit unprätentiösen Leckereien aus aller Welt, der nach seiner Aufschrift am Fenster auch Gourmet Deli verkauft. Jetzt huscht sie flink hinaus ins Straßengetümmel und kehrt nach wenigen Augenblicken mit einer Papiertüte in der Hand zurück, aus der sie ein Stück Potato-Focaccia zieht.

„Das ist so gut!", sagt sie, mehr zu der Backware als zu mir, und beißt genüßlich hinein, um nebenbei eine Ladung Earl Grey in die Teekanne zu löffeln.

„Ich denke ich bin zu früh gekommen. Das tut mir leid".

„Du bist keineswegs zu früh gekommen, du warst pünktlich und das ist mir recht. Ich hoffte, ich hätte noch Gelegenheit mit dir allein zu sprechen, denn Lara will vorbeikommen".

„Du scheinst viel glücklicher zu sein als bei deinem letzten Besuch. Fast möchte ich sagen, es geht etwas Leuchtendes von dir aus". Sie sagte dies ganz geradeheraus mit einem Lächeln als kenne sie den Grund und freue sich darüber. Dies erstaunte mich und berührte mich angenehm, deshalb schlug ich die Augen nieder, hob aber schnell wieder den Blick. „Es ist wahrscheinlich nur die Sonne", sagte ich und wir lachten beide. Sie ist beeindruckend liebenswürdig, ehrlich, nachsichtig und warmherzig.

Als der Tee fertig war, bot sie mir Kekse an. „Schokocookies vor dem Mittag und Zitronencookies danach", erklärt sie mir. Ich nehme von den Vormittagscookies, sie sind bröselig. Sie hatte die Cookies in der besten Absicht mitgebracht, auch wenn sie es hätte besser wissen müssen, daß sie hernach den Staubsauger bedienen muß.

Die Sonne schien auf ihr goldfarbenes Haar, das sie hochgesteckt hatte und in mädchenhaften sanften Locken auf ihre Schultern fiel. Dies verlieh ihrem Gesicht etwas auffallend anmutiges.

Die Sonne enthüllte, daß ihre Augen jetzt ein feines Netz von Fältchen umgab, denn das Make-up fehlte. Ich hatte den Eindruck, daß dies die ersten Zeichen von Vergänglichkeit waren. Und dachte, wir beide werden langsam alt, und das ist verdammt schnell gegangen.

In ihrem Lächeln lag auch so etwas wie Müdigkeit. Sie war nicht mehr so überschäumend vergnügt, wie ich sie in Erinnerung hatte. Später bemerkte ich noch winzige Runzeln in ihrem Gesicht, an die ich mich nicht erinnern konnte.

„Übrigens die Lara, kannst du dich an sie erinnern? Du kennst sie von deinem letzten Besuch".

Selbstverständlich konnte ich mich an Lara erinnern. Ich mochte sie vom ersten Augenblick an. Als ich sie zum ersten Mal sah überlegte ich was an amerikanischen Frauen für Männer so anziehend ist und kam zum Schluß, daß es der Charme und ihre Offenheit sein mußte. Lara war ein echtes amerikanisches Girl, genau so wie sie beschrieben werden; unkompliziert, spontan – und offensichtlich ohne Probleme. Sie war nicht nur klein und zierlich, sondern hatte auch eine sanfte Stimme. Ich hatte große Lust gehabt mich mit ihr anzufreunden.

Angies Apartment liegt im sechsten Stock in einer ausgebauten Dachetage in einem großen Gebäude mit Aufzug. Von dort bietet sich eine fantastische Kulisse, ein prachtvoller Blick auf Manhattan, ganz hinten am Horizont muß die Freiheitsstatue stehen, die Statue of Liberty, die ihre Fackel in den Himmel streckt. NY, die Stadt, die schon immer viele Menschen, der Freiheit wegen, aus der ganzen Welt anzieht.

Von der Türe im Apartment führt ein enger Gang zum Wohnraum, in der Südostecke gibt es einen Wandschrank. Wandschränke findet man in allen Wohnungen und Häusern, kaum jemand hat einen beweglichen Schrank. Die Küche zweigt türlos vom Flur ab. Im Bad mit zwei Fenstern zeigen die Wand- und Bodenkacheln das Streckennetz der New Yorker U-Bahn, draußen auf dem Sims hört man Tauben gurren und mit den Flügeln schlagen.

Alles ist spartanisch eingerichtet. Ein knallrotes Plüschsofa, zusammengewürfelte Sessel, die Amerikaner mögen es nicht, wenn alles farblich aufeinander abgestimmt ist, ihnen ist kunterbunt viel lieber. An den Wänden ein paar Bilder, überwiegend Collagen, und ein runder Eßtisch vermutlich aus den Sechzigern mit verchromten Fuß, viel mehr gibt es nicht im Wohnraum. Die Wohnung ist nicht sonderlich geschmackvoll eingerichtet, ihre Atmosphäre aber strahlt, nicht nur an sonnigen Tagen, Lebensfreude aus, und die entsteht nicht von selbst.

Ich möchte jetzt reden, viel reden, gerne den ganzen Samstagabend und morgen weiter reden. Es hat sich sagenhaft viel ereignet seit meinem letzten Besuch und es gibt so viel zu erzählen. Sie saß im Sessel mit einem vergnügten Lächeln im Gesicht und ich auf dem Sofa und sie sagte

„Sag mir, Bert wie geht es dir".

Und ganz ausdrücklich „Was ist wieder alles passiert?"

Immer wenn ich ihr wieder begegne, werde ich schockartig von dem Gefühl erfaßt mit einem Menschen zusammen zu sitzen, den ich schon mein ganzes Leben lang kenne. Ein Gefühl der Vertrautheit, das eine Verbindung herstellt. In solchen Momenten spürt man, hier kann ich ganz sein, wie ich bin, fühle mich in meinem innersten Wesen angesprochen, schwinge sozusagen auf derselben Wellenlänge. Unsere Bekanntschaft hatte sich im Laufe der Zeit zu einer tiefen Freundschaft, die den freiesten Austausch von Gedanken und Meinungen erlaubte, verwandelt. Die innersten Gedanken kann ich mit ihr teilen. In der Unterhaltung mit ihr verschwinden Ärger und Verletzungen, die mich bewegen. Zu allem hatte sie eine feste Meinung, und das finde ich immer beeindruckend. In der Art, wie sie sich äußert, gibt es aber nie etwas bedrängendes oder kämpferisches. Ihr ist nichts menschliches fremd, weil sie die Motive von Freunden, Feinden und Feindesfeinden durchschaut.

Nach jeder Unterhaltung oder jedem Gespräch, wie kurz es auch war, fühle ich mich besser, wie man in der amerikanischen Sprache sagt. Ich meine damit einen Zustand, der mich ruhig, ausgeglichen, selbstbeherrscht und nicht nur eins mit der Welt, sondern eins mit mir selbst macht.

Auch heute ist ihre Ausstrahlung etwas besonderes und wie immer ansteckend. Sie ist allesamt erfrischend unprätentiös und allürenfrei in ihrer Eigenwahrnehmung. Es gab viel zu lachen an diesem Nachmittag als ich ihr alles erzählte, was mir seit meinem letzten Besuch wieder an heiteren Dingen widerfahren war. Sie war mir dann nahe wie kein anderer Mensch und umgekehrt fühlte ich mich nahe, wenn sie so schön und anschaulich von ihrem ereignisreichen Leben von Liebe und Freundschaft erzählt.

Für sie ist Freundschaft in erster Linie ein Angebot einen Menschen ohne sexuelle Absichten kennen zu lernen. Ein Mann ist nach ihrer Lebensphilosophie in der sog. „FriendZone“ ein Nur-Freund für den es keinen Sex gibt. Sie bietet sich als Frau zum Kennenlernen an, als eine Frau, die eine gute Freundin sein will. Sex auszuklammern hört sich zunächst unerfreulich an, denn ein Alpha-Männchen erobert üblicherweise knallhart.

Ein Nur-Freund klingt sich einen Mann warmhalten, ähnlich wie andere sich ein Haustier halten. Einen Mann, weil es für viele Dinge im Alltag praktisch und von Vorteil ist. Aus meiner Sicht eine ziemlich feministische Position.

Doch sie sagt „eine Freundschaft kann wie Liebe sein, die Feuer gefangen hat, wie tief glühende Kohlen, die schwer zu löschen sind, und wer will sich nicht an einem Feuer wärmen?"

„Freundschaft ist aber nicht die Minimalausgabe von Liebe. Wer Liebe verbunden mit Sex will, mag zunächst einmal sogar enttäuscht sein. Der Nur-Freund sollte nicht enttäuscht sein oder dies als eine Niederlage sehen, weil er seine Zeit mit einer Frau verplempert, die ihn nicht mit einem Orgasmus belohnt".

„Solange man die Situation gedanklich nicht einer Niederlage zuordnet, ist man nicht besiegt. Wenn man während der gemeinsam verbrachten Zeit doch etwas empfindet, war diese auch ohne Sex etwas wert".

Wenn man sich gut eingerichtet hat in der Freundschaft, die sich bewährt hat, dann ist man in der „Friend-Zone" angekommen.

Dies ist ihre Definition von echter Freundschaft.

„Wer Liebe will muß zunächst Liebe sein. Wir werden alle älter, unsere Herzen reifer, unsere Liebe wird dann unauslöschbar wie ein tiefglühendes Kohlenfeuer".

Meinte sie.

Sie sagte noch „Mancher Mensch hat großes Feuer in seiner Seele, und niemand kommt, um sich daran zu wärmen“. Eine Beobachtung von Vincent van Gogh, der diesen Satz gesagt haben soll.

„Welche Eigenschaften müßte ein idealer Mann für dich haben?“ fragte ich sie.

„Er müßte ein großes Herz haben“.

„Angie und was heißt das?“

„Es ist das Gegenteil von Engstirnigkeit, Geiz und Kleingeistigkeit. Meinerseits ist es Großzügigkeit, daß er so sein darf wie er ist. Vorausgesetzt ich kann seine Schwächen ertragen, nicht unbedingt akzeptieren, aber ertragen. Wichtig ist für mich, wenn man Vorurteile hat, diese aufzugeben, ihn als den zu akzeptieren, der er ist, nicht als den, den ich aus ihm machen will“.

„Warum hast du dich von Bill getrennt?“

„In einer Beziehung gibt es immer einen, der stärker ist als der andere. Ich konnte den Gedanken nicht ausstehen als Anhängsel von Bill gesehen zu werden.

Wir haben das Ganze lange nicht als enge Beziehung oder gar als Verlobung gesehen. Als wir uns dann zur Heirat entschlossen, sind wir nach Las Vegas gefahren und haben einem Typen 50 Dollar für die Trauung bezahlt, ein Freund von Bill hatte uns die Ringe geliehen. Der Typ bei der Trauung sagte damals, wenn wir drei Wochen in Las Vegas bleiben, könnten wir uns bei ihm auch wieder scheiden lassen“.

„Und habt ihr es euch überlegt, die drei Wochen zu bleiben?“

„Wo denkst du hin. Wir hätten es uns gar nicht leisten können so lange im Hotel zu wohnen. Eine Scheidung gleich am Anfang war nicht drin“.

Ich sagte zu Angie „Vielleicht war es besser so“.

„Ich bin in Frieden mit mir und der Welt. Mit Bill komme

ich in einer Ehe nicht zurecht. Aber auch Sokrates und seine Frau haben dies nicht geschafft".

Wann immer ich Angie treffe, erzählen wir uns die neuesten Ereignisse aus unserem Leben. Angie auch gerne von ihrer Freundin Lara, deren letzte Begegnung war eine irre Geschichte, wie sie nur in NY passieren kann.

Lara traf einen tollen Typ, wahnsinnig attraktiv. Groß, dunkelhaarig mit randloser Bankerbrille, tadellos gekleidet, vermutlich in einem Armani Anzug.

Die inzwischen eingetroffene Lara erzählte…

„Alles was man sich erträumt" erzählte sie,

„Der Typ, mittlere Größe, mittleres Alter in einem weißen Hemd viel mir sofort auf, er kam mit einem Korb voller Bagels aus der Bakery spaziert".

„So einen Typen hatte ich schon lange nicht mehr gesehen. Wir gingen beide die Avenue hoch und taten so als würden wir uns nicht sehen. Dabei war klar, daß er mich sah, so gut wie ich ihn sah". Und ich dachte: „Gleich verschwindet diese Erscheinung aus meinem Leben, das will ich aber nicht. Also mußte ich mir etwas einfallen lassen und sprach ihn an. Das Einzige, was mir einfiel war ihn zu fragen was er mit so vielen Bagels machen will".

„Also habe ich ihn gefragt".

„Und was hat er gesagt? "

„Ich habe Freunde zum Brunch eingeladen".

Worauf ich zu ihm sagte „ Hm, Bagels mit creamcheese und Lachs, wie lecker!" „Oder gibt's was anderes drauf?" und er sagte. "Wollen sie mitkommen?" Da fragte ich ihn „Ist das eine Einladung?" und er sagte mit kräftiger aber samtweicher Stimme „You are welcome!".

„Darf ich mich vorstellen?" hat er dann gesagt mit dem schönsten Lächeln der Welt „Ich bin Jock Turner".

„Er winkte ein Taxi heran und wir fuhren, du wirst es nicht glauben, an die Upper East Side. Sein Apartement war bestimmt eine halbe Million Dollar wert. Er war gerade eingezogen".

Ich fragte Lara entsetzt „Und du bist einfach mitgegangen, mit einem Fremden in seine Wohnung?" „Wie kannst du so etwas machen?"

Lara ist eine typische selbstbewußte New Yorkerin, eine ganz lockere Wahnsinnsfrau mit Sexappeal. Sie hat ein unglaublich charmantes Lachen und ist nicht auf den Mund gefallen. Jeder Mann würde sich um sie reißen als wäre sie „the catch of his life". Aber sie weiß was sie will und ist deshalb Single und hat mehrere Lover. Sie übertreibt natürlich, aber eine New Yorkerin, die flott die Vierzig überschreitet, würde nie freiwillig einen Lover aufgeben. Wer sie nur von hinten betrachtet, hätte sie mit ihren offen auf die Schulter fallenden hellblonden Haaren fast noch für ein Kind halten können. Aber wenn man ihre Augen und ihr energisches Kinn sah, war klar, daß man eine Frau vor sich hatte, die in der Lage war sich durchzusetzen. Eine echte Schönheit mit vollen Lippen und dann die Brüste!

Titten sind sehr gefragt und weibliche Hüften. Ihr hellblondes Haar bildet einen reizvollen Kontrast zu ihren glänzenden braunen Augen. An ihrem festen Blick läßt sich Temperament und Geist erahnen, vielleicht auch die Bereitschaft dem Alltag mit Humor zu begegnen, denn ihrem Mund merkte man an, daß sie gerne lacht.

Ihr kräftig geformtes Kinn läßt auch eine gehörige Portion Durchsetzungsvermögen erahnen und mit ihrer Körpersprache drückt sie trotz ihres Alters jugendliche Unbekümmertheit aus. Ich hatte sie einmal, eigentlich nur einen kurzen Augenblick lang, ein bißchen angebetet, war aber schnell wieder gefaßt.

„In meinen Augen ist Lara eine Frau, die sich im Leben behaupten kann" sagte Angie mir einmal.

Jock erzählte ihr er wäre Makler an der Wall Street.

„Wirklich Makler?" fragte ich sie. „Womit makelt er denn? Mit Bagels aus einer Bäckerei?"

„Nein, allen ernstes mit Aktien, er arbeitet an der Börse".

Lara hat mir später erzählt, daß Jock schon Millionen an der Börse verdient hat und sich dieses Apartment gekauft habe. Voller Stolz hat er ihr sein neues Apartment gezeigt. Nach ihrer Beschreibung ist es riesengroß und wunderschön, ganz stilvoll und modern eingerichtet.

Und dann hat er bestimmt gefragt „Darf ich dir mein Schlafzimmer zeigen?" sagte ich.

„Nein, das sagte er nicht." Er habe ihr aber alles gezeigt und gesagt „Das ist der Einrichtungsstil, den ich liebe" und natürlich sagte sie schnell „Ich liebe ihn auch".

Lara erzählte weiter: „Als er alles gezeigt hatte gingen wir zum angerichteten Büfett. Für das Büfett habe ich kein Auge gehabt. Ich war beeindruckt vom perfekten Schnitt seines Anzuges, der wie maßgeschneidert war, seinen schicken Gucci-Schuhen, der teuren Uhr von Patek Philippe an seinem Handgelenk und seinen manikürten Fingernägeln. Ich träumte davon was es für ein leichtes Leben mit ihm zusammen sein würde und war urplötzlich verliebt."

Angie erinnerte sich wie sie und Lara, leider erfolglos, als junge „chicks" an den Wochenenden die berühmte Harvard University und Umgebung nach angehenden Jurastudenten aus wohlhabenden Familien absuchten.

„Mein Traumprinz wäre ein Sprößling aus einem reichen Clan von der Ostküste gewesen“ sagte Angie.

„Und wie ging es bei Jock weiter?“

Als Lara im Apartment zum Fenster ging und nach unten sah, entstieg einem teuren europäischen Auto ein perfekt gekleideter junger Mann, groß und breitschultrig mit kurzen dunklen Haaren und einem breiten Tom-Cruise-Lächeln, den Jock ihr dann als einen Freund vorstellte.

„Ich glaube sein Name war Karan“.

Zuerst dachte Lara, es wäre einer der vielen zum Brunch erwarteten Gäste. Er soll wie ein Filmdouble von Jock ausgesehen haben, genauso stylisch gekleidet und fast noch hübscher. Viele andere Gäste seien allmählich eingetroffen, die, wie es sich in einer Bussi-Gesellschaft gehört, mit viel Hello und Wangenküßchen begrüßt wurden. Manche brachten kleine Gastgeschenke mit, eines aus einem Delikatessengeschäft war à la française in eine weiße Schachtel verpackt, die mit einem breiten roten Band verschnürt war.

Es fiel ihr auf, daß es überwiegend Männer waren, da fing sie an Jock und die anderen Männer genau zu beobachten und hegte plötzlich einen schockierenden Verdacht.

„Kennst du das Gefühl?“ fragte mich Lara.

Sie hat sich dann naturgemäß an die wenigen eingeladenen Frauen gehalten, bis sie sich ein Herz faßte und ganz ungeniert und direkt eine der Frauen fragte, ob Jock und Karan ein Paar wären.

„Dieser Mistkerl hat einen Intimfreund!“ sagte sie zu mir.

„Du willst sagen der Typ ist queer“.

„So ist es!“ sagte Lara.

Arme Lara, wieder ist einer ihrer Träume zerplatzt.

Lara hätte trotzdem am Ball bleiben können, um mit ihm als Anstandsfrau ab und zu einen Auftritt haben können. Denn wenn man einen Menschen bewundert, verzeiht man ihm alles. Sie war aber so geschockt, daß sie den Vorschlag für abwegig hielt. Für sie war es eine Verschwendung menschlicher Bemühungen. Wie viele amerikanische Frauen war sie süchtig nach Romantik und sehnte sich danach.

Mir fiel eine Geschichte aus der Antike ein, die ich einmal gelesen hatte. Von wem sie ist weiß ich nicht mehr. Um sie etwas aufzumuntern sagte ich zu ihr:

„Lara hör mir zu ich will dir etwas erzählen. Willst du?"

„Erzähl",sagte sie.

„Es gibt da eine Geschichte, vielleicht von den alten Griechen:

„Am Anfang waren die Menschen in dieser Welt glücklich. Aber dann sündigten die Menschen. Um sie zu bestrafen trennten die Götter ihre Seelen in zwei Hälften. Seit dieser Zeit wird jeder von uns unvollkommen geboren und muß suchen bis er die andere Hälfte seiner Seele findet. Erst wenn er die andere Hälfte findet und sich mit ihr verbindet wird er eins und vollkommen glücklich".

„Liebe Lara, für alle ist Glück da, wir müssen nur bereit sein lange genug, immer und überall, zu suchen, ohne zu wissen, ob wir das vollkommene Glück jemals finden werden".

Sie sah mich an und atmete tief.

Am nächsten Tag, am Sonntag, erzählte ich Angie von den üblen Dingen in unserem Betrieb, den hinterhältigen Mobbingaktionen zwischen den Kollegen mit unglaublichen nicht nachvollziehbaren Unterstellungen. Erzählte von Kollegen, die aus Konkurrenzneid außer Kontrolle geraten, indem sie versuchen einen vermeintlichen Konkurrenten, der ihrer Karriere im Weg ist, mit plötzlichen Seitenhieben zu verdrängen. Jenen gelingt es mit Hilfe von wortgewandten Kollegen viele Menschen vor ihren Karren zu spannen, die sich einzig und allein von ihren persönlichen Ambitionen leiten lassen. Die sich dafür entscheiden, sich der Herde anzuschließen, um anerkannt und geschätzt zu werden. Sie lassen keine Gelegenheit aus, um mit Strategie planvoll durch anderwärts zutreffende oder frei erfundene Geschichten, mit denen der Gemobbte nicht das Geringste zu tun hat, zu denunzieren. Oft wird über Jahre verunglimpft und nach Strich und Faden gelogen, immer mit dem Ziel ungerechte Vorteile zu Lasten des gemobbten zu erhalten.

So laufen sie herum, die Einflüsterer, Sprücheklopfer, Besserwisser, Klein- und Großintriganten, die Heimlichtuer und Minenleger, betreiben eine schamlose Lügenkampagne, nähren gern giftige Gerüchte im Gerangel um Aufmerksamkeit. Sie quatschen mit jedem und beenden jedes Gespräch mit Verschwörermiene und ihrem Abschiedsgruß: „Aber zitiere mich bitte nicht!". Die Heimlichtuer machen sich mit Anschuldigungen, gegen die der Gemobbte sich nicht wehren kann, wichtig.

Für einen Gewitzten findet sich leicht Gelegenheit, sich zu seinem Vorteil in Szene zu setzen.

Wo läßt sich besser ein Gerücht als Versuchsballon starten als im anonymen Kreisverkehr, dieser führt bei einigen zur Enthemmung mit der sich diese Idioten gegenseitig immer unverhohlener in einen Shitstorm bis zum Hass hochschaukeln. Platzt der Ballon, kann sich jeder verkrümmeln.

Ich erzählte Angie einige üble Details.

Die Mobber mit ihrer anregenden Fantasie wissen sehr genau, wie es abläuft und wenn es läuft wie gedacht, wird, wie beabsichtigt, das Ansehen des Kollegen darunter leiden. Schockierend die naiven und gutgläubigen Vorgesetzten, die ohne zu hinterfragen alles glauben was ihnen erzählt wird. Sie lassen sich in gutgläubiger Naivität manipulieren und beteiligten sich bewußt oder unbewußt am Mobbing. Oft wäre schon, ein einfacher gesunder Menschenverstand, vom common sense geleitet, etwas Menschenkenntnis, Lebenserfahrung und Nachdenken hilfreich. Wenn jemand sich auf Gutinformierte beruft, sollte eine rote Warnleuchte blinken. Einen Kollegen durch bösartige Kommentare zu mobben kann von lebenslanger Bedeutung sein.

„Wer nicht weiß, daß beispielsweise Vorurteile und Emotionen das Denken beeinflussen, der macht Fehler, die man vermeiden kann. Gedanken müssen eine Weile gären, erst dann folgt früher oder später ein Ergebnis" meinte Angie. Das Gegenteil von einem Fehler, ist aber häufig nicht das Richtige, sondern der entgegengesetzte Fehler.

Angie kann ziemlich gesprächig sein, wenn ich mit ihr allein bin. Meist stelle ich ihr keine persönlichen Fragen über ihr Leben oder ihre Vergangenheit, sie erzählt es mir von sich aus.

Ich frage sie nach ihrer Meinung zu allen möglichen Themen. Sie hat zu heiklen und schwierigen Themen immer eine kluge Meinung, daß sich aus meinen Fragen schon so manche angeregte Unterhaltung ergab. Außerdem besitzt sie eine gewisse Unnachgiebigkeit und einen erstaunlich gesunden Menschenverstand, der mir weiterhilft.

Nach ihren Erfahrungen in Deutschland meinen manche Führungskräfte, sie tun etwas Gutes, wenn sie die „Betriebstemperatur" herunterfahren, einen gegen den anderen ausspielen. Hier ihre Lieblinge auf den Schild heben, dort die weniger Gelittenen heimlich mobben. Schließlich, so meinen sie, fördere Konkurrenz das Geschäft.

Ich stimmte ihr nur bis zu einem gewissen Grad zu. Nach meiner Meinung muß man ab der zweiten Lebenshälfte Realität und blühende Fantasie unterscheiden können, dies ist eine Frage von Lebenserfahrung. Im Zweifel für den Angeklagten entschieden bereits die alten Römer.

Wohlinformierte Duzfreunde sind meist überhaupt nicht wohlgesinnt und häufig auch noch ahnungslos. Nirgends läßt sich so ungestraft Unsinn verbreiten wie im Schummerlicht der falschen Vertraulichkeit. Man muß wissen, wie leicht die Wahrheit zu verfälschen ist. Meistens kann man die Kommentare, die kommen werden, vorhersagen so durchschaubar ist das vorausschauende „Spiel“. Einige Male allerdings auch nicht, wenn auf der Geburtstagsparty bei Prosecco zwischen Häppchen mit Fingerfood und vorgehaltener Hand so ein Unsinn erzählt wird, von dem man sagen muß „Auf so einen Blödsinn wäre ich nicht gekommen!“.

Wie tief muß ein Mensch fallen, daß er es nötig hat seine Position zu nutzen, um einen ahnungslosen Kollegen ins Gerede zu bringen, um sich unter Mißachtung der allgemein anerkannten Mindestformate des guten Benehmens, mit unflätigen Äußerungen ungeniert darüber hinwegzusetzen. Was für ein Schmutz und Dreck kommt heraus, wenn sie ihre schmierigen Mäuler öffnen. Und welche abgründig verwerflichen finalen Interessen stecken dahinter? Gewalt am Arbeitsplatz ist auch jemanden auszustechen.

Angie sagte zu mir „Es bleibt dem nur übrig über den schlimmsten Unsinn und Wahnsinn hinweg zu lachen und sie stehen zu lassen“.

„Gegenrede ist sinn -und zwecklos“.

„Assholes" - Arschlöcher

nennt sie der amerikanische Philosophie-Professor Aaron James, der sie in seinem gleichnamigen Buch beschreibt: „Ein Mensch gehört zur Gattung Arschloch, wenn, und nur wenn er sich in Beziehung zu anderen Menschen systematisch Freiheiten herausnimmt, die einem tief verwurzelten Anspruchsdenken entspringen, die ihn für Einwände anderer unempfänglich macht." Arschlöcher besäßen ein tief verwurzeltes und unumstößliches Gefühl der eigenen Überlegenheit. Durch die ungeheure Dominanz dieser Perspektive entstehen Zerrbilder der Realität. Aaron James vermutet, daß einer von 100 Mitmenschen ein Arschloch ist. Unerträgliche Egomanen, bei denen das „Arschloch-Verhalten" zum Charakter gehört. Man findet sie überall, im Straßenverkehr, in der Schlange vor dem Bankschalter und besonders bei der Arbeit, schreibt Aaron James.

„Keine Familie, kein Betrieb, nicht einmal ein Verein funktioniert, wenn die Leute nicht aufeinander eingehen, zusammenarbeiten, gegenseitig aufeinander Rücksicht nehmen", meinte Angie.

Nur emotional stabile Menschen sind dem alltäglichen Streß der heutigen Arbeitswelt überhaupt noch gewachsen. Mitgefühl – Empathie mit dem anderen ermöglicht erst Kooperation, menschliches Miteinander und Erledigung anfallender Arbeiten. Studien in den USA weisen nach, daß es Menschen, die ihre Gefühle und die anderer erkennen, deuten und berücksichtigen können, eher gelingt komplexe Arbeiten zu erledigen. Ganz nebenbei leiden sie seltener unter Streß, Angstzuständen und Schizophrenie. Der Psychoanalytiker Arno Gruhn schreibt: Empathie ist die Grundvoraussetzung für seelische Gesundheit.

„Solange die Kollegen nicht selbst betroffen sind trägt Klatsch und Tratsch, auch wenn es eigentlich übelstes Mobbing ist, zur Erheiterung bei, wehe es betrifft sie selbst, dann kann sich die Stimmung recht schnell ändern". Der Dichter Erich Mühsam sagte: „Ewig lebt die Tücke, lebt das Unheil nur".

Angie erzählte mir, sie habe vor langer Zeit das Buch „Drei Mann in einem Boot" von Jerome K. Jerome gelesen. Dieser erzählt eine Geschichte von drei Freunden, die auf ihrem Boot eines Morgens Hemden waschen, dabei fällt ein Hemd in den Fluß. Alle drei brechen in ungeheures Gelächter aus, und ihre Heiterkeit scheint keine Grenzen zu kennen. Bis einer der drei plötzlich bemerkt, daß es sein Hemd ist, das dort im Fluß davon schwimmt, da hört er auf der Stelle auf zu lachen und wird zornig und böse. Wut ist ein Gefühl, das schwer zu beherrschen ist, und man denkt schnell an Menschen, die sich nicht unter Kontrolle haben.

Erst wenn das eigene Hemd davon schwimmt und sie selbst betroffen sind finden sie Klatsch und Tratsch überhaupt nicht mehr witzig. Es zeigt, daß Menschen, die man für gute Freunde hält nicht notwendigerweise dieselben sind, auf die man zählen kann.

Der große Amerikanische Traum

Am Abend gingen wir ins J.G. Melon essen, das ist ein Restaurant an der 74. Straße mit dem Angie besondere Erinnerungen verbinden. Dorthin ging sie immer mit ihrer Mutter zum Essen. Die meisten Restaurants aus ihrer Jugendzeit gibt es längst nicht mehr, aber wie ein Wunder hat dieses Restaurant, naturgemäß auch in der Einrichtung etwas in die Jahre gekommen, überlebt. Wir aßen beide einen New York Cheeseburger mit French Fries und Coleslaw. Das freundliche Mädchen, das uns bediente setzte unter die Rechnung ein handschriftliches „Thank you", obwohl wir nicht sonderlich viel Trinkgeld gaben.

Mein besonderes Interesse galt Angies gegenwärtiger Lebenssituation. Bei meinem letzten Besuch meinte sie „Vielleicht ist in einem halben Jahr schon wieder alles anders, so ist das eben in NY". „Warum soll ich mich da aufregen?", ist ihre Überlebensphilosophie.

„Es geht hier nur mit Gelassenheit. Das Leben in NY ist hart. Du mußt die Widerstandsfähigkeit einer Kakerlake entwickeln, dann kann dir nichts passieren".

„I don't give a shit!".

„This is NY, you have to be smart", gehört auch zu ihren Sprüchen.

Wir landeten ohne Anlauf beim großen Thema Leben und Überleben in NY.

„This land is made for you and me…" heißt es in einem populären Song, den jeder Amerikaner singen kann.

Aber offenkundig gibt es nicht nur in NY eine rapid wachsende Anzahl an Amerikanern deren sprichwörtlicher Optimismus schmilzt, der unerschütterliche Glaube daran, daß Amerika alles was es anpackt auch schaffen kann.

Sie erzählte mir: „Bei einer Umfrage des „Time Magazin" glaubten 71 % der Befragten, daß die Tage der Supermacht USA gezählt sind und es Amerika immer schlechter geht. Der jahrhundertealte nationale Glaube, Amerika wäre dazu auserkoren, die gesamte Menschheit in eine bessere Zukunft zu führen, habe Risse bekommen. Nach der Meinung vieler, werden sich die USA auf irgend eine Weise durchwursteln. Das ist freilich etwas anderes, als die ganze Welt in eine bessere Zukunft zu führen".

Dies steht völlig im Gegensatz zu den optimistischen Verheißungen ihres Präsidenten, der beschwört den Neuanfang Amerikas. Die schlechten Zeiten seien für die meisten Menschen vorbei, sagt er und gibt sich ganz zuversichtlich. Amerika boomt nach seiner Meinung. Die Arbeitslosenquote sei auf dem niedrigsten Stand seit 1973. Es seien Millionen Jobs geschaffen worden dank der Politik. Die Aktienkurse stiegen und die Löhne legten wieder zu. Ein Geldregen wird auf sie niedergehen.

Es ist immer irgendwie weitergegangen, bekam ich als arbeitsloser Immigrant vor Jahren, in den USA zu hören. Ich hatte ja keine andere Wahl, als optimistisch zu bleiben, sonst wäre ich den ganzen Tag im Bett geblieben. Eine weitere Option war, für mich als Europäer, wieder zu verschwinden, was ich schließlich getan habe.

Es gibt Hochgebildete und Hochqualifizierte, die sich nicht ins Berufsleben eingliedern können, das ist eine bittere Realität für viele. Sie verschicken jede Woche Bewerbungen für alles, wofür sie auch nur entfernt qualifiziert sind. In nicht wenigen Fällen arbeitet die Zeit gegen sie, denn ihr Wissen veraltet und auch sie selbst werden immer älter. Bei nicht wenigen endet dies in einer Depression. Die New Yorker Psychotherapeuten haben deshalb Hochbetrieb. Die Zahl der Menschen, die an Angstzuständen oder Depressionen leiden, soll immens gestiegen sein. Der finanzielle Druck wirkt sich auf ihre Beziehungen untereinander, auf ihre Familien, auf ihre gesamte Lebensgestaltung aus. Das Schlimmste ist, daß viele keine Hoffnung haben, daß es trotz der alljährlichen Versprechungen ihrer Präsidenten irgendwann in absehbarer Zeit auch für sie besser wird, so daß die Zahl der Depressiven stark gewachsen und die Selbstmordrate hoch ist.

Fast jeder Kandidat, der bei der Bewerbung um das Präsidentenamt antrat, sprach über den Zerfall Amerikas in ein Oben und Unten, die allmähliche Auflösung der Mitte, damit ist die Mittelschicht gemeint und das Scheitern des Aufstiegsversprechens, damit ist auch gemeint, daß es nicht mehr jeder durch Fleiß und Beharrlichkeit zu etwas bringen kann.

Nur wenn Eltern gesellschaftlich zu den oberen Schichten gehören, kann man in der Regel selber aufsteigen oder sich oben halten. So wie der schwarze Expräsident Barack Obama, dessen Eltern Akademiker waren. Eine negative Entwicklung, die alle Amerikaner trifft insbesondere die Schwarzen.

Deshalb träumen immer weniger Schwarze den großen Amerikanischen Traum. Dies ist besonders tragisch, wenn man etwas anderes träumt, ist man nicht in Amerika, ist man kein amerikanischer Amerikaner. Sobald man einen

„anderen" Gedanken hat, hört man auf Amerikaner zu
sein.

Die Kluft zwischen arm und reich wird unaufhörlich größer. Mehr als 60 % der Amerikaner haben, wenn überhaupt,
keine Rücklagen über 1000 $, und seit es keine Zinsen mehr
gibt, besitzen die wenigsten ein eigenes Sparkonto. Seit Jahren kämpfen verarmte New Yorker mit Angstschweiß gegen den Abstieg, mit der Erkenntnis daß die besten Zeiten
vorbei sind. In ihren fragilen Träumen, den durchwachten
und schlaflosen Nächten geht es um die Angst vor dem
Versagen, in jenen Gesichtern zeichnen sich Sorgenfalten
ab. Vielen hilft da nur noch beten und hoffen. Die Kirchen
sind immer voll von Sonntagspatrioten.

Zu diesen Verlierern möchte sich Angie nicht zählen, die
in immer dünnerer Luft, in einer Art Magerluft verarmt
leben, ohne Begehren und Glücksversprechen. Sie müssen den Ernst des Lebens ohne Lebensschmieröl alltäglich
ertragen. Besonders möchte sie sich auch nicht zu jenen
zählen, auf deren Stirn steht „Im Arsch!" „Abgewrackt!"
„Außer Betrieb!" und die, wenn ihnen ihr Leben als tägliche Katastrophe um die Ohren fliegt, am Rande in dieser
Millionenstadt ihre größeren Sehnsüchte mit Sex, Drogen
und Alkohol betäuben.

Dabei möchten jene eigentlich nur weg von NY und zwar
möglichst bald. Aber nur eigentlich, weil sie eine fast pathologische Hassliebe mit dieser Stadt verbindet. Die Stadt
ist ein Magnet, der die Menschen anzieht. John Steinbeck
schrieb bereits 1954: „Ich glaube nicht, daß NY sich mit
anderen Städten vergleichen läßt. Es kann einen Menschen
zerstören". Daran hat sich bis heute nichts geändert. Dabei
ist freilich eines nicht zu übersehen: eigentlich alle, die in

NY heimisch geworden sind, würden um nichts in der Welt woanders leben wollen. Den Schlüssel zu einem glücklichen Leben in NY, den einzigen Weg, findet hier nur, wer mit der Stadt seinen persönlichen Frieden schließt, wer die vielen, häufig versteckten Schätze findet und sich daran erfreuen kann. Erst später im Alter verschwinden einige Deutschstämmige im Wissen um die soziale Hängematte in ihrer alten Heimat. NY ist toll, solange man fit und gesund ist, aber nicht mehr, wenn man alt ist.

Die von Menschen überquellende, in manchen Dingen brutale Stadt muß man in seinem Alltag den eigenen Bedürfnissen anpassen. Die Diva NY muß man sich als Einwohner zurechtrücken in seiner eigenen Inszenierung. Jeder New Yorker hat sein ganz persönliches NY, das sich von dem der anderen deutlich unterscheidet.

Einer dieser Schatzorte, den Angie durch Zufall beim Radeln im Central Park endeckte, ist eine kleine Laube am Ufer eines Sees im Park. An einem Sonntagvormittag zeigte sie mir dieses verwunschene Plätzchen. In der Laube stehen Sitzbänke einander gegenüber, gerade so, daß man die Beine hoch legen und schreiben kann. Eigentlich ein romantischer ruhiger Ort, umgeben von alten stattlichen Bäumen, die man in NY nicht erwarten würde. Durch das grüne Blätterdach der Bäume sieht man in der Ferne vom hektischen NY nur eine Ansammlung von größeren Apartmenthäusern. Der Rasen war grün wie immer, dazwischen der leuchtend gelbe Löwenzahn, die Bäume blühten und die Vögel zwitscherten wie jedes Jahr. Dort gab es offenbar etwas Verläßliches, Unzerstörbares, was sich nicht kümmerte um all die Hektik und den Lärm außerhalb des Parks. Menschen waren nicht in Sicht.

Dies war der ideale Rückzugsort für mich, um meine

neuesten Eindrücke niederzuschreiben. Man hörte nur leise Vogelstimmen An jenem Vormittag kamen die Gedanken viel zu schnell, so erfüllt war ich mit Gedanken und Eindrücken. Ich mußte mich beeilen, um wenigstens einige von ihnen mit ein paar Notizen festzuhalten, die schließlich meine Finger mit dem Tintenschreiber und einem fast nicht vernehmbaren Geräusch in mein Notizbuch produzierten. Hätte ich doch besser meinen Laptop dabei. Durch einzelne Stichworte, dachte ich, könnte ich mich vielleicht kurz fassen, doch das war ein Irrtum. Ganze Sätze stürmten auf mich ein, schließlich wurden es Abschnitte und letztlich ganze Seiten, die mir nur so zuflossen, wie gedruckt und ohne die geringste Anstrengung. Dieses Phänomen erstaunt mich immer wieder, wenn es auftritt.

Als ich einmal aufblickte sah ich wie eine leichte Brise die Wasseroberfläche des kleinen Sees neben meiner Laube kräuselte, Zweige und dürre Äste raschelten, dann war wieder alles still. Später hüpften in unmittelbarer Nähe neugierige Spatzen auf einem Busch von Zweig zu Zweig, um anschließend der Laube einen Besuch abzustatten. Die Vögel machten einen fast zahmen Eindruck, offenbar sind sie an Menschen, die still auf den Bänken sitzen, gewöhnt. Andere Besucher werden sie gefüttert haben, so daß sie ihre natürliche Scheu verloren haben an diesem ruhigen und beschaulichen Flecken Erde. Dies war NY, aber es hatte nichts mit dem NY zu tun, das ich bisher gekannt hatte. Dieser Ort weckte keine NY-Assoziationen, er hätte überall sein können.

An anderen Stellen gleicht der Park an warmen Tagen eher einem Freilichttheater der New Yorker Kulturen. Ladys aus den großen Apartmenthäusern, unbestimmbar und übertrieben elegant, führen ihre Hunde aus. Zauberer und Pantomimen zeigen ihre Künste. Musiker jeglicher Stilrichtung lassen sich ausfindig machen. Man hört die unterschiedlichsten Klänge: Reggae und Streicher, Dixie und karibische Merengue oder Salsa und auch Blues. Die Mehrheit der Leute verhält sich dort wie im Urlaub. Sie lächeln einander zu, gehen Hand in Hand, nehmen ungewöhnliche Sitzhaltungen ein, küssen sich. Leben und leben lassen und so lange man sich nicht in anderer Leute Angelegenheit einmischt, kann jeder tun und lassen was er will. Bei gutem Wetter kommen die Leute in Scharen in den Park. Familien schlendern umher und sitzen plaudernd unter den Bäumen. Die meisten bringen sich etwas zum Essen mit, alle möglichen Lunchpakete und Snacks, mit denen sie sich nach Herzenslust vollstopfen. Andere spielen Schach oder sitzen eine Zeitung lesend auf den Bänken. Der Spaziergang im Central Park ist ein Muß für jeden Besucher.

Dieser riesige Park, doppelt so groß wie Monaco, hilft der Stadt NY das Gesicht zu wahren. Mitten zwischen all dem Beton, Stahl und Glas bietet der CP allen, nicht nur den Büroangestellten in ihrer Mittagspause, eine Atempause in grüner Natur. Er eliminiert einen Teil der Abgase der Stadt, beruhigt und läßt die Menschen ihre Sorgen und ihren Zorn vergessen, rundet allzu scharfe Ecken und Kanten, verlangsamt gewissermaßen den hektischen Stoffwechsel der Stadt.

Am Nachmittag wollte ich auf ein Sandwich zu Katz's, dies ist eine der letzten ursprünglichen Original Deli Schnellrestaurants, dort gibt es seit 128 Jahren die berühmten Pastrami-Sandwiches. Doch die Zeiten als dort die New

Yorker für ein Sandwich Schlange standen sind schon längst vorbei, kein Wunder, denn ein Pastrami-Sandwich kostet nun stolze 18 $. Das Restaurant ist mittlerweile nur noch eine Attraktion für Touristen. Immerhin darf man zusehen, wie das gepökelte Rindfleischstück für das Sandwich frisch aufgeschnitten wird. Das Sandwich war dann trotz seiner frischen Zubereitung und seines stolzen Preises keine sonderlich kulinarische Offenbarung.

Später nahm ich die Bahn Nummer 1 in Richtung Süden. An der 72nd Street stieg ich aus und wartete am Bahnsteig gegenüber auf den Downtown-Express Nummer 2 oder 3, nach etwa einer halben Stunde, am Ende von 18 Haltestellen, war ich am Grand Army Plaza in Brooklyn, denn ich wollte noch ins Brooklyn Museum, das liegt am Eastern Parkway etwa fünf Minuten weiter, um mir dort in der ständigen Ausstellung die ausgestellten amerikanischen Maler anzusehen.

You have to be smart!

„Und wie überlebst Du derzeit und was hält dich in NY?"
fragte ich Angie.

„Wie ich schon sagte, you have to be smart!" und „In
Amerika mußt du ein Egoist sein" bekam ich zur Antwort.
„Mir gefällt das nicht, aber anders geht es nicht. Irgendwann
habe ich verstanden, wie diese Stadt funktioniert. Es gibt
ein Oben und Unten und man muß sich von denen, die das
Geld haben gut bezahlen lassen". Entscheidungen müssen
getroffen, Geld verdient und der Alltag gemeistert werden.

Jeder kennt den Song „New York, New York" von Frank
Sinatra, der seinerzeit sang: „I want to be a part of it... If I
can make it there, I'll gonna make it anywhere".

„Im Big Apple geht es nicht nur darum zu überleben, die
größte Hürde ist, überhaupt mitmischen zu dürfen. Noch
ziehe ich NY der weiten Welt vor. Ich arbeite hart und zahle
meine Steuern. Mir gefällt es hier".

„Harte Arbeit ist das Geheimnis. Ich arbeite nicht selten
bis zu 15 Stunden täglich oder mehr, um leben zu können.
Das sind drei Jobs, auch um die Miete für das Apartment
bezahlen zu können, das ich mir kaum noch leisten kann.
Wer kein oder zu wenig Geld hat muß in einen anderen
Stadtteil umziehen, immer weiter weg, möglicherweise
muß ich es auch. Zum Beispiel in den Stadtteil Queens".
„Das ist zwar kein besonders feines Viertel", sagte sie, „aber

nicht so weit von meinem jetzigen oder in einen noch entlegeneren Stadtteil, dort sind die Wohnungsmieten nicht so hoch. Die Mieten dort betragen nur die Hälfte oder sogar nur ein Drittel von denen in Williamsburg. Auch für viele andere ist dieser Teil von Brooklyn jetzt schon „over", sie müssen sich ein billigeres Leben sehr weit im innersten Brooklyn suchen, dort wo die meist schwarze Bevölkerung lebt, oder gleich anderswo in den USA".

„The times they are a-changing" singt Bob Dylan schon seit Jahren.

„Eigentlich möchte ich nicht gerne mitten im schwarzen Brooklyn leben, konfrontiert mit den Problemen der schwarzen Unterschicht. Dort gibt es keinen einzigen guten Supermarkt. Kein frisches Gemüse, kein Obst, nichts außer Fast Food. Alles dort ist unglaublich teuer, weil es in kleinen Läden oder kleinen Drogerien verkauft wird. Wer dort seine Milch, Pizza oder sein Klopapier kauft zahlt mehr als in jedem normalen Supermarkt. Dort beherrschen 99-Cent-Shops, Nagelstudios und Getränkehändler, die Alkohol verkaufen, das Bild. Selbstredent gibt es in dieser bedrückenden Ödnis aus Armut und Tristesse keine Buchhandlungen oder Banken - aber Wechselstuben".

„Die Armen kaufen übrigens nicht nur teurer ein. Wer seinen Lohnscheck bei einer Bank einlösen will, muß dort ein Konto mit Mindesteinlage haben, das können sich die Ärmsten aber nicht leisten, deshalb müssen sie zum Cash Express gehen, eine Wechselstube, die löst aber nur gegen Gebühr ein. Leute die ein Konto bei der Bank haben bezahlen nichts. Also zahlen die Ärmsten von ihrem kargen gesetzlichen Mindestlohn noch extra Gebühren".

„Trotzdem möchte ich so lange es nur geht, in dieser ungeheuren, fast unbewohnbaren Stadt wohnen, und nach so vielen Jahren kommt mir der Gedanke, irgendwo anders hinzuziehen, völlig absurd vor".

Auf meinen Wunsch zogen wir beide wenige Tage später los um die Gegend zwischen der fünfzigsten und fünfundsechzigsten Straße im Westen von Brooklyn zu erkunden. Es erwartete mich eine ausgedehnte kunterbunte Gegend, nagelneue Restaurants neben verfallenen Synagogen, die sich von der Upper New York Bay bis zur Neunten Avenue erstreckt und wie Angie mir bestätigte von über hunderttausend Menschen bewohnt wird. Menschen aus nahezu allen Regionen der Welt, eine bunte Mischung aus weißen sowie aus schwarzen Amerikanern aber auch von Chinesen oder indischen Christen, jeder mit seinem eigenen Schicksal als Einwanderer versehen. Jeder dieser Einwanderer ist zugleich auch ein Auswanderer, denn er verließ sein Herkunftsland, weil ihm dort etwas fehlte.

Auch die bereits beschriebenen Lagerhäuser, verlassene Fabriken und Hafenanlagen gibt es hier, selbst ein stillgelegtes Armee Terminal, in dem einst zehntausend Leute arbeiteten.

In einem der alten Gebäude werkelt einer der letzten überlebenden Unternehmer, produziert spezielle Kleidung, wie Schwesterntracht oder Arbeitskleidung für Firmen. Alles macht einen heruntergekommenen, irgendwie einen saft- und kraftlosen Eindruck. Auch andere Kleinunternehmer in dieser trostlosen Gegend, sind sicherlich so gerade am Rande der Existenzmöglichkeit produzierende Firmen.

In dieser Ecke von Brooklyn gibt es keine vernünftigen Geschäfte, aber Bikerkneipen, jüdische Pfandleihen, die drittgrößte Chinatown von NY und den fast hundert Hektar großen Green-Wood-Friedhof, auf dem sechshundertausend Tote begraben sein sollen. Im dazugehörigen Krematorium wurden schon etliche berühmte Persönlichkeiten durch den Schornstein geblasen.

Kein Job für Couch-Potatos

„Ich habe einen Traum wie viele New Yorker" meinte Angie. „Ich stelle mir vor in einem Apartment oder in einem erschwinglichen Haus an der Upper East Side zu leben. Brooklyn ist und bleibt immer die zweite Wahl. Zum diesem Traum gehört, daß ich einen netten Mann und einen guten Job finde, dazu ein Fitneßstudio in Laufnähe, ein grundsolides Leben führe und mich weiterhin gut mit den Menschen verstehe mit denen ich aufgewachsen bin".

„Und wie wär's mit Downtown Manhattan?" fragte ich.

„Für New Yorker heißt New York normalerweise alles andere, nur nicht Manhattan. In Manhattan arbeiten sie, gehen ins Kino oder ins Theater, dort lassen sie sich ablenken und können ein paar Mal richtig lachen, holen sich ihre monatliche Botoxspritze oder gehen auch mal schick einkaufen. Für die allermeisten spielt sich das wirkliche Leben in den erschwinglichen Stadtteilen Brooklyn, Queens und der Bronx ab. Für manche vielleicht auch noch in Staaten Island. Viele die nur kurze Zeit hier waren und meinen NY zu kennen, kennen oder sehen in Wirklichkeit nur Manhattan. Für Fremde ist NY normalerweise Manhattan und sonst nichts".

„Als ich nach NY kam war eine meiner ersten Geldquellen, Übersetzungen aus dem Französischen und Deutschen ins

Amerikanische, eine aufwendige, schlechtbezahlte und vor allem zeitraubende Tätigkeit, die ich nur noch gelegentlich übernehme. Mehrfach waren dies eilige Übersetzungen von langweiligen Dokumenten für das französische Konsulat einmal mit hundert Seiten über organisatorische Vorgänge in der Verwaltung.

Wenn man als Gerichtsdolmetscher engagiert wird lohnt es sich, leider habe ich bis jetzt noch keinen Zugang zum Gericht gefunden. Hierfür muß man die richtigen Leute kennenlernen, die Empfehlungen aussprechen. Empfehlung ist auch Voraussetzung für viele andere gute Jobs. Die schlecht bis noch schlechter bezahlten Jobs sind in der Mehrzahl. Beispielsweise: Ein junger Cop – Polizist verdient $ 3750 brutto im Monat und hat als Gratiszugabe zu seinem lebensgefährlichen Job, ein miserables Image. Auf den ersten Blick scheint es als wäre es eine ordentliche Entlohnung, aber schon eine Einzimmerwohnung kostet in NY Midtown im Schnitt $ 2600 monatlich. Im beschaulichen Downtown, südlich der 23. Straße, sind die Mieten nur ein klein wenig günstiger. Doch sobald eine Gegend in Mode kommt steigen die Mieten rasant.

Einer meiner drei wichtigsten Jobs ist meine freiberufliche Tätigkeit als persönliche Fitneßtrainerin, immer darauf bedacht, daß ich weiterempfohlen werde und Kunden finde.

Zeitenweise radle ich als bike messenger – Fahrradkurier mit einer Kuriertasche durch NY. Es ist nicht ungefährlich sich während der Stoßzeiten durch den Straßenverkehr zu schlängeln und der Gesundheit nicht sonderlich zuträglich. Die Verletzungs- und Todesrate soll hoch sein in diesem Job. Bisher bin ich bis auf etliche haarsträubende Situationen und Knapp-am-Tod-vorbei Momenten zwischen den Taxis, Bussen und Laternenmasten gut über die Runden gekommen. Kein Job für Menschen mit schwachen Nerven, der Adrenalinspiegel ist jeweils hoch, das kannst du dir vorstellen, aber es geht um meine Existenz. Meine Bewegungsfreude und meine Fitneß hilft mir bei diesem Job".

Es wird gesagt „Mäuse und Ratten, weil sie eben nicht groß sind, müssen sich damit abfinden ihr Schicksal zu ertragen", meinte ich.

Zwischen Balzritual und Liebesakt

„Mein dritter Job ist die Teilzeitarbeit als Barmädchen und Stripperin in einem Nachtclub im West Village, übrigens eine Gegend, wo Promis wie Philipp Seymour Hoffmann sich aufhalten, dies ist der einträglichste Job. Mit dem ersten zurückgelegten Geld habe ich mir die Brüste vergrößern lassen, von A auf ein volles B-Körbchen, das paßt zu meinem Job und es bringt auch ein paar Dollar mehr. Große Brüste waren ohnehin von Kind an ein Wunschtraum von mir gewesen. Vor der OP war ich unsicher, das glaubt mir heute niemand mehr. Dieser Job ist viel harmloser als alle denken. Ich bin katholisch und gehe jeden Sonntag in die Kirche. Gott findet das Strippen okay, denn es ist harte Arbeit, das findet auch Respekt vor dem Allmächtigen. Ich tue nichts Schlechtes, gehe nicht auf den Strich. Daß du es nicht falsch verstehst: ich verkaufe meinen Körper nicht, schlafe nicht mit Kunden, gebe niemals meine Telefonnummer heraus. Ich mache meine Arbeit und gehe danach allein nach Hause. Sex hatte ich das letzte Mal vor einem halben Jahr mit meinem Ex-Mann. Die meisten Männer, die ich kennenlerne, haben es nicht gern, daß andere mich nackt sehen, dann machen sie Schluß. Ich komme auch ohne Mann klar. Ich leide nicht unter Schlafstörungen wegen zu wenig Sex. Männer sind für mich nicht das Wichtigste in meinem Leben. Zuerst bringe ich meinen Körper in

Form, dann verdiene ich Geld und dann vielleicht... Ich habe Männer noch nicht ganz abgeschrieben".

„Wer kann schon in die Zukunft blicken außer eine Wahrsagerin. Man weiß nie, was eines schönen Tages passieren wird", erwiderte ich.

„Wie muß man sich diese Arbeit vorstellen, wie genau läuft das ab in der Bar?" fragte ich.

„Die Männer werden in ein Gespräch verwickelt, wenn man mehrere Sprachen spricht ist dies einfacher. Meine Mutter war Französin, durch meinen Aufenthalt in Deutschland spreche ich deutsch und nun bin ich schon so viele Jahre hier, spreche so gut amerikanisch wie eine Einheimische. Also habe ich mehr Chancen als die anderen amerikanischen Kolleginnen. Man spricht die Herren an und bringt sie dazu viele Drinks zu kaufen, die ich aber nicht zu Ende trinke. Sehr beliebt ist der Champagnercocktail „Pick-me-up", dieser prickelt harmlos, hat aber die Wirkung eines Anästhetikums; die Bläschen des Champagners lassen den Alkohol ins Blut schießen.

Du flirtest mit ihnen und spielst ihnen ihre Traumfrau vor, d.h. wenn ich merke was der Kunde will, versuche ich für ihn genau das Girl zu sein, das er sich immer gewünscht hat.

Was die meisten Männer mögen sind Nutten mit rotem Lippenstift, Rouge und große getuschte Wimpern. Hohe Absätze und große Titten sind für sie auch aufreizend. Zu aufdringlich sollte man aber nicht sein, das mögen viele überhaupt nicht.

Um überzeugend zu sein, muß man ihnen mit einem unschuldigen Augenaufschlag in die Augen sehen, das ist alles reine Übungssache. Selbstverständlich ist man auf Knopfdruck fröhlich oder verführerisch, dies gibt Männern ein angenehmes Gefühl, man erzählt so viele Geschichten von sich, bis sie sich nahefühlen. Diese Methode führt übrigens nicht nur in einer Bar zum Ziel, man kann damit auch im privaten Leben praktisch jeden Mann angeln. In der Bar kommt noch ein spezielles Outfit dazu, seven inch High-Heels und der ganze aufreizende Fummel.

Ich blicke ihnen verführerisch in die Augen, um ihnen weiß zu machen, ich fühle mich von ihnen erregt, egal ob es ein bebrillter dicker Chinese ist, der kurz vor dem Herzinfarkt steht oder ein spindeldürrer Japaner, der es nicht wagt mich anzufassen. Die letzteren sind übrigens am einfachsten zu handhaben, die zahlen und benehmen sich gut, die Chinesen vertragen nicht viel Alkohol. Eigentlich sind alle Asiaten sehr großzügig. Die Amerikaner dagegen mit ihrer überschwenglichen Mentalität sind nur großzügig wenn sie betrunken sind. Im halbwegs nüchternen Zustand sind sie Schwätzer ohne Ende und ohne Ernsthaftigkeit und pflegen die Selbstbeweihräucherung. All ihr Gerede ist nur heiße Luft mit keinem Kernchen Wahrheit, ob sie nun von ihrem tollen Job erzählen oder der bevorstehenden Scheidung.

Einer dieser leidenschaftlicher Schwätzer, ein elefantenartiger Einzelgängertyp mit Bart und vielen kleinen Augenfalten erzählte mir, er sei entfernt mit Captain Cook verwandt. Damit wollte er mich beeindrucken, nannte mich Liebling und meine Liebe, mein Schatz. Er sagte mir ich wäre so schön, daß mein Anblick ihm fast den Atem verschlage. Und meinte weiterhin, wenn wir zur Zeit der Römer gelebt hätten, wären wir zusammen zum Tempel einer Göttin gepilgert und hätten ihr ein Dankopfer gebracht, ein echter Logorrhoeiker.

Er fabulierte von den abenteuerlichsten Plänen. Wie in einem romantischen Hollywoodfilm aus vergangenen

Zeiten war sein sittliches Universum zusammengeflickt, biedere Binsenweisheiten aus den Filmen".

Ich sollte mit ihm nach England auswandern, da gab ich ihm zur Antwort „wie könnte ich ernsthaft erwägen in ein Land zu ziehen, dessen einziger Beitrag zur internationalen Küche in einem labbrigen Gurkensandwich besteht?"

„Mit dieser Antwort hatte er nicht gerechnet, war pikiert und rutschte vom Barhocker".

„Man erzählte mir, in der englischen Zeitung Sun stand, daß fünf Prozent der britischen Männer ihre Unterhosen umdrehen oder mit Parfüm besprühen, um sie länger tragen zu können. Dort schrieb ein Journalist auch, es gäbe bereits Herrenunterwäsche in denen das Parfüm direkt in den Stoff eingearbeitet wäre, er hätte sie getestet. Ganz offenkundig besteht in GB Bedarf für ein solches Produkt. Das Unterhosenthema habe ich dem Herrn gegenüber aber höflichkeitshalber ausgespart. Um eine Frau zu verführen bedarf es ohnehin etwas mehr als duftende Unterwäsche.

Einer behauptete einmal nach ein paar Drinks, ich hätte ihn von seiner Depression kuriert".

Andere fragen „Do you love me?"

Ich fragte Angie „Was sagst Du dann?"

Ich antworte immer „ Are you crazy? We just met".

„Für den Strip gehe ich in die Umkleide und komme nur mit Oberteil und Höschen auf die Bühne. Der DJ kündigt mich über das Mikro an und liefert die passende Musik, zu der man zuerst die Hüften bewegt, zuerst langsam dann immer schneller. Dann streiche ich mir möglichst sexy durch meine blonden Haare, spiele ein wenig mit ihnen, lecke mir über die Lippen, um dann über meine Brüste zu streichen. Der Blick der Männer richtet sich jetzt hauptsächlich auf meine Brüste, deshalb ist es so wichtig daß sie möglichst groß sind. Der DJ moderiert mit anzüglichen Hinweisen. Das Oberteil ziehe ich nach einer Weile aus.

Spätestens dann, wenn sie rufen: „Show your tits!", werfe ich das Oberteil den Herren vor die Füße.

Später zupfe ich an meinem Höschen herum und tue so als würde ich es ausziehen wollen.

Irgendwann schreien sie dann „take it off". Oder „wiggle your ass for me!" - Wackel mit dem Arsch.

Jetzt ist der Zeitpunkt gekommen wo ich richtig Geld einsammeln kann, sie stecken es mir in mein Höschen und in die Strumpfbänder. Wenn nichts mehr kommt, lege ich mein Geld zusammen, drehe mich um, erst dann ziehe ich das Höschen aus, sie sehen mich nur von hinten mit dem nackten Po. Ich gehe dann um später, im Fummel, wieder an der Bar zu sitzen".

„Du verarscht sie gewissermaßen?"

„Ja, so könnte man es sagen".

„Das klingt einfach, ist es aber nicht, glaube mir es ist harte Arbeit".

Savoir vivre

„Am Montagabend kommt mein Ex-Mann und meine Freundin Jaël zum Essen. Du bist ebenfalls herzlich willkommen".

Jaël ist jüdisch, aber nicht so streng mit den Speisevorschriften. Wenn es geht achtet sie auf koscheres Essen, sie würde nicht unbedingt Käse und Salami zusammen essen. Von ihr habe ich gehört, daß in der Bibel im 2. Buch Mose 23 steht: „Du sollst das Zicklein nicht in der Milch ihrer Mutter garen!" Meinen wunderbaren deutschen Sauerbraten und die nach ihrer Meinung großartigen Weckknödel, die besten in der ganzen Stadt, wie sie sagt, hat sie aber trotzdem probiert, obwohl ich ihr angeboten hatte das Fleisch, statt in Buttermilch, in Essig einzulegen.

Weitaus ärgerlicher, sagte sie, ist der Papst und Dauerregen. Jedes sei auf seine Art eine Verirrung der Schöpfung.

Es kommt bei ihr immer ein wenig auf ihre gegenwärtige Stimmung an. Wenn sie in Stimmung ist geht sie sie in den jüdischen Szeneclub wo „Meschugge-Partys" und „Unkoschere Jüdische Nächte" steigen.

Streß um die richtige jüdische Weltanschauung findet sie abstoßend. Sie sagte mir einmal, ihr Vater gehörte zur Reformierten Synagoge, und daß er noch nicht einmal eine Kopfbedeckung trug, wenn er betete.

Manches Mal kauft sich Jaël auch einen Chicken-Burger.

Für sich selbst kocht sie aber nur koscher und beachtet die jüdischen Speisevorschriften. Sie ist hier in NY aufgewachsen, ihre Jugendfreunde und deren Familien, egal welcher Herkunft, wissen so gut wie gar nichts über den jüdischen Glauben, haben nur Klischees im Kopf, damit war sie von klein auf im Alltag konfrontiert und hat sich, wenn es nicht anders ging, angepaßt. Eine Ausnahme waren die Freunde aus muslimischen Familien. Was bei den Juden „koscher" ist, heißt mit geringen Unterschieden bei den Muslimen „Halal". Die hatten immer eine Ahnung wovon die Rede war, und was es bedeutet, wenn man religiös leben und Gebote achten will.

Essen kann eine Brücke zu anderen Kulturen sein. In einer Stadt wie NY mit den aus vielen Kulturen der ganzen Welt eingewanderten Menschen, in denen das traditionelle Essen eine gewichtige Rolle spielt, liegt das natürlich nahe. Wie sonst kann man, auf einfache Weise, eine fremde Kultur kennenlernen als durch den Magen?

„Essen kann jeder", sagt Angie, „Reisen nicht unbedingt."

„Was bleibt ist wie die Franzosen sagen: l'imagination!"

„Egal ob Tacos, Käsespätzle, Arancini oder koreanische Brötchen, gefüllte Pies oder eine marokkanische Tagjine. Gäbe es die Einwanderer nicht, müßte man reisen bevor man ein authentisches Gericht essen wollte. Ständig tauschen die Immigranten Rezepte aus, bekochen einander, das Essen ist das was ihnen von ihrer Heimat geblieben ist. Essen stiftet Identität, Essen ist Heimat auf dem Teller. Ich habe Jaël eingeladen, weil sie neben ihrer kulinarischen Zauberei ihr ungeheures Wissen so freundlich und unprätentiös gerne mit anderen teilt. In diesem liegt ihr beide nahe beieinander".

Lebenswandel

„Als was arbeitet Jaël gegenwärtig?" frage ich.

„Sie hat noch immer ihren sehr gut bezahlten Job als Haushälterin bei einer reichen, gesellschaftlich hoch angesehenen Familie der New Yorker Oberschicht, die aber nach ihrer Beobachtung so seelenlos ist wie die Glitzerwelt der Schönen, Reichen und Mächtigen in ihrem Umfeld. Zuvor hatte sie vergeblich versucht als Tänzerin in NY Fuß zu fassen, wollte so gerne zu den „show people" gehören, ist orientierungslos von einem Kollegen zum anderen gezogen, von einem Apartment ins nächste, warf sich in eine Beziehung hinein und scheiterte. Sie konnte kurz darauf schon wieder kokett die Augen aufschlagen, lachen, einen Mann täuschen und sich fröhlich das Schamhaar blond färben.

Männer kamen und gingen, darunter der dominante Typ Jungschauspieler, der knallfroschartig aufglühte, rasch sich verbrauchte und schnell wieder verschwand. Für mindestens einen Monat verliebte sie sich hoffnungslos in einen Alkoholiker. Backte für ihn wie verrückt Brot und hoffte, diese Tätigkeit würde ihn beeindrucken. Was hat denn Liebe mit solch einer Tätigkeit zu tun?

Wenn es einmal für längere Zeit gehalten hat, dann nur, weil sie sich willig hingab. Es waren aus der Not heraus geborene Versuche in Sachen Selbsterforschung. An den

Lippen und Genitalien fand sie wenig oder gar kein Vergnügen und am Ende mußte sie sich widerstrebend eingestehen, daß sie sich nach wie vor sehr zu Männern hingezogen fühlte, aber kein Interesse mehr hatte mit jedem ins Bett zu gehen.

Dem Letzten dieser Ex-und Hop-Serie verkündete sie Werte von Glaube, Liebe und Hoffnung, bis dieser Mann in einer Kirche den Entschluß faßte, er werde für sein Land kämpfen und als Patriot den USA helfen; er ließ sich die Haare bürstenkurz schneiden, zog die von ihm so geliebte amerikanische Uniform an, und ging zur Armee. Er sagte, niemand sollte ihm unterstellen, daß er sein Land im Stich gelassen hätte oder ihn beschuldigen anti-amerikanisch zu sein. Oder ihn des Verrates an dem Land bezichtigen, dem er sich zugehörig fühlt". In Wirklichkeit hat er sich freiwillig zur Armee gemeldet, weil er Abenteuer erleben wollte und Lust hatte sich zu schlagen und Krieg zu spielen. Und das auch nur, weil er nicht wußte wie schön das Leben sein kann.

Sie hat sich bei mir beklagt: „Alle möglichen Männer haben behauptet sie liebten mich und meinten es nicht so. Natürlich ist dies in höchster sexueller Erregung leicht gesagt und leicht vergeben und vergessen. Von einigen dieser Herren wurde Dankbarkeit verlangt. - Du wunderbarer Mensch liebst mich wertloses weibliche Wesen? Oh, danke. Ja, ich liebe dich auch. Nimm noch einen Drink!

Ich war nur der Behälter für den sexuellen Abfall der Männer. Und da ich nach ihrer insgeheimen Meinung diese Rolle gewählt hatte, beschränkte sich mein Wert darauf".

„Wenn ein Mann sagt, er liebe mich, dann wird von mir erwartet, daß ich vom Aufprall seines Ego auf mich erschaudere, doch im allgemeinen war da keine Liebe im Spiel".

„Vielleicht hatte der ein Buch gelesen, in dem das Wort „Liebe" vorkam, dieses Wort gefunden, das falsche Wort, um zu beschreiben, was er empfindet, wenn eine Frau sich mit ihm einläßt. Das ist nicht, was ich unter Liebe verstehe. Man muß nicht jedes Mal Liebe empfinden, wenn man ins Bett geht. Man muß nicht lieben, um eine nette Affäre zu haben. Il ne faut pas peter plus haut que son cul! - Man muß nicht höher furzen als einem der Arsch gewachsen ist sagen die Franzosen". Die Unteilbarkeit von Sex und Liebe ist eine Vorstellung der bigotten Puritaner von vorgestern.

„Ihre Freundinnen zu dieser Zeit waren bewußt ordinäre, exaltierte, raue, alles um sich herum niederwalzende oder kleinkriegende hysterische Schnodderweiber deren Lieblingsmusik der hysterische Schreikrampf war. Allesamt freche, starke, rotzig zeitgeistige, wenn auch ziemlich sprachlose Frauen, mit denen ich hätte nichts anfangen können.

Seinerzeit hasste ich die Taktiken von Jaël und hütete mich vor ihren Launen und erst recht vor ihrem Parfüm. Der Duft ihres Parfüms grenzte an Körperverletzung".

„Wenn Jaël sich immer wieder in eine Beziehung hineinwarf, war dies jeweils sozusagen eine Revolte gegen eine Zukunft von der sie nicht überzeugt war. Schließlich sind verlassene Frauen wie Treibgut, man weiß nie wo sie anlanden und von wem sie aufgeklaubt werden".

„Wie es bei ihr weitergeht weiß ich nicht. Ich weiß nur das Schwadronieren und schöne Augen machen verlernt sie nicht. Aber ein bißchen mehr Instinkt für eine Zukunftsperspektive und mehr davon für's richtige Leben wäre wohl hilfreicher".

„Frauen sind auch gerne Träumerinnen", sagte ich.

„Jaël hat eine blühende Fantasie, die jede doofe Bemerkung geradezu in ein Kompliment und jede schlechte Anmache in einen Heiratsantrag zu verwandeln vermag“.

„Oft reicht es ihr, wenn die Augen, die sich einen Moment lang, gerade eine Spur zu lange und zu eindringlich, auf ihre eigenen Augen richten dies als Interesse zu interpretieren“.

Leider macht es die Stadt den Menschen ungemein schwer verliebt zu bleiben. Sie finden kaum die Ruhe und Ausgeglichenheit, die eine gute Partnerschaft verlangt. NY mag ein großartiger Ort für Kurzbesuche oder kurze Aufenthalte sein, dabei kann man den unglaublichsten Menschen begegnen, Menschen, die man nur hier findet, doch ein frischverliebtes Paar sollte eigentlich die Stadt baldmöglichst verlassen.

„Es klingt merkwürdig, aber es ist wie bei Jaël der Mangel an Geld und Wohnraum, der Romanzen so erleichtert. Die bezahlbaren New Yorker Apartments sind häufig so klein, daß die Menschen gerne außer Haus gehen und sich dann bei einer Begegnung kennenlernen. Wie ich schon erzählte, selbst die kleinsten Einzimmer Apartments, Spötter bezeichnen sie als Wohnklo, können sich viele kaum leisten. In Manhattan gibt es welche ohne Fenster, die gerade mal neun qm haben incl. WC und der Dusche und die kosten 1100 $ im Monat. Jene Mieter können sich, abgesehen von den Ausgaben für die dringendsten Grundbedürfnisse, meist überhaupt nichts leisten“.

„Jaël hatte sich bei ihrer letzten Beziehung ertappt, daß sie nicht mehr besonders erfreut war, wenn ihr Partner ziemlich spät abends abgekämpft nach Hause kam. Beim

Abendessen ödeten sie sich an und es war für ihren Partner wichtiger geworden sich früh schlafen zu legen, als mit ihr zu reden. Die zur Verfügung stehende knappe Freizeit war nicht der Zuneigung gewidmet, sondern wurde für die mühselige Routine des New Yorker Alltags benötigt. Man könnte meinen, daß wenn zwei sich wirklich lieben, könnten sie doch etwas vom Job opfern und dafür mehr Zeit gemeinsam verbringen".

„Das aber ist nicht NY!"

„Wer Freiheit statt Arbeit sucht ist in NY fehl am Platz".

„Wer so denkt muß darauf gefaßt sein, seinen Job im Handumdrehen an irgendeinen Eiferer zu verlieren, der bereit ist die erwartete Mehrarbeit zu leisten. Schließlich, und diese Erkenntnis kennst du aus eigener Erfahrung, hat der arbeitsreiche Alltag ihre letzte Beziehung aufgefressen. Dies war dann das Ende aller Illusion von Liebe, Leben und Zukunft.

Alleinlebend hatte sie stets wenig Geld, war in ständiger Sorge um die nächste Miete. Wenn sie gar nichts mehr hatte schlief sie bei einer Freundin auf dem Sofa oder einer Matratze auf deren Wohnzimmerboden und ließ sich auf den zahllosen Partys und Empfängen durchfüttern".

„Sie ist wie eine Katze mit neun Leben".

„Es ist traurig, daß es so viel kostet in NY zu leben. Jaël driftete eher durchs Leben als es in Angriff zu nehmen, bis sie den Job bei dieser Familie bekam. Deren Sohn, getrieben von der Sehnsucht, die Leere seines Lebens zu füllen, ein Quatschverzapfer zu unernst für unsere Welt, hat es zu einer drogensüchtigen Freundin nach Las Vegas verschlagen, die dort mit Drogen handelt und ihren amerikanischen Traum mit Hilfe von Drogenhandel verwirklicht. Halb Amerika scheint auf Droge zu sein, sie nehmen alles was sie bekommen können, Koks, Heroin und neuerdings die leicht zu beschaffenden Amphetamine, Alkohol reicht den meisten schon lange nicht mehr. Viele dieser Händler sind mit Drogenhandel schon reich geworden. Drogen werden auch in der Oberschicht konsumiert. Anders als in den siebziger und achtziger Jahren, als Drogen ebenfalls weit verbreitet waren, sind Drogen mit der neuen Welle aus dunklen Gassen in schicke Apartments und in bürgerliche Vororthäuser migriert. Drogen sind überall schreibt Michael Chume, ein ehemaliger Abhängiger, der in den USA seine Memoiren veröffentlicht hat".

„Selbst in Ehren ergraute Pensionäre in den amerikanischen Resorts nehmen Drogen. Wenn sie am 2. Tag des Monats ihren Rentenscheck bekommen und einlösen, haben sie immer zwei Dinge in den Taschen: in der einen das Geld und in der anderen Viagra. Mit dem Viagra hüpfen sie im Resort von einer sexhungrigen Frau zur anderen und spielen den im vollen Saft stehenden Lover in ihrer Umgebung. Was sie wollen ist Sex, nichts als Sex und ex und hopp. Vögeln ohne Häuslichkeit und ohne romantische Liebe. Mit Sex verübt man auch Vergeltung am Tod".

„Der Paarungstrieb", räsonierte ein Professor „ist im Körper verankert in dem Fleisch, das geboren ist, in dem Fleisch, das sterben wird".

„Welche Macht ist größer als Sex?"

Spötter in Halbschuhen mit Bömmel

„Für ein gutes Tischgespräch kommt es nicht so sehr darauf an, was sich auf dem Tisch, sondern was sich auf den Stühlen befindet" zitierte Bill während des Abendessens den US-Schauspieler Walter Matthau, bevor er einen langen Monolog begann.

Tadellose Kleidung, sandfarbene Leinenhose, blassblaues Hemd, bequeme aber nicht unelegante Halbschuhe mit Bömmel. Dieser Genußmensch, der es verstand zu leben, ein Bonvivant in den „besten Jahren" war das was man früher in bunten Blättern als unverschämt gut aussehend bezeichnete. Perfekter Haarschnitt und dunkler Teint, sehr muskulös, eine Figur wie eine ideale antike Plastik modelliert. Und dann dieser kalte Blick eines Jägers und Verführers, dem Frauen sicher nicht lange widerstehen können. Dieses Bild von einem Mann hätte man sich locker auch als James Bond-Darsteller vorstellen können.

Er schien mit sich und seiner konservativen Gedankenwelt zufrieden. Ein geltungsüchtiges Lästermaul und Sprücheklopfer, ein schwer erträglicher Männlichkeitstrompeter und vielleicht im Geheimen ein Deutschenhasser, der mit dem Blick auf mich über die wimpy Europäer und ihre Fehler klischeehaft dozierte; nämlich daß die Europäer verweichlicht und schwach wären, dies wäre in den USA nicht nur sein kulturelles Verständnis von Europa und den Europäern.

(Ein wimp ist ein Warmduscher, ein Weichei oder halt ein Europäer). Der in den USA von vielen verpönte Mark Twain sagte einmal: „Nicht ist abwegiger als die Weltanschauung von Menschen, die die Welt nie angeschaut haben".

Viele Leute in den USA lehnen Deutschland ab. Ihr Mißtrauen beruht auf einem falschen Bild von Deutschland und auch von Europa in kompletter Unkenntnis seiner heutigen Kultur.

„Why are Europeans so weak and wimpy?" fragte mich Bill.

Bill der stramme Republikaner dozierte „ihr Europäer habt den Sozialstaat, der gescheiterte Existenzen wieder aufrichtet. Europäische Männer haben für amerikanische Ohren viel zu hohe Stimmen. Ihr liebt ein Ballspiel, bei dem die Spieler bei jeder Berührung theatralisch stürzen und sich wimmernd das Scheinbein halten".

„Wenn ich zu einem Spiel gehe, dann will ich das Können der Spieler aufleuchten sehen, beim Sport muß der Schweiß fliesen". - Der hatte keine Ahnung von Fußball.

Dann sagte er „Außerdem benutzen die europäischen Männer, wie Frauen, Parfüm. Der wahre, gutwillige und amerikanische Held, der „common man", ist bodenständig, geradlinig, mutig und weiß, daß man anderes braucht als Sozialstaat und Parfüm. Er weiß, daß man sich den Feinden entgegenstellen und sie besiegen muß. Frauen in Amerika erwarten von einem Mann, daß er als Baseball-Coach eine gute Figur abgibt, ein paar Drinks verträgt und extrem begehrenswert und sexy ist".

„Old Europe sollte sich ein Beispiel an den Amerikanern nehmen".

Ich fragte ihn warum Amerikaner, wenn sie den verweichlichten Europäer als „wimpy" abtun, Rekordhalter in der Welt bei Schmerzensgeldklagen sind. Selbst kleinste körperliche Verletzungen sind für sie so dramatisch, daß sie im Vergleich zu deutscher Schadensersatzforderung, ein Zigfaches fordern. Warum sind die Leute im Alltag permanent, wie keine andere Nation auf der Welt, ständig um ihre Sicherheit besorgt. Ständig reden sie in allen nur erdenklichen Lebenssituationen von „safe" und sind bedacht, daß alles auch „safe" ist. Diese Besorgtheit um die eigene Sicherheit und Unversehrtheit hat aus europäischer Sicht krankhafte Züge. Sie meinen sie müßten alles immer unter Kontrolle haben und sorgen sich ständig die „Kontrolle" zu verlieren. Deshalb gibt es aus unserer Sicht auch den NSA-Skandal, für die der ehemalige NSA-Mitarbeiter Edward Snowden die Informationen lieferte.

Für Bill ist Snowden ein Verräter der bestraft und ins Gefängnis gehört. Die staatliche Überwachung praktisch der ganzen Welt sei wegen der Sicherheit, Stabilität und des wirtschaftlichen Fortschrittes Amerikas unabänderlich erforderlich und völlig in Ordnung, rechtfertigte er sich. Ob ihm wirklich das ganze Ausmaß bewußt war und ob er die Visionen des Schriftstellers George Orwell, wie in seinem Roman „1984" beschrieben, kannte wurde nicht klar. Ich sagte ihm „Die Vorstellung man könnte alles perfekt kontrollieren ist eine amerikanische Illusion". Übrigens genau wie die extreme Vision des George Orwell in seinem Roman.

Ich fragte ihn „Was ist mit der Fettleibigkeit der US-Amerikaner?"

„Statt Fastfood-Restaurants wegen körperlichem Übergewicht zu verklagen, jeder Dritte in den USA ist übergewichtig, sollten sie mutig und selbstbeherrscht, um ihre körperliche Unversehrtheit besorgt, einen großen Bogen um Fastfood machen, das wäre „safe".

„Statt mit dem Rauchen aufzuhören, was ein beeindrukkender männlicher Schritt wäre, verklagt ihr die Tabakkonzerne".

„Und wie verhält es sich mit den bedauernswerten Herren, die voller Ängste, sie könnten wegen einer frei erfundenen sexuellen Belästigung, wegen „sexual harassment" verklagt werden, sich nicht einmal mehr trauen in einen Aufzug einzusteigen, wenn sich eine Frau darin befindet. Aus demselben Grund muß eine Frau in Kalifornien laut Gesetz vor dem Sex deutlich ja sagen, sonst kann sie den „Lover" wegen sexueller Belästigung auf nicht unerheblichen finanziellen Schadensersatz verklagen. Die armen verängstigten Kalifornier werden, wenn sie sich angstfrei betätigen wollen, selbst die Huren am besten um eine schriftliche Einverständniserklärung mit Datum und Uhrzeit bitten müssen".

Safe und clean muß alles sein, es wird ständig davon geredet, nicht nur im Fernsehen, sondern in jeder Lebenssituation, ob beim Sex, bei den Nahrungsmitteln oder dem WC-Reiniger. Steigt man aus dem überchlorten Schwimmbecken ist man gewissermaßen chemisch rein, diesen Geruch bekommt man durch einfaches Duschen nicht mehr weg, weil das Wasser aus dem Wasserhahn genauso nach Chlor stinkt. Daran gewöhnt, stört es deshalb nicht dieses Wasser zum Essen zu trinken. In Europa stellt man eine solche Brühe erst gar nicht auf den Tisch. Selbst der zum Essen servierte Hähnchenschenkel ist mit Chlor desinfiziert. Früher wurde sogar das Flugzeug vor der Landung desinfiziert, ein Besatzungsmitglied ging durch die Reihen und versprühte DDT-Pulver. Erst als allgemein bekannt wurde, daß es sich bei der hochgiftigen Substanz um eine krebserregende handelt wurde diese Praxis eingestellt.

„Vielleicht sind die Amerikaner „wimpy“, die Verweichlichten und Schwachen, und müssen deshalb alles desinfizieren und die Europäer sollten über sie spotten“.

Ich fragte ihn, ob er das erfolgreiche Herrenparfüm „Eight and Bob“ kenne. Natürlich kannte er es nicht. Nach diesem Duft rochen die noblen Amerikaner schon vor Jahrzehnten. In den amerikanischen Parfümgeschäften sind die Regale für Herrenkosmetika genauso so umfassend wie die für Frauen. Oder möchte er wirklich so stinken wie seine Vorväter ungewaschen nach Schweiß, Tabak und Juchtenleder? Stinken die sog. richtigen Männer in den USA heute noch genauso?

Eight and Bob war die Parfümmarke des sicher von ihm ebenfalls hochverehrten John F. Kennedy. Als dieser in jungen Jahren Europa besuchte kaufte er bei einem kleinen Hersteller Herrenparfüm. Kennedy war von dessen Herrenparfüm so angetan, daß er bald nach seiner Rückkehr acht Flaschen nachbestellte und eine an seinen Bruder Bob senden ließ, daraus entstand später der Name Eight and Bob.

Bill meinte dazu „Diesem Club will ich nicht angehören. Ich will lieber nach nichts riechen, als lieblich zu riechen“.

„Einverstanden“, sagte ich.

Nach meinem Vortrag schwiegen alle betreten und Angie tat mir ein wenig leid. Der konservative Spötter Bill, mit seinem heroischen Vortrag über amerikanische Männer, war ihr Exmann. Wären sie noch verheiratet gewesen, hätte ich aus purer Höflichkeit seinen Spott ohne Gegenrede über mich ergehen lassen, ungeachtet seiner Unhöflichkeit; denn einen Gast belästigt man auch in den USA nicht mit herablassendem Gerede.

Zu wissen, was die anderen an diesem Tisch dachten wäre meiner Menschenkenntnis förderlich gewesen. Doch leider äußerte sich außer mir niemanden und in die Menschen hineinsehen kann man nicht.

Eigenleben im Jüdisches Glauben

Die eingeladene Jaël bestätigte uns beim Abendessen, das jüdische Glaubensbekenntnis spiele für sie nicht die Hauptrolle in ihrem Leben, deswegen habe sie in der Jüdischen Gemeinde in NY nicht um Hilfe gebeten als es ihr schlecht ging. „Ich bin einfach nur Mensch", sagte sie.

Wer sich in der jüdischen Gemeinde in NY meldet bekommt praktische Hilfe im Einzelfall bis hin zu einer Arbeit.

Sie erzählte „ich hatte kein Geld, und wenn ich dort frei weg gesagt hätte wie ich denke, hätte es nur Probleme gegeben. Mich interessiert nicht die Religion, mich interessiert nur, ob jemand ein guter oder schlechter Mensch ist. Ich kenne viele junge Juden ohne Arbeit, die mit diesem teuren Leben in NY klar kommen müssen, die sich gelegentlich zusammentun, um durch zu kommen, sich im zweiten und dritten Job als Haustierhüter reicher Leute verdingen, oder sich mit ähnlich miesen Jobs sich über Wasser halten müssen".

Eine entfernte Freundin, wohl wissend auf was sie sich einläßt, hat aus Liebe, aber auch aus finanzieller Not, einen ultraorthodoxen Juden geheiratet und führt nun das Leben einer ultraorthodoxen Ehefrau, ein einfaches übersichtliches Leben. Für Orthodoxe ungewöhnlich, sie heiraten in der Regel nicht aus Liebe, sondern sind verpflichtet den zu lieben, den sie heiraten. Mädchen werden oft noch vor Erreichen des 18. Lebensjahres jungen Männern versprochen, die ihre Eltern für sie aussuchen. Auf die Auswahl ihres Ehemannes haben sie keinen Einfluß. Sie ist 35 Jahre alt und hat schon 5 Kinder geboren. Sie beklagt sich in erschreckender Weise über die Knechtschaft ihres irdischen Daseins. Ihre Welt besteht nur aus Haushalt, aus putzen, kochen und Kinderbetreuung. Zwischendrin wird gebetet und nachts befriedigt sie ihren Mann. Neuerdings zweifelt sie an ihrem Glauben und der Heirat. Die Heilige Schrift darf sie nicht studieren, dies ist ihrem Mann vorbehalten. In ihrem Zweifel fragt sie sich jetzt warum darf ich nur haushalten und Kinder gebären?

Was soll man zu einem Menschen sagen, der sich sein eigenes Gefängnis gebaut hat?

Sie meinte vielleicht war sie einfach zu neugierig auf diesen orthodoxen Mann, der nach uralten Sitten und Gebräuchen leben will. Klar war ihr, daß kurze Röcke und Jeans tabu sind, sowie das Lackieren der Fingernägel, dies sind jedoch die geringsten Einschränkungen. Es gibt ganz klare Regeln, wie eine Familie zu sein hat. Jeder muß gleich ausschauen, es gibt keinen Raum für Individualität. Niemand darf Rot tragen, weil dies als die Farbe des Teufels gilt. Jetzt trägt sie Kleidung mit langen Ärmeln, lange Röcke und dicke Strumpfhosen und eine Perücke, weil sie, wie alle orthodoxen Frauen, kahlgeschoren ist. Niemand außer ihr Ehemann darf ihre natürlichen Haare sehen.

Schon eher vermißt sie Fernsehen, Radio und Kino. Computer und Radfahren ist verboten, eine starke Einschränkung für die Kinder. Diese technischen Dinge verstoßen nach orthodoxem Glauben gegen das göttliche Reinheitsgebot. Wenn ihre Befürchtung eintritt und sie sich vom Glauben abwendet, dann würde ihr Ehemann behaupten sie diene dem Satan. Jegliches Recht auf ihre Kinder würde man ihr absprechen, sie dürfte sie dann nicht einmal mehr sehen. Er würde die Scheidung einreichen und es wäre zu erwarten, daß er zum Wohl der Kinder das alleinige Sorgerecht bekäme.

Eine zivilrechtliche Trauung oder Trennung gibt es nämlich nach jüdischem Recht nicht. Und nur der Ehemann kann vor einem Rabbinischen Gericht die Scheidung einreichen. Die Richter sind Rabbiner, die den orthodoxen Vorstellungen folgen. Die Trennung wird vom Rabbiner mit einem Scheidungsbrief, dem sogenannten „Get" beglaubigt. Reicht der Ehemann die Scheidung nicht ein oder der „Get" wird verweigert, bleibt sie an ihren Ehemann gebunden. Tut sie sich trotzdem mit einem anderen Mann zusammen und hat Kinder, sind diese Kinder Bastarde sog. „Mamserim". Diese Kinder gelten nicht als Juden, können kein jüdisches Recht in Anspruch nehmen.

Diesen extrem eingeschränkten Alltag konnte sie sich vor ihrer Heirat nur schwer vorstellen und nun weiß sie um den Weg den sie zurücklegen muß, wenn sie die Welten wieder wechselt, nahezu unmöglich, dann wieder ohne Einkommen und ohne ihre Kinder.

Sie zweifelt an ihrem Schicksal, hat gleichzeitig Angst vor dem Gegenstück, vor all den sexbesessenen, mutterfixierten, Frau und Kinder zurücklassenden Ehemännern oder einem barbarischen Sexprotz. Vor einer anderen für sie grauenhaften, wechselseitigen Abhängigkeit, die sich als Liebe tarnt und nur durch ständige wechselseitige Verletzungen aufrecht erhalten werden kann. Entschieden hat sich die Freundin von Jaël noch nicht.

Angie sagte zu Jaël „Eine Ehe ist nicht unbedingt die beste Lebensform, sie ist anderen nicht überlegen, aber dazu hat sie sich nun mal entschlossen".

„Warum macht sie nicht das Beste daraus?" fragte ich.

„Das ist auch meine Meinung. Es gibt welche, die nach einiger Zeit aus der Ehe, meist ins Ausland flohen, wenn sie nicht das vorfanden, was sie sich erhofft hatten, oder weil sie nicht das waren, wofür sie sich hielten. Andere kehrten zurück wie entlaufene Sklavinnen, unfähig die Vorrechte und Verantwortung der Freiheit auf sich zu nehmen. Manche gingen vor die Hunde oder gerieten in eine geistige Sackgasse. Ein kluger Mensch weiß aber, daß jede Lebenserfahrung als Segen angesehen werden muß".

„Geht ihr mit mir zum Jom Kippur?" fragte Jaël mich und Angie.

Angie sagte zu. Ich hatte eigentlich nicht das Bedürfnis mit zum jüdischen Gottesdienst zu gehen, wollte aber andererseits auch keine Distanz schaffen indem ich die Teilnahme ablehnte, deshalb sagte ich ebenfalls zu.

Außerdem weiß ich nicht viel über „Jom Kippur", nur daß orthodoxe Juden am Vorabend von „Jom Kippur" lebendige Hühner über ihren Kopf schleudern, um nach der orthodoxen Tradition und ihrer Vorstellung gemäß, ihre Sünden auf die Tiere abzuladen.

In NY erzählt man, geben sie dann die sündenbeladenen Hühner den Latinos, die ohnehin ständig und gerne Hühner essen.

Die winzige Synagoge erinnerte mich mehr an ein Vereinsheim eines Sportclubs als an einen Versammlungsort der Juden. Alles war uralt, muffig und dringend renovierungsbedürftig. Der Geruch war eine unangenehme Mischung aus Staub und Fisch. Die Bundeslade mit imitierter Holzvertäfelung wirkte einfach im Vergleich mit den prächtigen vergoldeten, die ich aus Abbildungen kannte.

Die Gemeinde bestand aus nicht mehr als ein Dutzend Familien. Den Gottesdienst leitete ein rabbinischer Student in Polohemd und Dockers. Der senkte den Kopf, und seine Stimme ging plötzlich in murmelndes Beten über. Das gemeinsame Gebet hörte sich für mich an wie das Summen eines Bienenschwarmes, manchmal leise, dann wieder laut, auf Hebräisch, eine Sprache die ich ohnehin nicht verstand. Von Zeit zu Zeit blätterte der Rabbi in spe., dessen feuchte Lippen in seinem Bart glänzten, eine Seite um. Die Stimmen schwollen zu einem Ton an, fielen dann wieder in ein Summen zurück, nur unterbrochen vom Rascheln des Papiers, wenn die Blätter umgedreht wurden.

Jaël erklärte mir „An Jom Kippur wird besiegelt, wer leben und wer sterben soll, wer durch das Feuer umkommen wird und wer durch das Schwert, wer erhöht wird und wer erniedrigt".

So ganz verstanden habe ich es nicht.

Die Männer hoben die schwere Thorarolle aus der Bundeslade und gingen durch den Mittelgang, umgeben von der stehenden Gemeinde. Jaël küßt ihre Hand und berührt die Samtdecke. Ich komme mir unter den vielen Juden ziemlich fremd vor. Die Leute tragen ordentliche gepflegte Kleidung, die Männer Jacketts und eine Kippa. Die verheirateten Frauen halten nach altem Brauch ihren Kopf bedeckt.

Später stehen alle wieder auf und singen auf hebräisch. Die Melodie kommt mir irgendwie bekannt vor, ich kann sie aber nicht zuordnen.

Jaël ließ mir eine Übersetzung zukommen:

„Die Sünde, die wir vor dir begangen haben durch lügen, die Sünde, die wir vor dir begangen haben durch Härte unserer Herzen,

die Sünde, die wir vor dir begangen haben durch böse
Worte, die Sünde, die wir vor dir begangen haben durch
Verrat, all diese Sünden, oh Herr vergib uns".

Als ich mit Angie, schlapp von der Nachmittagssonne
in Williamsburg, in ihr Apartment zurückgehe, denke ich
nochmals an den Gottesdienst, dieser war für mich seltsam fremd gewesen und hat mich unbefriedigt gelassen.
Ich brauche konkretere Rituale.

Kumpelhafte Wunderfrau

Eigentlich müßte ich müde sein nach unserem gestrigen Besuch im deutschen Biergarten, ein Ort der barocken Freude und des Bieres. Die Fleischeslust war enorm. Die Speisekarte mit Haxen, Hühnern, Weißwürsten und Ochsenfleisch, das Angebot an Ente nicht zu vergessen und erst die Knödel!

Angie hatte dort ihren Ruf als kumpelhafte Wunderfrau zementiert als sie mir anbot zum Abschluß des Abends noch einen Spätfilm im Kino anzusehen. Auf den anschließend angebotenen Absacker in einer Bar habe ich verzichtet.

Ich sagte zu ihr offen und ehrlich: „Ich bin hundemüde, ich habe genug für heute, werde heimgehen und mich aufs Ohr hauen".

„Für NY ist das noch früh, erwiderte Angie.

Dieses Aushausen bis spät in die Nacht, in der Stadt die niemals schläft, ist unter Touristen üblich, ist aber nicht unbedingt meine Welt. NY hat ein dröhnendes Nachtleben, man kann es jede Nacht krachen lassen. Das Angebot zum späten Barbesuch war ohnehin eher als eine nette Geste gemeint. Die Leute in NY müssen früh aus den Federn. Nicht wenige gehen, auch Angie geht, wenn sie es sich leisten kann, um zehn Uhr abends ins Bett, daß sie eigentlich für ein ausschweifendes Nachtleben keine Zeit hat. Es sei sie ist, bedingt durch ihren Job, bis spät in die Nacht am Arbeitsplatz.

Die meisten New Yorker müssen zeitig, mit einem Pappbecher Kaffee in der Hand, in die Schlacht um die Dollars ziehen. Das Ausgehen muß man sich erst einmal verdienen. Wer mit den New Yorkern redet, hört als erstes wie unglaublich hart ihr Arbeitsleben ist.

Trotz des Spätfilms erscheint Angie pünktlich. Vor dem 11. September 2001 hätten wir uns im World Trade Center getroffen, in 400 Meter Höhe im „Windows of the World" mit einem spektakulären Ausblick auf Manhattan. Die beiden Türme zählten einst zu den höchsten Bauwerken der Welt, aber diese Zeit ist schon längst vorbei. Wenn ich an den Terroranschlag denke bekomme ich immer noch eine Gänsehaut, denn es hätte dort auch mich treffen können. Der einzige Trost für mich ist, der Anschlag geschah nicht zur Frühstückszeit. Im neuen World Trade Center kann man angeblich auch etwas essen, aber allein die Fahrkarte, für den schnellsten Fahrstuhl in der westlichen Welt, kostet 32 $ und trotzdem ist der Besucherandrang riesengroß, an guten Tagen sollen es bis zu 10 000 Besucher sein.

Heute sitzen wir zum Frühstück im Beekmann Tower vor einer Panoramascheibe, die den atemberaubenden Rundumblick auf NY und den East River freigibt. Die Stadt ist eine berauschende Kulisse. Eine Bilderbuchstadt mit vielen Attraktionen. Angie hatte die glorreiche Idee, den Oberkellner zu bestechen, sonst ist es aussichtslos einen guten Tisch zu bekommen. Es läßt sich hier, wenn auch nicht gerade billig, gepflegt frühstücken.

Merkwürdig, wie schnell hier in NY ein Lokal „in" sein kann.

Angie erzählte „Noch vor einem Jahr wäre der Geschäftsführer angetreten und hätte den Damen die Hand geküßt vor Begeisterung darüber, daß man sich entschieden hatte,

hier ein paar Dollar auszugeben. Jetzt kostet es Beste-
chungsgeld einen guten Tisch zu bekommen, wenn man
überhaupt hineinkommt. Der Service ist höflich, aber nicht
sonderlich beweglich".

Angie biegt ihre Croissants jeweils an den Enden auseinander bis der Blätterteig bröselt.

Finis origine pendant

„Du wolltest mir von der Amerikanerin Tsensy aus deinem neuen Buch erzählen.

Wie lautet der Titel ?"

Der Entwurf hat den Titel: „Tsensy eine Amerikanerin", mit dem Untertitel: „Szenen einer Ehe"

„Ich habe den ersten Entwurf vom Manuskript dabei".

„Erzähle mir!"

„Besser ist, wenn ich es dir später vorlese, wenn du es hören möchtest". Ich erzählte ihr einiges vorneweg, bevor ich ihr später aus dem Manuskript vorlas:

In diesem Buch beschreibe ich eine in Deutschland lebende Amerikanerin, betroffen von Unheil und Verhängnis, die in ihrer amerikanischen Vergangenheit verhaftet lebt.

Tsensy fühlt sich in der Vergangenheit zuhause und möchte ihr Leben so konservativ wie in einem Hollywoodfilm der sechziger Jahre leben. Aus diesen Kinofilmen kommen ihre amerikanischen Vorbilder. In ihrem Alltag hat sie Tag für Tag, ganz nach ihren filmischen Vorbildern, einen Auftritt im Bewußtsein eine wichtige Rolle zu spielen. Die Traumfabrik Hollywood bestimmt mit ihrem Bildreservoir mehr und mehr die Gedankenwelt in ihrem Leben, sie hatte schon immer alles aus deren Inhalten für die Gestaltung eines jeden Tages wie ein Schwamm aufgesogen. Eigentlich wußte sie, die Filme aus Hollywood durfte sie nicht mit dem gegenwärtigen realen Leben verwechseln. Trotzdem lebte sie mehr in ihren Filmen und aus der Erinnerung an die Filmszenen als in der Gegenwart. In diesen alten Filmen sieht sie ihre eigene Normalität bestätigt. Daß es sich um gespieltes extremes Verhalten handelt erkennt sie nicht, es gefällt ihr und genauso möchte sie sein.

Je überzeichneter das Verhalten der Protagonisten, desto beruhigter sieht sich die Zuschauerin Tsensy in ihrer Gedankenwelt und ihrem Verhalten, ihrer vermeintlichen Normalität, bestätigt. Menschen mit einer anderen Denke werden in diesen Filmen als unnormale Menschen gehandelt und sind deshalb unheimlich. Für andere Sichtweisen oder andere Denkweisen gibt es keinen Platz. Jene verhalten sich unamerikanisch und haben somit das falsche Verhalten, deshalb sind sie auch für Tsensy unnormal. Durch diese ständige Rückbindung an die verlassene Heimat USA wurde jeder Versuch, in Deutschland anzukommen und da zu sein wo sie jetzt ist, vereitelt.

Tsensy ist der festen Überzeugung ihre konservative amerikanische Denkweise ist die einzige für sie und die ganze Welt gültige und richtige. Denken und Verhalten von Larry ihrem deutschen Ehemann, das anders ist als das ihre, alle Abweichungen müssen bekämpft und bekehrt oder eliminiert werden. Genau wie Aliens aus dem Weltall, die es ohne Ausnahme zu bekämpfen gäbe. Sie hatte ihn geheiratet auch wenn sie schon immer nie ernsthaft davon überzeugt war, er sei der Richtige. Ihr heimlichster Wunsch war gewesen: zwanzig Pfund abnehmen, Kontaktlinsen, einen Harvard oder Yale-Jurastudenten oder besser einen fertigen Juristen aus einer millionenschweren Bostoner Familie zu heiraten, fünf Kinder zu gebären und als ideales

112

Paar eine Maisonnette am Central Park in NY zu bewohnen. Zur Not wäre sie auch mit fünf reichen Liebhabern und einer „luxury duplex" einer großen schicken Luxus-Maisonnettewohnung in Manhattan zufrieden gewesen.

In Tsensys Kopf wird das Gute geschieden vom vermeintlich Bösen und das Böse wird auf ewig getrennt vom Guten. Wo ein Guter vermeintlich böse wird, ist eine solche Geschichte nicht ganz einfach zu erzählen. Eine Geschichte was aus einem Menschen wird, wenn das Schicksal und der Mensch selbst die falschen Entscheidungen trifft.

Der Hollywoodfilm als Vorlage für eine eigene Realität, die sich in ihrem Kopf eingenistet hat.

Aus diesem Denken heraus und weil sie generell unzufrieden ist, daß ihr Leben kontrastreich, nicht wie im Film abläuft, entwickelte Tsensy bereits am Anfang ihrer Ehe Rachegedanken gegen ihren Ehemann Larry zwischen Sessel, Bett und Tisch. Sie führt in einem schauspielerischen Nahkampf eine Art versteckten Krieg auf Raten. Einem beständigen Übergriff vom „Habenichts" auf den „Besitzenden" durch heimliches beklauen und umverteilen von Geld und persönlichen Gegenständen von Larry an andere, die ihr nach dem Mund reden. Sie lieh ständig Geld an die unmöglichsten Leute, von denen sie genau wußte, sie würde es nicht mehr zurückerhalten oder verschenkte es, gleich einem Robin Hood. Dieser lauerte bekanntlich im dunklen Wald, also hinterhältig, den Reichen auf, erleichterte sie und gab das Geraubte weiter.

Wenn sie etwas bestimmtes benötigte behauptete sie, sie brauche oder wünsche sich dies um es hinterher an eine Freundin weiterzureichen. Im Konkreten ging es soweit, daß sie sich eine Klarinette wünschte, (die Larry ihr wunschgemäß kaufte) nur um sich mit einem teuren Geschenk bei einer bestimmten Freundin beliebt zu machen. Daß Larry den ganzen Nettoverdienst eines Monats dafür geopfert hatte interessierte sie nicht, denn Geld bedeutete ihr nichts. Dankbarkeit war ohnehin nicht angesagt.

Es war wie bei ihrer Freundin Mary, mit ihrer Abneigung gegen Männer, den Ressentiments gegen sie, um im einzelnen einen größeren Hass und eine ältere Wut vielleicht auf ganz andere Personen auszuleben. Vermutlich war ihr klar, daß Mary eine gestörte Persönlichkeit hatte. Mary wollte Macht über Männer haben, war frustriert und wollte ihre Wut an den Männern auslassen. Aus dieser Perspektive schrumpfen die Männer zu Lüstlingen oder Unterhosenhelden. Schließlich verbreitet sie wie ihre Freundin Mary, angelehnt an deren englische Bösartigkeit, eine Ideologie des Hasses.

Zwei Psychopathen fanden sich zu einem Team. Ohne Mitgefühl freute man sich über das Leid anderer. Wer nicht lieben will muß hassen, sagt man. Jeder Hassende ist ein unglücklich Liebender ohne es zu wissen, der nur hasst, weil er den Mut zum Lieben nicht aufbringt.

Wilhelm Busch (15.4.1832 – 9.1.1908) schrieb:
Haß, als minus und vergebens,
wird vom Leben abgeschrieben.
Positiv im Buch des Lebens,
ob ein Minus oder Plus
uns verblieben, zeigt der Schluß.

In welcher Finsternis müssen sich die Gedanken bei einem paranoiden Verhalten tagtäglich bewegen? Die Psychologen erklären dies mit dem so genannten affektiven Vorhersagefehler. Dieser beinhaltet, daß wir oft nicht so genau wissen, was uns glücklich macht. Zum Beispiel haben Menschen

Rachegedanken und fühlen sich noch mieser, wenn sie diese endlich hatten.

Tsensy hat ein Faible für primitive triebgesteuerte Menschen. Sie bevorzugt Menschen mit wenig Intellekt, es ist die Britney, Courtney und Shannon, in deren Gegenwart sie sich und Mary besonders wohl fühlt. An all jenen, die zu sehr vom Kopf gesteuert werden und so heißen wie in den besseren Kreisen, an Alice, Charlotte, Charles und John hat sie schnell keine Freude mehr, sie gehen ihr verloren. Letztlich bleibt ihr nur ihre Freundin Mary de La Anglais, die seltsamerweise wie viele Frauen aus Angelsachsen aus Tradition einen Vorbehalt oder Abneigung gegen deutsche Männer, die Männer in der Ehe einschließlich dem eigenen Ehemann hegen. Diese Frauen sind voller Rachsucht Ehefrauen geworden und Mütter und unwahrscheinlich fette Matronen mit fleischigem, ausladendem Hinterteil. In schauerlicher Einbildung glauben sie später noch immer den gleichen Charme auszustrahlen, den sie einmal besessen hatten, bevor es ihnen in ihrer Ehe zu langweilig wurde. Jetzt ist der einzig wirkliche Lebensfunke, ihr Hass, noch feindseliger und verbissener.

Generell sind wir Deutschen der Lieblingsgegner der Briten. Niemand sonst muß in deren Medien so viel Hohn und Spott über sich ergehen lassen. Es ist schick über uns Deutsche zu lästern. Für nicht wenige unserer Nachbarn von der Insel, und auch bei Uncle Sam, sind Deutsche kleingeistige Korinthenkacker. Sie zeigen uns Deutschen lieber den Mittelfinger, statt daß sie uns die Hand geben. Man erinnere sich: Beim Antrittsbesuch der Bundeskanzlerin in den USA hat der frischgewählte Präsident Trump der Kanzlerin vor den Augen der ganzen Welt einen Handschlag verweigert.

In GB fliegen die Herzen der Briten eher den Verlierern und Underdogs zu. Es wäre viel besser miteinander reden zu lernen, statt übereinander und verstehen zu lernen, einander zu verstehen.

Mary ist Larry in den vielen Jahren als tägliche Ratgeberin von Tsensy nur ein einziges Mal für drei Minuten begegnet, es war eine Art Besichtigung seiner Person. Vielleicht diente die Besichtigung dazu ihr Vorurteil zu bestätigen deutsche Männer zu kennen. Larry konnte sich später nur an ihre gepresste, ja gequetschte, auf jeden Fall unwarm klingende Stimme erinnern, die ihn an eine Quäkente erinnerte.

Man sollte wissen: Vorurteilen muß man immer mit Zweifeln begegnen. Menschen geben nicht selten ein ungerechtes Urteil ab, das durch das „Confirmation Bias" getrübt ist. Dabei handelt es sich um eine Wahrnehmungsverzerrung, bei der man nur noch das zur Kenntnis nimmt, was ein schon gefälltes Urteil bestätigt.

Die meisten Menschen tendieren dazu, einfach Wahrheiten zu sehen, wo es keine gibt. Man sollte klar trennen zwischen einem konkreten Menschen und einer Verallgemeinerung: „Der ist so und so, weil er ein Deutscher ist". Oder „Italiener sind wehleidig, Österreicher versaut und Engländer versoffen".

Viele Amerikaner, die ich getroffen habe, gieren gerne nach dem britischen Akzent, sie finden daß er brilliant, klug und weltgewandt klingt. Andererseits spielt der Brite in Hollywoodfilmen oft die Rolle des Finsterlings oder den Unruhestifter, eine dieser Rollen sollte wie sich später herausstellte auch auf Mary zutreffen, die sich in die Vertrautheit von Tsensy eingeschlichen und sich als Beraterin unentbehrlich gemacht hatte.

Frauen werden am ehesten von anderen Frauen gemocht, wenn sie mitleiderregend und mit einem Makel behaftet sind, das scheint immer zu funktionieren. Solange ein Mädchen scheiße aussieht, dies ist bei einer ausgeprägten morbiden Adipositas immer der Fall, und sie unglücklich ist, wird es von der Freundin beschützt und gestreichelt, sie kocht ihr Kakao und kippt ihr zu allem Überfluß extra viel Sahne rein.

Bereits in den ersten Monaten der Ehe zwischen Tsensy und Larry fingen die Schwierigkeiten an. Larry wurde mit den Prekariatsproblemen ihrer amerikanischen Denkweise konfrontiert. All die Kontroversen und Gegensätze liefen darauf hinaus, daß sie sich zwar liebten, aber nicht miteinander auskamen. Larry empfand es als unbegreiflichen Widerspruch, wie Liebe und Zwietracht nebeneinander bestanden. Es forderte ihm einiges an Gelassenheit, Verständnis und Geduld ab.

Später hat die gemeinsam verbrachte Zeit den Beweis erbracht, daß der wahre Zweck dieser Jahre mit ihr nicht darin bestanden hatte eine dauerhafte Ehe aufzubauen.

Die Basis für ein gedeihliches Zusammenleben hätte sich in: Bildung, Respekt, Nächstenliebe und einem fürsorglichen Miteinander finden müssen.

Ganz am Anfang war sie ihm so vorgekommen, wie er es erwartet und erhofft hatte, eine Frau, in einer glücklichen Ehe lebend, Mutter von gesunden Kindern, geliebt von ihrer Familie.

Dies alles war offenkundig, er hatte es gesehen, erkannt und seine Erwartungen wurden erfüllt. Dabei hatte er übersehen, was unter der Oberfläche lag, daß sie in einer unerklärlichen Unsicherheit und Angst lebte. Dabei hatte er ihr den Weg frei gemacht, ihr die passenden Jobs gesucht und ihr die meiste Hausarbeit abgenommen, damit sie glücklich werden konnte.

Alles Glück auf dieser Erde aber kann man verlieren, es kann sich in Unglück verwandeln. Sie beide wußten es. Ihr war bewußt, daß sie ihr Eheleben zerstören konnte. Alles was er ihr hätte sagen können, war ein magerer Trost. Das Leben besteht zum größten Teil aus Dingen, die man nicht tun wollte und die doch getan werden mußten.

Denn offensichtlich fühlte sich Tsensy im Laufe der Jahre mehr und mehr gefangen in ihrer Ehe, unverstanden, gewissermaßen wie in eine Falle geraten. Sie konnte es Larry nicht ins Gesicht sagen, daß sie ihn nicht hatte haben wollen. „Sorry seems to be the hardest word", sang einst säuselnd und am Klavier den Kopf wiegend Elton John. Wenn sie ihn beschimpfte hatte sie kein ausreichendes Ehrgefühl sich dafür reumütig zu entschuldigen. Je mehr Zeit verging, desto schwerer fiel es ihr zu begreifen, was für eine Katastrophe sich anbahnte. Sie hatte geglaubt, mutig zu handeln, doch es stellte sich später heraus, daß sie lediglich die erbärmlichste Form der Feigheit an den Tag gelegt hatte: in Verachtung für Larry zu schwelgen und sich zu weigern, den Dingen offen ins Gesicht zu sehen. Sie empfand keine Reue oder das Gefühl von Dummheit. So vergingen die Jahre an seiner Seite.

Bizzares Szenarium

Mary bemühte sich großmäulig mit feministischen Positionen ihre Freundin heiß zu reden, sie sagte zu Tsensy „Weißt du was ich tun würde, wenn ich du wäre? Ich würde mehrere Affären anfangen. Warum haust du nicht auf die Pauke? Vielleicht ist es das, was du tun solltest".

„Hast du jemanden bestimmtes im Sinn?" fragte Tsensy.

„Du hast bestimmt keine Schwierigkeiten. Du bist durch deine eigene Art sehr anziehend und hast Sex Appeal. Wahrscheinlich gibt es viele Männer, die wünschten du wärest frei. Die meisten Männer entscheiden sich ohnehin für einen reifen Frauentyp wie dich".

"Nicht alle wollen die jungen Mädchen mit ihren prallen Silikonbrüsten und unechten Nägeln, die alle gleich aussehen".

„Kennst du denn das Kürzel MILF nicht?" Das heißt ausgeschrieben „Mother I'd like to fuck".

MILF war lange nur geheime männliche Sexfantasie, doch inzwischen ist es überall bekannt.

Das Kürzel wird sogar ganz unschuldig bei Fitnesskursen verwendet. Beim MILF-Fitness sollen Mütter nach der Geburt wieder begehrenswert gemacht werden. Es gab sogar schon eine Soap im Bayrischen Rundfunk mit dem Titel MILF, darin trifft sich der Protagonist heimlich mit einer verheirateten Frau in einem Hotel (und fühlt sich hernach von ihr benutzt).

Sex mit reiferen Frauen ist gerade groß in Mode. In der Filmindustrie, nicht nur im Porno, gab es dieses Thema aber schon immer, du kennst bestimmt den Film „Reifeprüfung" aus den sechziger Jahren, in dem der blutjunge Dustin Hoffmann von Mrs. Robinson verführt wurde. Oder „American Pie", alle diese Filme machten MILF zum Begriff. Diese männliche Sexfantasie wird auch von Seiten der Frauen verwertet. Britney Spears wurde während ihrer Schwangerschaft mit einem geschmacklosen T-Shirt gesichtet, auf dem „MILF in Training" gedruckt war.

Mary gibt ihr also den Rat sich zur gelegentlichen Benutzung einen oder mehrere Lover zu suchen, erklärte noch, Tsensy könnte sich mehr gehenlassen, wenn sie andere Liebhaber hätte.

In Britannien sagten sie, jede Frau sollte einen Ehemann und einen Liebhaber haben; man braucht mindestens zwei Männer, um nicht zu verkommen; kein Mann hätte Verstand genug, sich richtig um alles zu kümmern, und es wäre sinnlos, das von ihm zu erwarten.

„Du, das mußt du ausprobieren. Sonst meinst du später immer du hättest etwas verpaßt. Es ist überhaupt gut, ausreichend andere Erfahrungen zu haben. Man sollte sich keinesfalls sein Leben lang in der Ehe mit der Missionarsstellung zufrieden geben".

Sie solle sich mit denen aber nur heimlich außerhalb der ehelichen Wohnung treffen. In der eigenen Wohnung wäre das so etwas wie „Nestbeschmutzung", und man könne nie ganz ausschließen, daß der Ehegatte plötzlich auftaucht, selbst wenn der hilfsbereite Kollege von Larry nach telefonischer Nachfrage am Telefon definitiv sagen konnte, dieser wäre gerade an seinem Arbeitsplatz gebunden. Sie würde sich wenn nötig tags um ihre Kinder kümmern, damit es ohne Streß klappt.

Dann erklärte sie ihr die drei Arten, wie Männer „es" am liebsten hätten.

Tsensy freundete sich mit dem Rat ihrer Freundin an und arrangiert es den ersten Mann näher kennenzulernen. Dieser, nicht mehr der Jüngste, war fünfzig oder sechzig, aber trotz seines Alters weder Fett noch kahlköpfig, aber hatte schütteres Haar, er war an einem Punkt angelangt, an dem Frauen unter dreißig, vielleicht sogar die mit vierzig, nur noch durch ihn hindurchsehen.

Tsensy wollte alles ertragen auch das Unerträgliche nur keinen Seelenschmerz. Solange sie mit ihm allein war, würde es wegen des Alters kein Problem geben. Sie dachte „Du kannst gleich nichts mehr verbergen, wenn es klappt, gehst du mit dem ins Bett und beklagst dich nicht".

Auch sagte sie zu sich selbst „Nur Mut nimm den Mund voll, du kannst dies alles nur ertragen, wenn du den Mund voll nimmst. Sag was du denkst und willst, sonst läuft es in's Aus".

Sie fragt ihn, ob er mit ihr in der Stadt beim Chinesen eine Kleinigkeit essen würde. Das mit dem Chinesen war ihr wichtig, weil in deren Restaurants die Beleuchtung immer so schön schummrig ist. Beim anschließenden Latte Machiato im Starbucks, inmitten der anstrengungslosen Milchkaffeebohème, bringt sie die Sprache auf Beziehungen, während zufällig romantische Musik aus den Lautsprechern im Hintergrund tönt. Er erzählt ihr, daß er nicht mehr so viel trinkt wie früher aber vom Rauchen nicht wegkommt. Seit sechs Monaten war er mit keiner Frau mehr zusammen. Tsensy findet ihn anziehend, weil er dunkelhaarig und bärtig ist. In dem Augenblick, als sie sich begrüßten, war es ihr, als sei sie schon ihr ganzes Leben mit ihm bekannt. Später als sie miteinander redeten, war es ihr als setzten sie eine Unterhaltung fort, die sie in einem vorigen Leben abgebrochen hatte. Hat es damit zu tun, daß er in seiner Wesensart Larry glich?

Während sie miteinander reden, denkt sie aber nicht an Larry. Beabsichtigt war, das ganze Gerede sollte zum spannendsten und schönsten Vorspiel der Welt werden. Alles was sie erzählt und von sich selbst preisgibt ist mit beachtlicher Fantasie aus dem prallen Leben geschaufelt, ganz und gar unwahr, komplett erlogen, nicht einmal Halbwahrheiten sind enthalten. Ihre Rechtfertigung war, sie mußte und darf hier lügen genauso wie sie es zu Hause durch Verschweigen Larry gegenüber tat, sonst hätte sie das Zusammentreffen mit diesem Mann nicht überstanden. Solche Augenblicke bedeuteten für sie Glück. Wahrheitspflicht hätte Unglück bedeutet, also machte sie sich diesbezüglich keinen Vorwurf.

„All diese Schwierigkeiten zwischen Männern und Frauen dieser Zeit, sind vielleicht eine neue Form der Geburtenkontrolle", sinniert er. „Manchmal muß man sich bewegen ohne von der Stelle zu gehen, sich von seinen Problemen loslösen indem man sie auflöst durch Verachtung und Gleichgültigkeit. - Fürchte dich nicht eine Verräterin, abtrünnig zu sein. Du brauchst eine mitfühlende Seele, die Verständnis für dich hat, der du dich anvertrauen kannst, die Balsam für dich ist".

„Seelisch sind wir alle Brüder und Schwestern auch wenn wir uns körperlich fremd sind. Man muß sein Herz öffnen, um den Funken im anderen zu sehen".

Sie erzählt ihm, daß ihr Mann vermutlich eine Freundin oder auch einen Freund hat mit denen er möglicherweise sogar intim ist, daß sie nicht mehr mit ihm schläft.

„Ich habe meinen Mann satt und sollte mir einen neuen suchen".

„Wahrscheinlich ist es unmöglich mit seinem Ehemann nur befreundet zu sein", fügt sie hinzu.

Larry wirft sie vor, er habe Geheimnisse vor ihr.

Dieser hätte zu ihr gesagt „ich habe keine Geheimnisse vor dir. Deine Behauptung ärgert mich. Warum kann ich nicht für mich allein eine Freundschaft haben? Du hast es ja auch. Was soll daran unrecht sein?"

Dann hätte er ihr noch gesagt „Was die Freundschaft betrifft; muß man sich arrangieren können und muß vor allem Kompromisse eingehen. Wie man mit seinen Freunden und Auseinandersetzungen umgeht, lernen bereits die Kinder im Kindergarten beim Umgang mit Gleichaltrigen. Vielleicht hast du es als Einzelkind und als Papas Darling nie gelernt. Wir Männer machen Probleme eher allein mit uns selbst aus. Das belastet zumindest eine Freundschaft nicht".

„Und klar ist, je weniger man über jemanden weiß, desto weniger kann es ein Freund sein".

„Ich glaube, du verbirgst etwas", sagte ihr Gegenüber.

„Etwas ganz Wichtiges".

„Hast du Geheimnisse?" fragte er.

„Oh ja, einige, und ich liebe meine Geheimnisse" antwortete Tsensy.

Ihre neue Begegnung malt im Starbucks ein romantisches Bild von sich und behauptet, er sei ein bißchen verrückt. Tsensy gefällt dies alles.

Sein Blick war so intensiv, daß sie ihn fast auf der Haut spüren konnte. Am liebsten hätte sie ihn gefragt, ob er irgend etwas sah, das ihm gefiel. Und am liebsten hätte sie sich nach vorn gebeugt, damit er sie nicht nur ansehen, sondern berühren konnte.

Eigentlich wollte sie wissen, ob er sie hübsch und sexy und unwiderstehlich fand. Doch sie begnügte sich damit ihr Make-up zu kontrollieren und die Frisur, ob sie noch saß.

Er hatte sich entspannt zurückgelehnt.

Ohne sie zu berühren sagt er „Was du brauchst ist ein guter Liebhaber".

Tsensy wußte nun mit Bestimmtheit, daß sie ihr Ziel erreicht hatte.

Fragte aber scheinheilig „Warum willst du dich mit einer verheirateten Frau einlassen?"

Seine Antwort „Was kann ich verlieren? Was kann daran so schlimm sein? Schlimmstenfalls später ein paar traurige Stunden. Davor habe ich aber keine Angst".

Er rückte näher an sie heran und blickte in ihre grünen Augen, ihr dunkles Haar hing ihr in Fransen ins Gesicht bis über die Brauen, und sagte "I wanna hold your hand".

„Eines Tages wirst du wissen, daß wir alle unsere Untaten begehen", sagte er, „die Hauptsache ist, daß man sich darüber nicht selbst belügt; man muß versuchen zu verstehen, was man tut und warum man es tut".

„Wirklich?" Sie lachte ein bißchen zu laut und blickte ihn unmittelbar an.

„Es gefällt mir, wenn du lachst."

Er zahlte die Rechnung und stand auf, nahm den Regenschirm in die Hand. „Gehen wir?"

„Wir müssen ja leider", sagte Tsensy. Sie schenkte ihm ein Lächeln, während sie ihr Haar zurecht strich.

Als sie aus dem Café treten umarmt er Tsensy zur Verabschiedung. Er wußte um ihr brennendes Verlangen. Da bahnte sich etwas an, good vibrations, ganz deutlich zu merken - auch wenn sie falsch antwortete. Was für einen putzigen Akzent sie hatte. Ja, und nun würde es seinen Lauf nehmen, keine Liebe, von seiner Seite gewiß nicht.

Jeder ist ja auf seine Weise darauf aus, sein Schäfchen ins trockene zu bringen, ob er es nun zugibt oder nicht. Ich wünschte, daß mehr Leute es zugeben würden, dachte er.

Sie lächelte, denn das nächste Treffen würde sie kaum erwarten können. Dann ging sie, ohne sich auch nur ein einziges Mal umzudrehen. Er aber blieb stehen und sah ihr nach, bis er sie aus den Augen verloren hatte.

Mit neuer Energie und in Erwartung der Dinge, die da kommen werden, fährt Tsensy nach Hause. Als es zu regnen anfängt, singt sie leise vor sich hin „I'm happy again, singin'and dancing in the rain..." Der Sommerregen vermischt sich mit ihrem Glücksgefühl, er tropft von ihrem Schirm, er ist kühl und die Pfützen sind schmutzig. Sie achtet auf ihre Füße, um nicht in irgendeine der Pfützen zu treten. Der Kampf um ein besseres Ich ist eingeleitet, und mit dem besseren Ich kommt die bessere Welt, denkt sie.

Zuhause trinkt sie einen Sherry und hört melancholische Musik, die zufällig im Radio spielt. In der Nacht liegt sie schlaflos wach.

Wird es möglich sein, daß sie unter solcher Nervenanspannung leben kann? Mit Larry war alles immer so selbstverständlich gewesen, sie schliefen miteinander und fertig. Reden war überflüssig.

Hier lag er neben ihr und schlief in aller Seelenruhe, das tat er immer mit einem entspannten, fast kindlichen Gesichtsausdruck. Ein Mann mit reinerem Gewissen, dachte

Tsensy. In der Tiefe seines Unterbewußtseins tobten keine Stürme, gab es keine Heimlichkeiten – direkt unter seiner Oberfläche war alles ordentlich und sauber. Sie schämte sich ein klein wenig und dachte: Ist ja alles gut, nichts ist passiert.

Sie erinnerte sich an jene erste Nacht mit ihm, die ihr heute noch ein Rätsel ist.

Immer häufiger hatten sie später Meinungsverschiedenheiten. Da sie nicht den gleichen Humor hatten, behielt sie ihre Meinung oft für sich. Und erst allmählich hatte sie ihn merken lassen, wie sie dachte und wer sie ist. Wie hatte er es aushalten können?

Es muß etwas Masochistisches in den Frauen erregend sein, würden sie sich sonst wie in Hausfrauenromanen beschrieben millionenfach verschenken und verkaufen? Welche Frau denkt schon an die Realität, wenn sie wie in der Pubertät von romantischen Gefühlen und sexuellen Sehnsüchten überschwemmt wird.

Hierzu ist zu sagen: Sexualforscher behaupten schon immer die weibliche Sexualität besteht, auf der Suche nach äußerer und auch innerer Geborgenheit, der Sehnsucht nach dem Wirgefühl und nach der ewigen Liebe, zu 99 % aus Vorstellungen und Träumen.

„Am Tag als der Regen kam / lang ersehnt, heiß ersehnt, heiß erfleht / da erblühten die Bäume / da erwachten die Träume / Da kamst du..." - singt Dalida.

Seit dem Ratschlag von Mary träumt sie ständig von realen Seitensprüngen. Schließlich wird die Gedankenwelt von Tsensy identisch mit der ihrer Freundin Mary. Sie verständigen sich in ihrer Gedankenwelt auf dasselbe bizarr verzerrte Männerbild.

Mary ist die Ursache für ihre Liebe zum Aufstand. Sie hat Tsensy ein Weltbild eingeredet, wo es gut war böse zu sein, weil gut sein langweilig ist. Bisher jedoch hatte es Tsensy für ihr Schicksal gehalten nicht das Leben zu leben von dem sie träumte. Bisher meinte sie ihr Verlangen wäre nur eine neurotische Unfähigkeit, mit dem zufrieden zu sein was sie hat. Vieles von dem was gut war, zwischen Larry und Tsensy, wurde zerstört durch ständiges Analysieren, durch das Infragestellen seitens von Mary und dem daraus wachsenden Konflikt.

Lüsterne Hallodri

Tsensy trifft Männer, die wie aus dem Nichts auftauchen, sie spricht sie einfach an, wie es ihre lockere amerikanische Art war und wie sie hunderte von Menschen in ihrem Leben bereits angesprochen hatte, darunter Männer behaftet mit Geschichte, Macken und Vorlieben. Skurrile Gestalten und schräge Charaktere, die sich hinreißen lassen einen intimen Blick hinter ihr Blendwerk zu werfen. Sie suchte ständig neue Exemplare der Gattung Mann. Mit der Zeit fiel ihre Wahl auch auf solche, um die sich irgendwann ein Nebel gebildet hatte, die sie besonders für junge Augen unsichtbar werden ließ, die sie früher keines Blickes gewürdigt hätte. Sie verabredet sich zu unverbindlichem, nicht selten zu alkoholisiertem Sex. Vom Alkohol benebelt finden sie sich zusammen zu einem Sexualkontakt, der einem Porno möglichst nahe kommt, mit dem Bild einer allzeit bereiten Frau und dem sexuell aktiven Mann in ständiger Bereitschaft.

Meist blieb von einem solchen Treff oft nicht einmal der Vorname im Gedächtnis, wenn ihr der richtige Name überhaupt genannt wurde. Traf sie ihn zufällig auf der Straße wieder, nachdem sie ihn mehrere Wochen nicht gesehen hatte war er ihr völlig fremd geworden und wenn er sie nicht ansprach, war dies das Ende für immer. Bei ihren Treffen traf sie auf Männer, die keinerlei Schamgefühl mehr hatten. Einer erklärte ihr nein heißt ja und ja würde anal heißen.

Ihre Freundin Mary fand dies sei besser als früher mit einer der zeitaufwendigen und mühsamen Beziehungen. Tsensys peinlich anzusehende Adipositas spielte dabei keine Rolle mehr.

Einer ihrer Begegnungen mit Macken fragte sie „Möchtest du frische Brötchen vom Bäcker?" „Mehrkorn und Laugenbrötchen" sagte sie.

Als er wiederkam sagte er „Ich bekomme ein Euro sechzig von dir". Nachdem sie ihn etwas scheel angesehen hatte, sagte er ergänzend „Bei mir herrscht Ordnung!"

Mit ganz wenigen Ausnahmen hatte sie jeden den sie wollte im Bett erobern können. Sie war es als Einzelkind von Kindheit an gewohnt, alles zu bekommen, was sie wollte. Aber ganz selten war es der atemberaubende Sex eines Marquis de Sade, den sie erwartet hatte.

Und trotz all ihrer zahlreichen sexuellen Erfahrungen aus vorehelicher Zeit, ist im Wunderland der Triebe, nichts mehr so wie sie sich das vorgestellt hatte. In ihrem Leben hatte es etliche Männer gegeben aber nur wenige längere Beziehungen.

Sie vögelte sich mit Routine immer, ohne besondere persönliche Anteilname am anderen, die Seele aus dem Leib mit jedem, der auch nur den Fehler machte, ihr einen Blick zuzuwerfen. Mal war es ein wohlig aufsteigendes Gefühl aus dem Bauch, mal versetzte es sie in einen euphorisch stimmenden Rausch. Ein unverbindlicher Liebeskonsum. Sie suchte stets danach, bediente Verfügbarkeitsfantasien. Die Männer mit denen sie sich einließ, zeigten nur zu deutlich, was sie dachten, nämlich daß sie auch nicht besser als eine Hure ist, eher noch lasziver.

Die Männer, die sie als läufige Hündin betrachten und untereinander weiterreichen, entpuppen sich alle als schwierig, hatten nur dieselben Bedürfnisse in puncto Sex. Sie erweisen sich gegenseitig Gefälligkeiten. Männer lieben es, die guten Dinge des Lebens zu teilen, achten aber darauf, daß die weniger Privilegierten keinen Einblick gewinnen.

Dauerpubertierende Abenteurer deren aufgeregte Geilheit ständig Tsensys Verstand besiegten und ihre Würde zermalmten. Besonders dann, wenn sie so geschäftsmäßig jeden mit lasziver Verlockung hingelümmelten Typen bediente, der freimütig seine Genitalien offenbarte und sich wie der Barberinische Faun mit geil gespreizten Beinen dem Licht des Tages darbot. Als ob das Wichtigste darin bestünde, das ganze Gefühlsgewirr aus dem Spiel zu lassen und sich ganz unermüdlich und einfach nur darzubieten.

Wer es sich nicht vorstellen kann, in der Münchner Glyptothek am Königsplatz ist er in Marmor gemeiselt zu sehen, wie er freimütig sein Hochzeitsbesteck offenbart. Die Situation war der Werbung für's Haareschneiden nicht unähnlich, nämlich reinkommen und drankommen – „Haareschneiden" ohne Wartezeit. Sie wollte dies meist überhaupt nicht. Keinen dieser Männer hat sie wirklich geliebt, der eine war für sie wie der andere als wären es nicht verschiedene Personen.

Jeder Dialog den sie mit diesen Männern hatte erwies sich später als Irreführung, lächerliche Täuschung und oft auch das Schlimmste was man hatte sagen können, wenn ein Wort das andere gibt, aus denen das Magma der Triebe quillt. Nie war es das gewesen was sie eigentlich hatte sagen wollen.

Wer hätte von ihr gedacht, daß sie die Männer wie Schuhe wechselt – für jede Stimmung, jede Wetterlage ein anderes Paar, bis sie abgenutzt sind.

In den USA werden viele junge Frauen mit Pornos konfrontiert. Die Frauen sollen aus Pornos lernen was sie beim Sex sagen sollen und auch, daß wahnsinnig gestöhnt werden muß, nicht weil ihnen danach ist, sondern weil sie das in den Pornos so gesehen haben und es deshalb als Accessoire zum Sex dazugehört.

Waren die Tröstungen der Sexualität mittlerweile von Torschlußpanik überschattet? Die Männer selbst, soweit sie genügend Sprachkenntnisse von ihr aufgeschnappt hatten, bevorzugten die amerikanische Sprache, weil sie damit ohne Scham selbst ordinär und anzüglich wie ein Schwein daherreden konnten. Schon Odysseus wurde nach der griechischen Sage von der wunderschönen Zauberin Circe, wie man heute sagt, becirct und in ein Schwein verwandelt.

Ohne auflodernde und wieder erlöschende Leidenschaft kann sie nicht mehr sein. Wenn sie sich begehrt meinte, ob ihres Erfolges, dann mochte auch sie sich und war verliebt, nicht in den anderen, sondern in sich selbst.

Aber die Leidenschaft kühlte immer schneller ab und sie fand sich allein in einer Geschichte mit einem verzweifelten inneren Monolog, nur durchbrochen durch haarsträubende Hausfrauen-Psychologie, verstärkt durch die eigenwillige Analyse einer Kollegin, die ergänzend zu Mary, als Hobbypsychologin und wie sie angab, nach dem Studium diverser psychologischer Bücher, kuriose Ratschläge erteilte, wie sie den Umgang mit den Männern und ihr Leben gestalten sollte. Ein wenig näher am Witz als an der Lebenspraxis. Eben so, wie die Spitze eines Kirchturms näher am Mond ist als der Grundstein. Die Entfernung ist bekanntlich aber immer noch gewaltig.

Was da geschah zeigte, daß sie Larry nicht wirklich liebte. Je heftiger sein Verlangen war nach Arbeitsende nach Hause zu kommen, desto größer war dann seine Enttäuschung. Nach allem was passiert war konnte die Ehe der beiden nicht mehr weiterbestehen. Sie ist nur noch eine Farçe gewesen. Nie mehr könnten sie dasselbe füreinander empfinden. Liebe läßt sich nicht erzwingen. Das Wort „Liebe" wird in einer an sich lieblosen Beziehung unausprechlich und zu einer Ungeheuerlichkeit. Deshalb wäre es besser wenn sie einen Schlußstrich ziehen, dachte er.

Wenn Tsensy keinen Ausweg aus ihrem täglichen Dilemma sah, nahm sie Schlaf- und Beruhigungsmittel. Neurologen wissen der Mißbrauch von Medikamenten bringt die Chemie des Gehirns durcheinander und die Menschen finden sich in einer völlig veränderten Welt wieder. Sie leben in einer eigenen Welt. Eine Welt, in die gesunde Menschen nicht vordringen können. Tsensy hatte sich mit ihrer diffusen Gedankenwelt und ihrer komplizierten Psyche fraglos selbst in eine verworrene Lebenslage begeben. Jetzt wütend, ohne Vertrauen, mit falsch eingesetztem Risiko sitzt sie vor den Ruinen, die sie selbst zu verantworten hat. Das Verhältnis innerhalb der Familie wäre oft entspannter untereinander gewesen, hätte sie nicht in ihrer eigenen Welt gelebt und darüber hinaus nur Matt Groenings Zeichentrickserie „Die Simpsons" aus Amerika als Vorbild genommen.

Denn jemanden anderen darzustellen oder selbst jemand zu sein, das sind nun mal zwei ganz verschiedene Dinge.

Von einem Tag zum nächsten, von einer Stunde zur anderen konnte ihre Stimmung umschlagen von himmelhoch jauchzender Euphorie zu einer gereizten Niedergeschlagenheit. Larry mußte lernte, vor ihr auf der Hut zu sein, sich auf diese unvorhersehbaren Umschwünge gefasst zu machen, die guten Augenblicke zu genießen, solange sie währten, aber nicht erwarten, daß sie lange währten.

Es stellte sich nach einiger Zeit heraus, daß ihr Doppelleben sie überforderte.

Larry wendet sich von ihr ab, er hat das Gefühl Tsensy enthalte ihm zu viel vor.

Ihre unwiderstehlichen Sehnsüchte nach neuen Gefährten und Liebhabern sind stark, doch sie muß erkennen wie zerbrechlich Begegnungen sein können und diese von den Umständen abhängig sind.

Oft halfen ihr Selbstgespräche und die Erinnerung an Bekanntschaften aus alten Zeiten, alte Hollywoodfilme. Sie rupft bevorzugt aus Frauenzeitschriften endlos Artikel, die ihr gutgemeinte Ratschläge geben, wie man einen Ehemann oder Lover behandeln soll. In einigen ging es darum, Frauen sollten sich nicht in ihrer Persönlichkeitsentfaltung beeinträchtigen lassen. Was also tun, wenn vielgelesene Frauenzeitschriften nachdrücklich mitteilen, was angesagt ist. Larry entschloß sich lieber zu schweigen als mit ihr zu diskutieren.

Fantasien und reale eigene Erlebnisse aus der Vergangenheit mischten sich in ihre Tagträume und nächtlichen Alpträume. Tsensy verbringt Tage, Wochen und Monate zwischen Selbstmitleid und Trotz, kann oft tagelang keine klaren Gedanken mehr fassen, ist kopflos, läßt sich durch den Tag treiben. Eine Party im Endstadium, schwankend zwischen Hysterie und Melancholie, grandiosen Auftritten und Torkelei. Tsensy durchlebt gewissermaßen den Zustand einer geistigen Verwirrung.

Larrys Augen waren scharf, er erahnte ihre Gefühle, und wie er es empfand, daß sie etwas bedrückte, erspürte ihre Stimmung, ohne daß er sie dazu zu fragen brauchte. Er hatte sie im Laufe der Jahre verstehen gelernt und herausgefunden, daß sie dazu neigte sogleich zutiefst verzweifelt und alles von der schwärzesten Seite zu sehen, eine typisch amerikanische Eigenschaft. Larry stellte ihr keine Fragen, hielt es so wie es viele Amerikaner tun, die häufig nur erzählen, aber nicht fragen. So tun als würden sie etwas nicht bemerken.

Als die größte Wahrheit bei den Buddisten gilt: Alles Leben ist Leiden. Ursache allen Leids sind Begierden, wie jene nach Liebe oder Geld. Und der Philosophie-Professor lehrte: Leben sei Leiden, das Glück eine Illusion, der Wettlauf ohne Sinn. Wir alle sind Getriebene, nicht Vernunftwesen.

Da ist der vermeintlich charmante Kollege, ein deklassierter, ein grober, ungeschlachter Kerl, sozial gescheitert, häßlich und früh verbraucht, der sie Vormittags zu Hause anruft, während Larry, ihr Ehemann, außer Haus zur Arbeit ist, ins Telefon stöhnt und wie sie es versteht zu ihr sagt: „Ich X mir gerade einen herunter". Sie hatte es nicht verstanden und naiverweise Larry als er nach Hause kam gefragt, was der Anrufer damit meinte.

Was um alles in der Welt sollte er sagen? Der Anrufer war sich ganz offensichtlich nicht der Lächerlichkeit seines Anrufes bewußt. Da wird die Erfordernis der Eintragung im Telefonbuch mit Name und Adresse plötzlich fraglich.

Nach einiger Zeit versuchte sie sich an einem Arbeitskollegen, dem angeblich vereinsamten und geschiedenen Otto Zadek, anscheinend ein echter Glücksfall. Sie setzt sich frech in der Betriebskantine zu ihm und lenkt mit anzüglicher Burschikosität das Gespräch auf Sex. Während Otto ihr zulächelte sagte er „Sex kann ein großartiges Gefühl sein" und vieldeutig „Jeder auf der Welt trifft seine eigenen Entscheidungen".

Wie im kitschigsten Liebesroman beschrieben mit den unerfüllten Fantasien seiner Leserinnen kommt sie nun zum Glauben, die einzig Richtige, die Auserwählte für ihn zu sein. Daß Verliebte aufgrund ihres Hirnstoffwechsels nicht zurechnungsfähig sind, das hat die Wissenshaft bereits bewiesen.

Otto Zadek, der Auserwählte, ist als Hausbote im Betrieb beschäftigt. Daß dem Laufburschen etwas Verächtliches anhaftet störte sie nicht im geringsten. Ein Laufbote ist das Subjekt, dessen einziger Daseinszweck ist, sich zur Verfügung zu halten. Eine Nichtexistenz, die nicht einmal als Verlierer Interesse weckt. Unter ihm rangiert im Ansehen nur noch der Prügelknabe.

Ein Kollege, in der Paartherapie tätig, erklärte mir, Verliebtheit führe nicht zu Mr. Richtig, sie führt zu Mr. Wichtig. Dorthin, wo sich unsere Psyche Lösungen verspricht.

Weiter sagte er „Wir betonen stets, daß wir in der Liebe unseren Gefühlen folgen. Wir wollen fühlen, ergriffen und berührt sein. So tief es nur geht. Am tiefsten sind wir berührt, sobald in uns angesprochen ist, was uns am wichtigsten ist. Und das sind unsere, zumeist unbewußten, unerfüllten Sehnsüchte und Bedürfnisse. Dann durchströmen uns romantische Gefühle. Und wir glauben sicher zu sein, den Menschen getroffen zu haben, der all unsere Träume wahr werden läßt".

Eine Kakophonie von Bluff

Als Mädchen aus einem geistig unterernährten Elternhaus hat Tsensy eine Schwäche für Underdogs, für die weniger glücklichen Seelen dieser Welt. Otto scheint in der Tiefe ihrer Seele lesen zu können wie in einem aufgeschlagenen Buch, so einfühlsam erscheint er ihr. Sie müssen seelenverwandt sein, woher sonst kann dieser Mann ihre Sehnsüchte so gut kennen? Da ist eine Aura um ihn, die ist wie ein Bannkreis, seit sie dort eingetreten ist kann sie nicht mehr zurück. Sie kann sich ihm, ihrem Sexualpredator, nicht mehr entziehen und erlebt ihre Affäre, betrügt Larry weiter. Und Otto spielt gekonnt auf der Klaviatur der Gefühle: „I love you!". Es stellt sich eine emotionale Abhängigkeit ein, die er schamlos nutzt, um ihre Sehnsucht nach Zuneigung, Aufmerksamkeit und Verständnis zu befriedigen. Larry dagegen erfährt immer mehr Zerrüttung und Zermürbung, Verrat, Verlust und Dummheit wie bei einem Teufelspakt.

Tsensy will jetzt beständig am Leben eines anderen teilhaben. Im Gegenzug dient sie Otto Zadek Liebesabenteuer und später auch Geld an. Sie wollte sich, nicht zuletzt wegen ihrer Persönlichkeitsstörung, mit dem Geld Anerkennung, vielleicht sogar weitere „Liebe" erkaufen. Otto Zadek wird zum Silberstreif an ihrem Lebenshorizont. Sie erkennt nicht, daß ihr das Leben längst alles geschenkt hat, was sie glaubt weiter suchen zu müssen. Ihr Leben mit Larry war so klar, es hatte gar nichts Unsicheres, keine Geldprobleme, keine wirklichen Sorgen. Sie hätte stolz auf Larry sein können – aber das alles war nicht ihr Werk.

Ein Nachbarin sagte zu ihr „Man sollte zufrieden sein mit dem was man in den Händen hält und nicht zu viel verlangen, um schließlich am Ende im Unglück zu enden".

Weiter sagte sie „Wenn ich euch sehe oder jemanden, der auch nur eine Stunde hier war, niemand würde weggehen und sich fragen ob ihr beide glücklich seid. Die Antwort läge auf der Hand".

„Ich weiß, daß dein Mann dich wirklich liebt."

Und „Denk mal darüber nach, Fische erkennen auch nicht, daß sie im Wasser schwimmen".

„Du kannst das Meer nicht bekämpfen. Das Meer ist unendlich wie die Ewigkeit und unwandelbar wie das Schicksal. Verglichen mit dem Meer ist ein Mensch weniger als ein kleiner Fisch. Lehne dich nicht auf gegen das Meer! Kämpfe nicht gegen die Fluten! Gib nach und folge der Richtung der Wellen, dann wirst du getragen werden". Sei dankbar für das was du hast; eine stabile Beziehung, genügend Geld zum Leben, deine Kinder, Gesundheit. Es gibt immer einige Entäuschungen im Leben, vermische sie mit den unausgegorenen Überzeugungen und richte sie mit mehr positiven als negativen Gefühlen an, und du wirst sehen, das Glück ist perfekt.

Sie telefoniert inzwischen jeden Abend mit Otto sobald Larry im Bett liegt. Wenn etwas geholfen hat, daß zwischen ihnen etwas entstanden ist, dann war es, neben ihren Geldgeschenken, das Telefon. Die Telefonate wurden ein Teil ihres täglichen Lebens. Niemals hatte sie zuvor darüber nachgedacht, daß Wörter so liebkosen können. Seine Aufdringlichkeit mit der Behauptung nicht anders zu können, störte sie überhaupt nicht – im Gegenteil. Seine Worte klingen in ihren Ohren wie „Baby can you hear my heart cry" und irgendwann kommt wie eine austauschbare Formel von ihrer Seite das „I love you" und später „You are the sunshine of my life".

Otto ist einer der allein lebenden Männer, die, wenn sie Gelegenheit haben, unaufhörlich reden, bei jeder dieser Gelegenheiten anfangen von sich selbst zu sprechen. Mit seiner Prahlerei hat er das Bedürfnis bewundert zu werden. Als Swagger bezeichnet man solche Prahler in den USA.

Einer der zu jedem Thema eine banale aber nicht sonderlich verwertbare Meinung hat. Einer der Laberbacken, der von morgens bis abends problemlos labern kann. Pompe à vélo sagen die Franzosen dazu. Ein ganz armer Mensch, der nicht Brechdurchfall, sondern Sprechdurchfall, eine verbale Inkontinenz, hat.

In Larrys Augen ein wortgewandter Lackaffe, der die Welt mit seinem verbalen Geseier zumüllt und nicht einmal merken würde, wenn man tot umfiele. Und weil er so viel redet heißt es noch lange nicht, daß es etwas Vernünftiges ist. Er redet fast ununterbrochen. Seiner Phantasie sind scheinbar keine Grenzen gesetzt.

Bei krankhafter Geschwätzigkeit redet der Mensch nicht nur ununterbrochen, sondern auch ziemlich wirr. Nun hat er wieder einmal eine getroffen, die ihm zuhört.

Aus der Begegnung mit diesen Logorrhoeikern habe ich etwas fürs Leben gelernt: Ich habe nämlich lange geglaubt, daß sich solche Menschen für andere interessieren würden. Also manche zumindest. Das ist natürlich der pure Unsinn. In Wirklichkeit haben sie nur Freunde, weil die gefälligst zuhören müßen. Aus Freundschaft und anstandshalber. Aber vor allem aus Eigennutz, weil man denen dann auch ein bißchen zuhört. Oder wenigstens so tut als ob.

Und wenn Tsensy am Wochenende das Bedürfnis zu einem ihrer klandestinen Kontakte hatte, schickte sie Larry mit den Kindern außer Haus; in den Zoo, zur Großmutter oder auch nur auf einen Spaziergang. - I'll be there for you. - Ganze Sonntagvormittage gab es wo sie Zadek ungestört treffen oder mit ihm telefonieren konnte ohne daß Larry davon wußte. Aus jedem Wort, das er am Telefon sagte, meinte sie herauszuhören, daß Otto sie liebe und er der einzige Mann auf der Welt ist, der immer an ihrer Seite bleibt, ganz egal was auch passiert und was für Unsinn sie macht. Sie hörte es aus den Telefongesprächen heraus und war glücklich.

Nur ihr zeigt Otto Zadek angeblich sein wahres Gesicht, daß er, wie er sagte, immer nur Angst hatte sein Herz zu öffnen und deshalb nach seiner Scheidung 20 Jahre allein geblieben war.

Otto hatte offensichtlich vor, sich von der Welt abzuschließen, sich in der Masse seines Fleisches unsichtbar zu machen, ließ die scheelen Blicke der Gaffer von sich abprallen. Er wollte allein sein, vollkommen getrennt von allen anderen, eine Made, die durch das Schlachtfeld ihres Bewußtseins trottet, hatte keine Angst mehr vor der Einsamkeit. Er hatte sich in das Chaos seines Inneren gestürzt und war so endlich Otto Zadek geworden, eine Person, ein Jemand, der in seiner selbst geschaffenen Welt leben wollte.

Einer, der sich über alles hinweggefressen hatte. Sein einsames Treiben gewährte ihm einen gewissen Schutz und wenn es auch nicht immer funktionierte, so hatte er doch zumindest gelernt, wie wichtig es war, wenn erforderlich, den Rolladen unten zu lassen und die Tür verschlossen zu halten

Viel mehr konnte sie nicht aus seiner Vergangenheit in Erfahrung bringen.

Das Leben mancher Menschen ist wie ein überquellender Abfalleimer, in dem sich der Abfall von vielen Jahren angesammelt hat. Sie fragte ihn nicht weiter, weil sie dachte, daß er mit noch mehr Unglück fertig werden muß. Sie wußte, es ist nahezu unmöglich das Leben zu leben, ohne schlimme Dinge erlebt zu haben. Vorkommnisse vor denen man davon laufen kann oder mit denen man fertig werden muß.

Die Welt ist voller Blender und Schleimer. Otto Zadek platzt fast vor Glück als sie sich um ihn bemüht und schließlich dauerhaft mit ihm einläßt. Macht Komplimente, ist euphorisch und posaunt voller Geltungssucht und Borniertheit sein Verhältnis zu Tsensy buchstäblich im Betrieb aus. Nach und nach wurde ihm bewußt, daß nun mit einem Mal alles möglich war, selbst das, was er sich bis dahin nicht einmal in den kühnsten Träumen vorgestellt hatte.

Einer der Kollegen meinte „Was meinst du warum die so besessen von dir ist?“

„Heute trägt sie wieder ihr „Fick-mich-Kleid“.

„Sie will beherrscht werden. Will aufs Bett geworfen und durchgebumst werden. Sie träumt vom rauen Sex“.

„Das ist der neueste Freizeitspaß dieser gelangweilten Miezen“.

Und dabei hätte er gelacht. Der Kollege nannte ihn künftig hinter vorgehaltener Hand statt Otto zutreffend nur noch „Lollipop“. Ein Teil ihrer Kollegen setzte sich aus niedrig beruflich Qualifizierten zusammen, dem „abge-

hängten Prekariat" zugehörig, die einst als „Unterschicht"
oder gar „Lumpenproletariat" bezeichnet wurden bis man
schamvoll eine neue Bezeichnung suchte und schließlich in
der Bezeichnung Prekariat fand. Zwischendurch versuch-
ten sich diese Kollegen recht brachial an der Erweiterung
von Geschmacksgrenzen, fanden Gefallen an aggressiven,
diskriminierenden und ordinären Bemerkungen, auch vor
Tsensy, in der Erwartung, daß sie wie immer darüber lacht,
die Breitbeinige, Lebenslustige und immer Lachbereite. Sie
hatte vor diesen Kollegen nur die Wahl zwischen Lachen,
herausgewürgtem Zwangsgrinsen, und dem Sich-ganz-
weit-Fortdenken.

Als Kind war sie gefährdet gewesen, weil sie alles in den
Mund nahm, vielleicht war dies eine Regression, davon
wußten die Kollegen aber nichts.

Wie von ihr gewünscht hört Tsensy von nun an täglich das
als Dauerabonnement Vorbestellte und gewünschte: „I love
you". Einen anderen als diesen Satz kann er in ihrer Sprache
nicht sagen. Seine Aussprache war nicht perfekt, denn sein
„love" hörte sich immer ein bißchen wie „laugh" - Lachen
an, aber dies störte sie nicht im geringsten.

Daß die Komplimente von Zadek final sind erkennt sie
nicht, sie war abhängig in eifriger Unterwürfigkeit von
seiner Stimme, seinen Worten. Im Gegenzug dazu, besonders nach fortgeschrittenem Sektkonsum, wenn der Sekt
ihr Blut erhitzt und sie ihren Verstand verloren hatte, dann
rief sie ihn „Zadi" entsprechend amerikanischer Gewohnheit mit diesem von ihr kreierten Kosenamen. Das „Z" als
„S" ausgesprochen, wenn sie es nicht mehr deutlicher über
die Lippen bekam.

Aus den Berichten über Kinderprostitution in Rumänien ist bekannt, daß nicht nur Kindern sondern auch infantil gebliebenen Frauen Liebe vorgegaukelt wird. Wenn ein Lover sagt, er liebe sie sind sie bereit für ihn alles zu tun, sie gehen für ihn auf den Strich, selbst wenn er einen Buckel hat wie Quasimodo. Nicht einmal das Alter, ein rundes Spießergesicht, Speckfalten und graue Haare spielen dann mehr eine Rolle.

Zadek wird als eine schwergewichtige Erscheinung, prall und drall, fett, feist, vollgefressen, schmuddelig und ordinär beschrieben. Mit Goldstecker im Ohr und mit Schnäuzer.

So ein richtiger Oberlippenspoiler hat wie man weiß nur Vorteile, deshalb wird er von manchen als Orgasmusbeschleuniger oder auch als Pornobalken bezeichnet, weitaus seltener als Nudelsuppenfilter oder Rotzbremse.

Ein dickleibiger, tolldreister Typ mit üblen Sprüchen wie: „Ein guter Ficker wird selten (noch) dicker". Er habe sie schon beim ersten Treff komplett ausgezogen, erzählte er im Betrieb mit aberwitzigem Lachen seinen verblüfften Kollegen, und wunderbar gründlich und wie sie es wollte, rücksichtslos gevögelt.

Tag für Tag trägt er dieselben Klamotten: eine schlabbrige dunkle Jeans und ein T-Shirt, im Winter ein kariertes ungebügeltes Holzfällerhemd. Er ist der Typ, von dem man die Vorstellung hat, daß er seine Unterwäsche selten wechselt und löchrige Socken anhat.

Nach seinen eigenen glaubhaften Behauptungen den Kollegen gegenüber, macht ihm von allem was er am liebsten tut, gutes Essen und Ficken am meisten Spaß. Nichts anderes als niedrige und banale Dinge, die gern auch unter der Gürtellinie liegen dürfen, waren zwischen diesen Kollegen allmorgendliches Gesprächsthema.

Otto erzählt Tsensy, er müsse regelmäßig Sex haben, sonst erhöhten sich seine Chancen an Prostatakrebs zu sterben, um ein vielfaches. Sie dürfe ihn deshalb auch nicht verlassen, sonst würde er sich umbringen. Mit diesen Worten habe er ihre ausgestreckte Hand fest auf sein Hochzeitsbesteck gedrückt und sie spürte seine Erregung.

Wenn sich ihre sexuellen Energien träfen, könnten sie miteinander verschmelzen, aber wenn sie ihn abweise, könne er, wie gesagt, durch ihre Schuld an Prostatakrebs sterben oder sich umbringen. Sie möchte doch sicherlich nicht schuldig an seinem Tod sein. Dies ging ihr später des öfteren bei Tag und Nacht durch den Kopf, selbst wenn sie nebeneinander oder auch aufeinander lagen. Der zehn Jahre Ältere, war für sie gerade noch in Frage gekommen, weil er ihr dieses befreiende Sexbedürfnis erfüllte und wie sie sagte, sich durch ihn lebendig fühlte.

Und das Wichtigste an der Geschichte war, er brauchte sie und von einem Mann so dringlich gebraucht zu werden war für sie das Allerhöchste. Sie wurde von ihm gebraucht. Jetzt mußte sie für ihn da sein, wann sonst, wenn nicht jetzt. Sie will es gerne auf sich nehmen, seine Gehilfin sein.

Immer öfters war sie ihm zunehmend nahegetreten. Nachdem er alles freigelegt hatte und wenn sie in Eile waren, kam er auch völlig ungeniert in ihren Mund. Dabei stöhnte er unbeschreiblich laut, dieser brutale Ton wollte heraus gelangen und sie war die Erlöserin von diesem brutal klingenden Ton, der zuletzt in einem entlastenden Schrei endete, der in Otto sonst hätte bleiben und unterdrückt werden müssen. Und sie schluckte es.

„Warum wurde es ihr nicht schlecht und warum war es ihr nicht zum Kotzen?"

„Einer Frau die in dieser Funktion als Erlöserin gebraucht wird, wird es nicht schlecht. Sie wird gebraucht und sie ist die Erlöserin, ein amerikanisches Prinzip voll erotischer Leistung.“

„Oder vielleicht ist sie immer noch das Kind, das alles in den Mund nimmt. Oder spielt sie in einer Filmrolle, einen Liebesbeweis, den wie sie meint, eine erfahrene amerikanische Frau zu spielen hat? Wäre es nicht besser und beide hätten etwas davon, wenn er sein bestes Stück dorthin steckt und darin bewegt, wo es von Natur aus hingehört?“

Sobald Otto in ihre Nähe kam, mußte sie an Sex denken. Es war ihr unmöglich, ihre Hände von ihm fernzuhalten, und je vertrauter ihr sein Körper wurde, desto mehr wollte sie ihn berühren.

Ist es auch Erniedrigung und Unterwürfigkeit gegenüber Otto Zadek? Gehört dies zum steinzeitlichen Impuls in ihrem Innersten, zum Urweiblichen, nämlich zum Hang sich einem Mann zu unterwerfen?

„Hauptsache Du tust was ich Dir sage“ hatte er ihr einmal gesagt.

Otto Zadek ißt, wie ein Amerikaner, fast alles mit den Händen sogar den Leberkäse. Manieren wären eine feine Sache.

Mit den Händen, statt mit Besteck zu essen, das war ihr sehr sympathisch und kam ihrer amerikanischen Erziehung entgegen. Wie viele in den USA benutzte auch ihr Vater nur ungern Messer und Gabel, wo immer es ging vermied er dies. Dort wischt man sich gerne mal die Finger an der Hose ab. Ergänzend zu dieser Angewohnheit gibt es nicht wenige, die nicht einmal so grundlegende Dinge beherrschen wie das regelmäßige Händewaschen vor und ggf. auch nach dem Essen.

Tsensy ißt mit Otto am liebsten große Portionen rotes Fleisch, gerne auch rohes Hack mit Zwiebeln. Überhaupt ißt Otto Lebensmittel am liebsten pur und ohne alles: Entweder ißt er Fleisch oder Käse oder Schokolade oder Brot. Bei einer Mahlzeit wird das Essen nicht aufgeteilt. Es geht schlicht darum, wer schneller ist. Tsensy ist insgeheim entsetzt darüber, wie Otto sein Essen hineinschlingt, ja schaufelt, beim Reden mit Messer und Gabel wild durch die Luft fuchtelt und daß er den Teller bis auf den letzten Rest leer ißt. Sie hatte als Amerikanerin gelernt niemals ihren Teller leer zu essen und immer einen Rest auf dem Teller liegen zu lassen. Was noch schlimmer war, daß er beim Essen der Suppe schlürft; er saugt sie lautstark regelrecht vom Löffel auf, zu laut, daß es überall zu hören ist, kaut und schmatzt, mit vollem Mund redet oder ihm die Krümel im Schnäuzer hängen bleiben. Auch redet er beim Essen im Restaurant gerne mit vollen Backen, laut und ohne Unterbrechung, über private Themen, daß die anderen Gäste die Ohren spitzen und unablässig hersehen. Dies ist ihm aber alles egal.

Tsensy wäre es lieber, wenn sie sich wortlos mit den Augen verständigen könnten und Otto wissen würde was sie gerade denkt z.Bsp. über die exaltierte Dame in ihrem schrillen grünen Kleid, die am Nebentisch sitzt. In ihren Gedanken hat diese das grüne Kleid in einer schrägen Boutique erworben.

Hatte Otto zu viel gebechert redete er sich damit heraus, daß in ihm ganz einfach der Urtrieb seiner wilden Vorfahren noch lebendig ist.

Gibt es vier Scheiben Leberkäse, ißt Otto drei und läßt ihr nur die kleinste Scheibe, weil sie so langsam ißt. Eine solche Einstellung kannte sie bis dahin nicht

Tsensy fragte sich ob es richtig ist, wenn ihr die Mutter in den Sinn kommt, die immer sagte: „Man kann doch wenigstens fragen".

Es ist aber offensichtlich nicht so, daß Otto noch niemand in seinem Leben über Höflichkeitsregeln informiert hätte. Er kann sehr höflich sein, wenn er will.

Der geltungsbedürftige Prolet

Sein Verhältnis zur Wahrheit ist ein recht ungezwungenes. Als wäre Otto ein Meisterschüler des Baron von Münchhausen, testet er ständig Tsensy wie weit er überzogen und laut mit seinen Lügen gehen kann ohne daß sie es bemerkt. Als sie seine Lese- und Schreibschwäche bemerkte kleidete er seine Vergangenheit mit immer neuen erklärenden Details aus, und freute sich wenn sie alles so unbeirrbar glaubte. Um sein Ansehen aufzupolieren und seine Lese- und Rechtschreibeschwäche zu erklären erzählte er, er hätte kurz vor dem Schulabschluß gestanden, dann wäre der Krieg gekommen und leider hätte er dann keine Schule mehr besuchen können. Ein völliger Unsinn für jeden der weiß, wie in dieser Zeit, selbst unter den schwierigsten Bedingungen der Schulbetrieb aufrechterhalten wurde und wenn es nur Hausaufgaben waren.

In Wirklichkeit hätte er fast die Schule nicht geschafft. Die Erinnerung ist, auch wenn sie festzustehen scheint, bei vielen Menschen merkwürdig flüchtig. Doch was bedeuten Fakten in Zeiten des Gedächtnisverlustes?

Otto ist zu den „funktionalen Analphabeten" zu zählen. Diese können zwar lesen und schreiben, ihre Kenntnisse liegen aber weit unter den alltäglichen Anforderungen. Sie können nur kurze Sätze lesen und schreiben, benötigen viel Hilfe, weil bekanntlich ein Alltag ohne Lesen und Schreiben schier unmöglich ist. All jene haben in der Regel auch psychische Probleme.

Tsensy nimmt sein Geflunker, von seiner Seite wohl kalkuliert, für bare Münze, als Amerikanerin hat sie keine Ahnung von den kriegsbedingten Wirren in Deutschland. Otto ein Handelsvertreter in Schönrednerei. Vielleicht will er einfach nur herausfinden, wie viel er behaupten und flunkern kann, bis sie endlich einmal widerspricht und sagt „Stop, das glaube ich dir nicht!" In Wirklichkeit war es nichts anderes als Wichtigtuerei.

Er hätte unbehelligt dem amerikanischen „Club der Schwindler" in Kentucky beitreten können. Dieser Club vergab einmal den ersten Preis für die meisterhafte originelle Lüge eines Farmers, der sagte „In diesem Sommer war es bei uns so heiß, daß die Eidechsen ins Herdfeuer krochen, um den Schatten der Bratpfanne zu genießen".

Otto Zadek strickt auch ein regelrechtes Mysterium um seine eigene Person. Später immer wieder hat er mit den Lügengeschichten und seinem krankhaften Verlangen nach Aufmerksamkeit „seinen Tag in der Sonne", wie man in Amerika sagt.

Schließlich erreicht Otto was er wollte: er erregt permanente Aufmerksamkeit bei ihr, sie sollte zu ihm bewundernd aufblicken.

Für Tsensy ist es wie in einem Hit der englischen Rockband „The Who", die passenderweise für sie singt „See me, feel me, touch me, heal (!) me". Was Tsensy für Liebe hält ist im Grunde nicht mehr als eine billige Kitschromanze. Gesundes Mißtrauen und Menschenkenntnis fehlten offenbar. Sie war blind vor „Liebe".

Jeder Mensch hat einen Zugang, über den er emotional

benutzt werden kann. Nur der Schlüssel ist immer ein anderer. Otto scheint ihn zu besitzen.

Menschen, die in einer persönlichen Krise stecken oder bestimmte Bedürfnisse und Träume nicht ausleben können, sind demnach besonders empfänglich. Je größer die Unzufriedenheit mit dem eigenen Leben ist, desto größer ist auch die Gefahr, daß sich jemand das Vertrauen erschleicht. Die Schleicher wissen schnell, welche Tastenkombination sie drücken müßen. Sie finden intuitiv heraus was gewünscht oder gebraucht wird. Bei Frauen ist häufig Zärtlichkeit und Nähe der Schlüssel zum Erfolg. Ihr Traum von Glück ist Illussion und Lüge.

Sie hat die rosarote Brille auf und schließlich findet sie ihren Märchenprinzen unbeirrbar unglaublich charmant. Endlich hat sie auch jemanden für ihre große heimliche Leidenschaft: den Tanz nach einer wirklich dämlichen Hütten- und Hillbillymusik, in der europäischen Version im passenden Almhütten-Hasenhoppel-Stil. Sie fühlte sich großartig, endlich tanzen, tanzen gehen zu können, wie es ihr gefiel. Mehlsack tanzt mit Mehlsack und schwenkt feste die Arme, schwenken wie einst Bolle in Berlin. Was für ein großartiger Tänzer denkt sie immer wieder. Leute seht mal alle her wie wir tanzen können! „Sex und Röschti, das isch's Gröschti" tönt der Refrain aus der Lautsprecheranlage.

Sie benimmt sich schriller als ein Kleinkind, das seine Unterwäsche zur Schau stellt, weil es eine Überdosis Gummibärchen zu sich genommen hat.

Leider hielt im Rückblick die Tanzsensation nicht allzu lange. Der vermeintliche Märchenprinz entpuppte sich bald als langweiliger, dröger Stubenhocker ohne jegliches Interesse an Kultur und Event. Schnell war es aus und

vorbei mit Tanzen. Boring is the new sexy. Wäre es doch
so gut gewesen zum Ausgleich der vielen dickmachenden
Schlemmerei und der permanenten Coca Cola Sauferei. Im
Alltag angekommen wartete sie auch vergeblich auf eine
Umarmung oder irgend etwas, das ihr verriet daß er sie
noch liebte und wie früher begehrte und sich freute mit
ihr zusammen zu sein. Aber er sagte und tat nichts. Erstens kommt es anders und zweitens, als man denkt - so
spottet der Volksmund. Man muß lernen dankbar zu sein
dafür, was man hat. Wenn man das nicht lernt, ist man
ewig unzufrieden.

Obwohl jeder weiß, daß sie eine Familie hat, erzählt sie
allen sie sei in Liebe gefallen und denkt alle haben dafür
Verständnis und sind nachsichtig, denn was kann sie schon
dafür wenn sie in Liebe gefallen ist, was ist das für ein großer Glücks-Fall für Tsensy sollen sie denken.

Ihren Kindern will sie dies alles sobald als erforderlich
schonend beibringen und das mit der neuen Liebe erklären. Auch Otto, so dachte sie, ist später sicher in der Lage,
insbesondere ihrem Sohn Jesikel so manches zu erklären
und begreiflich zu machen, gewissermaßen von Mann zu
Mann.

Sie liebt ihren Sohn, aber sie wußte auch, daß er im großen und ganzen doch recht oberflächlich ist, sich nicht mit
Mädchen beschäftigt und ohne weiteres bereit ist, jedes Kli-
schee entgegenzunehmen, sobald es sich um ernste Dinge
handelt.

Jesikel ist ein netter Junge, faul aber nicht gleichgültig
in vielen Dingen, darüber ist sie sich klar. Sie hat es bisher
nicht immer ganz verstanden, ihm die ernsten Dinge des
Lebens richtig klar zu machen. Otto meinte, Jesikel würde

alles schon ernst nehmen, wenn die Zeit dazu gekommen ist. Doch Jesikel wird durch die Trennung und schräge Erklärung von Tsensy traumatisiert. Daß seine Mutter nun mit einem anderen Mann zusammen war, interessierte ihn nicht, aber der Gedanke, daß er noch einen Vater bekäme, war ihm verhasst. Ganz offenkundig hatte bei ihm noch kein charakterlicher Reifeprozeß eingesetzt.

Tsensy redete Jesikel ein was er angeblich an Bosheiten seitens Larry gesehen hat, lange und immer wieder hat sie das Gleiche gesagt bis die Lügengeschichte zur Wahrheit wurde. Wenn immer und immer das Gleiche gesagt wird, wird eine Lügengeschichte zur Wahrheit und geht in die Wahrheit ein. Sie benötigte dies, denn Jesikel sollte bezeugen, daß sie die Wahrheit sagt, besonders dann, wenn sie damit rechnen mußte, daß man ihre Behauptung anzweifelt. Sie hat Jesikel für ihre Sache abgerichtet und benutzt, eine Atmosphäre von Hass geschaffen und ihn gegen Larry aufgebracht. Für den galt jedoch „Null Toleranz" für Hass und Hetze.

Wie sich am Ende herausstellt wird Jesikel die Trennung, auf besonders tragische Weise, nicht unbeschadet überstehen. Die Tochter Katja wird mit einem „Blauen Auge" davonkommen, deren erstes Kind, zugleich das erste Enkelkind von Tsensy, wird durch ihre Initiative ebenfalls Opfer.

Das sind Geschichten, die sie eines Tages mit dem lieben Gott wird ausmachen müssen. Tsensy weiß nur zu gut, was sie getan hat. „Des Narren Leben ist ärger denn der Tod" (Sirach 22,12)

Und wenn der Philosoph Emanuel Kant und der Tiefenpsychologe Sigmund Freud recht behält, wird sie zuvor vor einem irdischen Gerichtshof in Form des Gewissens stehen, dessen furchtbare Stimme sich eines Tages in Alpträumen in Schuld und Scham erhebt.

Der Naturwissenschaftler und Schriftsteller Georg Büchner fragt „Was ist das, was in uns lügt, hurt, stiehlt und mordet?". - Vielleicht werden wir irgendwann einmal eine adäquate Antwort darauf finden.

Tsensy kommt dem Punkt näher, wo die Neugier an ihre Grenzen kommt und sie sich unverantwortlich der Katastrophe für ihre Familie nähert. Letztlich überschreitet sie mit ihrer Glücksvorstellung in ihrer Paraderolle als Dolly Dimple die Grenze ungeniert, die sie wenn nicht jetzt mit fortschreitendem Lebensalter und ihrer glutealen Hyperadipositas, anderweitig schlechter zu erreichen glaubt.

Sie meint sie müsse dies alles tun, „damit sie sich selber wieder spüre", erklärte sie Larry, ihrem ratlosen Ehemann und „he makes me feel like a natural women". Auf seine Frage, ob sie nicht sehe welches Unheil sie anrichtet, hat sie keine Antwort.

Die Vorstellung, daß sie tiefe Empfindungen für einen anderen Mann hat, erregte in Larry nicht nur körperliches Unbehagen bis zur Übelkeit.

Seit sie mit Otto Zadek Sex hat versucht sie an Gewicht abzunehmen. Aber so streng sie auch auf die Kalorien achtet, es gelingt ihr nicht, mehr als zwei oder drei Pfund abzunehmen, und die nimmt sie innerhalb von ein oder zwei Tagen gleich wieder zu. Sie mag ihren eigenen Körper nicht mehr, einen Körper, den böse Zungen als Hüpfburg bezeichnen. Sie mag sich nicht mehr im Spiegel ansehen. Ich bin fett, ich bin zu fett, sie bekommt diesen Gedanken einfach nicht mehr aus ihrem Kopf, und wenn ihr schon selbst der Anblick ihrer Fettleibigkeit ein Graus ist, was muß Otto denken, wenn er sie nackt im Bett sieht, denkt sie. Als sie ihm davon erzählt versucht er es ihr auszureden und behauptet, im Gegensatz zu Larry, störe es ihn überhaupt nicht. Dies war dann der Freibrief zu noch weiterer Gewichtszunahme überwiegend hervorgerufen durch den täglichen Konsum von bis zu zwei Liter Coca Cola. Selbstverständlich unterwarf sich auch Otto ebenfalls keinerlei Einschränkungen, dies hatte er ohnehin noch nie beabsichtigt und würde es auch in Zukunft nie tun.

In unzähligen Diät-Ratgebern und Fernsehsendungen wird den Leuten eingebläut sie würden immer dicker, weil sie sich zu wenig bewegten und besinnungslos fettes, ungesundes zuckerhaltiges Essen in sich hineinstopften. In Unvernunft und Disziplinlosigkeit offenbart sich auch hier eine Charakterschwäche, die sich früher oder später im metabolischen Syndrom mit hohem Blutdruck, Diabetes und hohen Cholesterinwerten zeigen wird.

Eines Tages erzählte Tsensy sie habe bei ihrer Freundin Mary fantastisch gute Pommes gegessen, die wären in Schweineschmalz frittiert gewesen und Larry sollte sie ebenfalls so zubereiten. Niemand darf sich wundern, wenn man dann wie ein Berliner Pfannkuchen auseinander geht. Ob es Gedankenlosigkeit, Gleichgültigkeit oder Dummheit ist konnte Larry nicht herausfinden, möglicherweise war es aber das Letztere.

Otto war ein Mann, in dem sie sich selbst wiederfand, ein Mann, der ohne Scheu, ohne Ekel in den Spiegel sieht, jetzt wagt sie es auch, weil jemand da ist, der sie gebührend bewundert.

Mary erzählt sie „Otto ist nicht besonders intelligent, aber er betet mich an, und noch nie hat mich jemand so behandelt. Er spricht immer davon, wie sehr er mich braucht, ersehnt und begehrt. Wir treffen uns jetzt so oft wir können in seiner Wohnung und vögeln. Er macht mich vollkommen fertig. Mir wird schwindlig, wenn er mich nur anfaßt. Ich kann von ihm nicht genug kriegen. Manches Mal morgens denke ich, ich drehe durch und dann wache ich auf."

„Das ist gut für dich" antwortete ihr Mary.

Mißbehagen

Es ist etwas falsch gelaufen; der Kreislauf zwischen Larry und Tsensy war so überlastet, daß es zum Kurzschluß kam. Beide sind noch verheiratet, doch sind sie nicht länger ein Paar. Dennoch will Larry sie nicht verlassen, sie nicht aufgeben. Es könnte möglich sein sie nicht mehr nach dem erwünschten Bild zu sehen, sondern sie auf neue Art zu akzeptieren. Dazu wäre aber ein anderes Selbstbewußsein nötig, das sich durch ihre Unterschiede nicht beeinträchtigen läßt.

Die Zeit heilt nicht nur, sie enthüllt auch manches, und wer konnte sagen, ob man sich nicht so weit an die gegebenen Tatsachen gewöhnte, daß sie eines Tages zur akzeptierten Vergangenheit des gelebten Lebens gehörten. Kreative Menschen belegen, wie man trotz schwieriger kultureller Unterschiede zusammenleben kann, wenn existierender Idealismus und ein starker Wille diese Unterschiede überwindet.

Was bisher wichtig war ist verloren gegangen. Nach der Meinung von Larry hat Tsensy das Gefühl dafür bewußt zerstört. Wie könnten sie jemals ernsthaft weitermachen, in Sicherheit zur Zuneigung zurückkehren, wenn Tsensy nicht glaubt, die Vergangenheit wäre besser gewesen. Ihre künftige neue Lebenssituation gefällt ihr offensichtlich besser.

Es ist belegt, daß sich Menschen anziehen, die sich in Bildung, sowie im sozialen und materiellen Hintergrund sehr ähnlich sind. Offenbar sucht man sich auch unbewußt Freunde, die ähnliche Vorstellungen und Interessen haben wie man sie selbst hat. Denn warum sollte ich mich mit jemanden anfreunden, der sich nicht für mich interessiert und umgekehrt.

Ihrer Nachbarin vermittelte sie von sich ein Bild von sittsamer Ehrlichkeit mit Zügen von unschuldiger Naivität. Nicht nur dieser verkauft sie ihre Adipositas als Kummerspeck.

Die Erklärung von Larry, daß Menschen mit Eßstörungen Schwierigkeiten haben mit Emotionen umzugehen verwirft sie. Die Eßanfälle von Tsensy erklärt sich Larry mit ihrer ständigen Unzufriedenheit und einer psychischen Störung, bei der psychotherapeutische Behandlung angezeigt ist, die sie aber rundweg ablehnt. Nur wer sich selbst akzeptiert, kann auch auf andere zugehen und sie schätzen, so wie sie sind. Darin liegt ein Grund warum sie nicht miteinander klar kommen.

Mit der alltäglichen Abneigung gegen Larry nimmt die Katastrophe ihren Lauf. Ihre sexuelle Hingabe und Zuneigung an Otto wurde ausufernd und ausfüllend. Wenn sie Sex hatten überließ er ihr Höhepunkte zu schaffen, was sie auch tat. Er sammelte seine ganze Energie und konzentrierte sich auf das Zusammenspiel der Körper. Sie fühlte sich von ihm nie enttäuscht. Für Larry blieb nur noch alltäglich die völlige Zurückweisung.

Es ist nicht so, daß sie die seltsamen Eigenarten ihres neu gefundenen Lakengefährten nicht bemerkt hätte, sie hält die Eigenarten von Otto, auch seinen versteckten Autismus, einfach aus, denn nach ihrer Erfahrung weiß sie mittlerweile, einfach ist es mit niemanden.

Nicht nur die Leser der Regenbogenpresse wissen, daß eine leidenschaftliche Beziehung immer gefährlich ist. Wenn eine solche Beziehung abgekühlt ist, folgt nicht selten die Trennung.

Liebe ist kein Besitz, keine Waffe und mit ihrem Entzug kann man auch nicht strafen. Am Ende wird Tsensy das Leben von drei Menschen ruiniert haben und genau betrachtet auch ihr eigenes.

Es gibt immer wieder noch Momente, da spürte sie doch eine tiefe Traurigkeit und sie fragte sich ob ihre Ehe scheitern muß. Und ob sie später wenigstens Freunde sein könnten.

Okay. Sie würde nicht weinen auch wenn sie nicht wußte warum sie ihren Gefühlen nicht nachgeben sollte. Es war ja nicht so, daß es ihr jemand verboten hätte. Der Befehl nicht zu weinen kam tief aus ihr, aus diesem unheimlich dunklen Ort, der immer größer wurde wenn sie an die Vergangenheit dachte.

Mary erinnerte sie daran, daß sie und Mary zur Meinung gelangt waren, Larry behandele sie respektlos und daß es nicht ginge, wie respektlos er sie behandelte und wie unberechtigt er sich darüber beklagte, daß sie ihn mehrfach, fast ständig, an den aus ihrer Sicht fehlenden Respekt erinnerte.

Daß Larry, sich ständig über die Amerikaner, und insbesondere über die konservativen Republikaner der USA abwertend äußert, gefiel ihr überhaupt nicht, stand sie doch wie ihr Vater, deren Auffassung von Recht und (republikanischer) Ordnung besonders nahe. Larry kritisierte den US-Präsidenten und unterließ es nicht ihr zu sagen, was nach seiner Meinung die Amerikaner alles falsch machen. Vielfach diskutiert verteidigte sie manche Untat ihres Heimatlandes im ganz Realen, obwohl nach der Meinung von Larry stärkste Kritik geboten war.

Als überzeugte Amerikanerin läßt sie keine Kritik an sich und den USA zu, über die von ihr hochgehaltene und hochstehende amerikanische „Kultur“ zu reden oder gar zu streiten ist in ihren Augen völlig obsolet. - Bekannt ist, in den USA trennten sich Ehepaare allein schon nur wegen politischer Meinungsverschiedenheiten. Meist jene, die immer ironisch ihre politische Divergenz wie eine Flagge stolz vor sich hergetragen haben, dann perplex zurückbleiben, wenn sie dafür die grausame Rechnung bezahlen müssen.

Sie erinnerte sich an den Vorwurf von Larry, sie betriebe ein Machtspiel. Nach langer Zeit des Gärens hat sich in ihrem Kopf so vieles an wild Zusammengereimten angesammelt. Sie schwankt zwischen den Extremen ihrer euphorischen Verliebtheit in Otto und größtem Kummer.

Mary suggeriert ihr ein: „Du bist schön“. „Du bist begehrenswert“. „Du bist attraktiv“.

Schließlich, weil Larry ihren Vorschlag einer Ehe zu dritt, einer Ménage-à-trois, vehement ablehnt, muß sie sich unbedingt an ihm rächen, nur hatte sie zunächst keine Ahnung, wie genau das aussehen sollte, später kam ihr dann die Idee mit der Scheidung. Sie hätte ihn gerne in einer Rolle als Geldbeschaffer und willigen Haushälter und Otto in der ihm zugedachten Rolle, zuständig für Vergnügen und insbesondere für Intimität gesehen. Mit der Ablehnung ihres Vorschlages einer Ménage-à-trois war sie noch mehr, eigentlich völlig beherrscht, vom Rachegedanken in Form einer Scheidung von Larry. Eine befriedigende Rache, die Larry in ein zitterndes Häufchen Elend verwandeln sollte. Auch so eine Idee nach ihren Vorbildern in Hollywood und den Filmen, dort lassen sich die Leute ständig scheiden und heiraten wieder neu. Für die Paare dort und ihre Kinder ist das etwas ganz alltägliches. Die haben keine Ahnung, daß es nicht das Normale ist. Diese Sorte von Menschen nehmen an keinem Prozess von Selbstkritik und lösungsorientiertem Denken teil. Einige bleiben sprachlos zurück. Der Ablauf wiederholt sich beim nächsten Partner: kleine Streitereien, heftiger Krach, Eifersucht, Intrigen, Tratsch und Klatsch, Beschimpfungen und Vorwürfe. Die Probleme spitzen sich dramatisch zu, manchmal sogar melodramatisch. Darauf Scheidung, Abfindung, Teilung des Hausrates und dann ein neuer Versuch, der ebenso mißlingt wie der erste.

Wenn es schlimm kommt fängt einer an zu saufen, macht Bankrott, bekommt Krebs oder eine psychische Erkrankung. Im allerschlimmsten Fall endet es mit Selbstmord.

Würde die Kurzsichtigkeit ihres Tuns behoben, würden die Dinge nicht nur anders aussehen, sie wären auch anders. Wenn man weitsichtig sehen will, darf man nicht kurzsichtig sein.

Zum Glück gehört auch das Gefühl, etwas für den Partner zu tun. Wenn man sich engagiert, fühlt man sich besser. Nicht weil man etwas bekommen hat, sondern weil man etwas gegeben hat.

Man sollte großzügig und tolerant sein, insbesondere wenn es sich nur um eine andere Meinung handelt. Das Leben ist was wir aus ihm machen, das war es immer, das wird es immer sein.

Zu Mary sagte sie „Ich will die Scheidung unbedingt. Ich möchte unsere Ehe ungeschehen machen“ und Mary bestärkte sie „Die Scheidung ist eine gute Idee“.

Tsensy hatte gewissermaßen die Gegend außerhalb des Talkessels erkundet und nun wächst mit jeder Minute des Wartens die Sehnsucht nach dem ständigen Zusammensein mit Otto. Dieser Traummann der ihr vor die Füße stolperte, soll der dringend gesuchte Mann fürs Leben werden.

Vielleicht sind die Mechanismen des Verlassens alles, was noch bleibt. Sie wird eines Tages selbst feststellen müssen, daß jede Ehe eine Folge gegenseitiger Kompromisse ist, nicht denkbar ohne bereitwilliges geben und nehmen im Licht der Liebe. Doch wann wird aus Kompromissen Selbstvernichtung?

Seit sie sich kannten, betrachte sie Larry als ihren Besitz. Jeder seiner Schritte wurde sorgfältig überwacht zum Teil unter Mithilfe anderer. Meist jedoch durch beiläufig oder auch direkt gestellte Fragen, die sich wie ein Netz um ihn legten und nicht den geringsten Freiraum ließen. Doch dies störte Larry anfangs kaum, denn er hatte nichts zu verbergen und er liebte Tsensy.

Als sie im Laufe der ersten Ehejahre Kinder bekamen, wurde Larry mit der Zeit in die Rolle des Mitläufers, Geldbeschaffers und Haushälters abgedrängt. Sie ging keiner Arbeitstätigkeit nach, um sich, wie sie meinte, besser den Kindern zu widmen. Dies geschah indem sie Tage auf dem Kinderspielplatz oder mit den Kindern bei ihrer Freundin Mary oder anderen Freundinnen verbrachte, die sie wahlweise tags in die Wohnung einlud. Später kamen klandestine Treffs bei Otto hinzu, der in unmittelbarer Nachbarschaft wohnte.

In der ganzen Wohnung sah es aus wie in einem Kindergarten. Wohin man blickte und wohin man trat, lagen Spielzeug und Kinderkleidung herum. An den Möbeln klebte Kinderbrei, an den Türen Marmelade, auf dem verfleckten Fußboden befanden sich Brotreste und Kuchenkrümmel. Ständig war etwas anderes demoliert. Eines Tages sagte Larry zu Tsensy, daß es ihn störe und es ihn völlig aus dem Gleichgewicht bringe. Sie empfahl ihm mehr als bisher über Erziehungsprobleme mit ihr zu diskutieren und vor allem selber sauber zu machen, sie wäre schließlich nicht seine Haushälterin.

Man sagt über die Ehe auch: Am Anfang macht die Liebe blind, aber im Laufe der Ehe kommt die Sehkraft wieder oder was anfänglich witzig und unterhaltsam war, wirkt dann peinlich.

Wenn wir uns nicht gemeinsam entwickeln, dann wird das was uns zusammengebracht hat zum Trennungsgrund. Altes „Glück" muß Platz machen für neues gemeinsam entwickeltes. Denn pausenlos anhaltendes „Glück" würde nicht glücklicher machen. Wir sind bei einem guten Essen und Sex glücklich, doch wer will schon ernsthaft pausenlos dieselben leckeren Fünfgangmenüs verspeisen oder dem Dauersex verfallen?

Wenn Falschheit, Verlogenheit und Hinterhältigkeit im Charakter von Tsensy das Gerüst ihres Selbstbewußtseins ist, wird es dann nicht auch beim nächsten Partner genauso sein?

Der Danziger Philosoph Arthur Schopenhauer schrieb: Menschen sind wie Stachelschweine an einem kalten Wintertag. Das Bedürfnis nach Wärme bringt sie zusammen; der Schmerz jedoch, den sie einander zufügen, führt sie wieder voneinander fort.

Jetzt oder nie!

Für sie war die Zeit reif.

Sie wollte und durfte die Kontrolle über die Situation nicht verlieren. Die Zügel nicht aus der Hand zu geben war ihr am wichtigsten. Sie allein, und nur sie, wollte die Regie führen und die Plots erfinden.

Der Teufel in ihr hat gesiegt.

Eines Abends nach einem erneuten Machtspiel, lustlos vom vielen Aneinander-Vorbeireden, Larry war nicht einverstanden den Abend allein zu Hause zu verbringen, als Babysitter, während sie unbedingt den Abend bei Otto verbringen wollte.

Er bat sie „Bleib Zuhause, geh diesmal nicht zu ihm".

„Nein", sagte sie. „Das ist mir zu wichtig.

Ich werde es nicht aufgeben. Jetzt ist es zu spät umzukehren.

Wovor hast du denn eigentlich Angst?"

„Möchtest du es nicht wissen, wenn es jemanden gibt, der besser für mich ist, oder ist dir eine beruhigende Lüge lieber?"

„Du solltest ihn kennenlernen, er hat so vieles von dir".

Sie fühlt sich in die Enge getrieben. Blanker Hass kommt in ihr hoch als Larry sie weiter daran hindert mit Otto einen vergnüglichen Abend zu verbringen. Sie will Otto sehen und haben so schnell wie möglich. Dies war das alte Verhaltensmuster vom Besitzergreifen.

An diesem Abend war für sie die Grenze erreicht, sie schaltete ihre Stimme einen dramatischen Gang höher, und neben anderem Geschrei sagt sie "Fuck you!", die Haare flogen ihr um den Kopf. Eine halbe Stunde tobte, raste, randalierte und brüllte und wetterte sie wie ein Springteufel vor Wut.

Larry erinnert sie daran, daß er einmal gesagt hatte, es mache ihm nichts aus, angeschrien zu werden, weiter gab es nichts zu sagen in einem Moment, in dem ohnehin jede Sprache wirkungslos bleibt. Aber ein solches Geschrei, daß die Wände wackelten und es die Nachbarn hören, fand er gar nicht gut. Schon gar nicht wenn diese an Leitungsrohre, Wände und Decken klopften. Aber sie konnte einfach nicht aufhören. Die frühere Prinzessin hatte sich zur Furie entwickelt.

In ihrer tiefen Wut sagte sie „Wenn es uns Frauen nicht gäbe, würde keiner von euch Arschleckern je seine Ladung loswerden. Jawohl! Ihr Deutschen seid ein total verwichstes Volk. Hörst du? Ein total verwichstes Volk".

Larry ging nicht auf ihre Beleidigung ein und ließ alles an sich abprallen. Sämtliche Gefühle hatte er weggepackt, um sie erst im richtigen Moment herauszulassen.

Hass vernebelte ihre Wahrnehmung.

Sie schleuderte Blicke in den Raum, die hätten töten können und ihr Kopf schnellte vor wie der einer fauchenden Katze.

Erst erhob sie beide Fäuste, als würde sie dazwischen Zitronen auspressen, ihre Hände flogen umher, dann zeigten beide den Stinkefinger. Larry sah ihren abertausende Male trainierten Panikglotzblick.

Sie rannte in die Küche stürzte sich auf den Hängeschrank und holte einen Stapel Kuchenteller, die sie in ihrer

Wut, wie in einem Film gesehen, hoch über den Kopf hob und mit aller Kraft auf dem Boden zerschmetterte. Wut war schon immer ihre einzige Rettung gewesen.

Das alles hatte mit Vernunft überhaupt nichts mehr zu tun. Sie wollte ganz offenkundig am liebsten treten, kratzen und beißen.

Am liebsten um sich schlagen und Larry und der Welt ins Gesicht brüllen.

Etwas kaputtmachen, die Hölle entfesseln.

Tsensy war definitiv nicht mehr ganz bei Sinnen.

Larry bewegte sich nicht. Ihm war als wäre alles Leben aus ihm gewichen und als würde er sich langsam in Stein verwandeln. Sein Blick war nach innen gerichtet. Vollkommen regungslos saß er da. Seine Hände lagen vor ihm, leblos wie Gegenstände.

Sie wäre in diesem Zustand besser, mit Psychopharmaka versorgt, in einem Krankenhausbett der Psychiatrie aufgehoben gewesen. Stattdessen war sie gedanklich auf dem Weg zu ihrem phallischen Übermenschen, der ständig auf dem Weg war zu irgendeinem Sexkontakt. Larry konnte, wenn der Name von Otto erwähnt wurde, und dies geschah des öfteren, sich diesen Otto nur mit erigiertem Geschlechtsteil vorstellen, so sehr er sich auch gegen diese bildliche Vorstellung in seiner Gedankenwelt wehrte.

Keine Zukunft mehr in Sicht

Anfänglich war Larry noch der Meinung es würde sich geben, wenn die Sache mit Otto nicht mehr so neu war. Seine Vorstellung von der Liebe war die althergebrachte, mit Treue verbundene. Im Laufe der letzten Monate war ihm klar geworden, wie sehr er Tsensy liebte und daß die gemeinsam verbrachten Jahre ihm viel bedeuteten. Auch wenn er nicht daran zweifelte, ein zufriedenes Leben ohne sie leben zu können, hatte er bisher gehofft mit ihr zusammen alt werden zu können. Wer sofort aufgibt und nach Niederlagen oder Rückschlägen nicht nach einer Lösung sucht, der kann nie glücklich werden. Die Flucht vor dem anderen ist doch nichts anderes als die Flucht vor sich selbst. Auf jeden ihrer Versuche von ihm loszukommen, hatte er deshalb mit mehr Druck reagiert.

„Hör mal zu", sagte Larry diesmal mit unaufgeregter Stimme. Er scheint in sich zu ruhen ohne eine Spur von Nervosität. Ein kurzes Schweigen entstand. Sie öffnete riesengroß die Augen und ihre Blicke begegneten sich „Seit langem kämpfe ich gegen die Überzeugung, daß du blöde bist. Ich habe mich wider besseren Wissens dazu gezwungen, dich für normal zu halten; aber jetzt gebe ich es auf. Denk nicht, ich wollte dich mit Vorwürfen überhäufen, weil du das alles machst, aber du läßt mich meist nicht einmal wissen wo du hingehst. Ich möchte wissen, wo meine Frau jeweils ist.

Von mir aus kannst du Affären haben, so viel du willst, wenn es dich glücklich macht. Ich habe es satt, dich an dem zu hindern, was du wirklich willst. Seit deinen Affären habe ich mit deiner Zurückweisung leben müssen. Darf Koch und Haushälter sein und während ich den ganzen Kram hier mache gehst du fremd".

„Jetzt mag ich nicht mehr".

„Wenn ich dir nicht genüge, ich allein, dann sollten wir uns trennen".

„Ich suche mir lieber eine Frau, die mit mir zufrieden ist und der ich genüge".

„Du bist nichts besonderes wie du meinst. Du bist genauso wie all die anderen Stocherlöcher. Du willst diesen Otto nur, weil du ihn bemitleiden kannst. Bei ihm kannst du deine amerikanische Mentalität ausleben und dich mit deinem Helfersyndrom so richtig ins Zeug legen, kannst seine Gehilfin sein, weil er sagt, daß er dich braucht."

Larry sagte aber etwas anderes als er in Wirklichkeit meinte, weil er an die Kinder dachte. Für ihn war eigentlich für die Familie zu kämpfen edel und stärkend und nicht das Aufgeben.

Erst dann saß er da und atmete schwer, er war noch nie so wütend auf sie gewesen, als ihn mit einem Schlag die Erkenntnis kam und ihm bewußt wurde, daß er wieder einmal an einem Wendepunkt seines Lebens angelangt war und er gerade einen schicksalsschweren Augenblick erlebt hatte. Alles war nun anders, die Welt um ihn lag in Schutt und Asche. Larry fragte sich „War dies das Ende von den langen Zermürbungsduellen?"

Da war kein Hass, er würde sie nicht umbringen wollen „for beeing such a bitch." Es war nur unglaubliche Enttäuschung über dieses irritierende, unglaublich undankbare Verhalten.

Undankbarkeit, das elementarste Übel der Menschen. Jene, die dazu neigen sind unersättlich und nie zufrieden. In ihrer Nähe fühlte sich Larry noch nie wohl. Aber Dankbarkeit setzt ein gutes, sozusagen gemeinschaftsfreudiges Gedächtnis voraus. Schon immer zu wissen was wesentlich ist und was nicht, war ihm auch in dieser Lebenslage behilflich.

Und Larry dachte „Ich bin stärker als sie und werde mich an die Devise halten, daß es die beste Rache ist, glücklich weiterzuleben".

„Ich werde für den Rest ihres Lebens in ihren Gedanken umhergeistern und sie um den Schlaf bringen".

Im Flackerlicht des Zorns erinnerte sich Tsensy an ihren Frust auf dem Weg zur Erlernung der deutschen Sprache, wie andere von ihren sprachlichen Fehlern belustigt waren, und wie sie sich über deren Grinsen wunderte, wenn sie beim Metzger statt drei Rouladen nach Dry-Rolladen fragte oder sogar gelacht wurde, wenn sie meinte heute wäre es aber wieder ganz schwul, statt schwül.

Es dauerte sehr lange, bis sie sich präzise Worte in der deutschen Sprache merken konnte. Wörter mit „Z" waren ein Thema, weil es ihr Gegenüber erheiterte statt Zwiebel „Swibbel" oder statt Zähne „Sähne" zu hören. Und dann das Problem mit dem Dativ, wenn sie sagte: „Ich bin kalt", statt „Mir ist kalt".

Für ein Wort konnte sie sich unbeugsam überhaupt nicht erwärmen, das Wort Toilette, das findet sie auch heute noch unmöglich und sagt lieber WC.

Tsensy ist eine Frau, die bewundert und hofiert und vielleicht auch getröstet werden will.

Während ihrer Schulzeit in den USA hat sie, wie alle anderen zur Stärkung des Selbstbewußtseins, vom Lehrer gehört, jeder von ihnen wäre etwas besonderes. Daraus hat sich ein gefährliches Anliegen entwickelt, sich mitzuteilen zu müssen. Und das konnte manches Mal bei den falschen Leuten passieren.

Genau diese Schwachstelle hat Otto unbewußt erkannt.

Tsensy ist sich bei ihren amourösen Eskapaden weder Pflichtbewußtsein noch der hohen Verantwortung für ihre Familie bewußt. Bei Tsensy ist es reiner Egoismus und bei Otto Zadek egoistische Gleichgültigkeit, beide interessierte nur das Eine: Sex, Sex und sexuelle Abenteuer.

Ihre „Liebe" war eine Flucht vor der Verantwortung für ihre Familie in den Rausch der sexuellen Ekstase. Es schien als sei sie der Welt abhanden gekommen und drohte im Strudel dessen was sie „Liebe" nannte zu versinken. Auch reale Liebe enthält keine Weisheiten, sie besteht nur aus Gefühlen. Gefühle wandeln sich, und das Leben geht weiter.

Als Tsensy, die wie viele Amerikanerinnen keinen blassen Schimmer davon hatte wie man mit Geld umgeht, ihm Geld anbietet war er etwas verwundert, Otto immer in Geldnöten nahm es dennoch entgegen. Das Geld hatte sie bei Larry abgezweigt.

Larry so viel als möglich zu schädigen egal wie, auch finanziell, eine der Ideen ihrer Freundin Mary, die es konsequent umzusetzen galt, um von ihr belobigt zu werden.

Hatte sie einmal eigenes Geld, gab sie es mit vollen Händen aus, sie warf damit geradezu um sich, jede und jeder konnte etwas davon abhaben. Letztendlich verursachte sie Schulden durch falsche Freunde, denen sie ohne Ende Geld lieh, um schließlich selber unter Geldsorgen zu leiden. Die Vorstellung vor allem das Geld zusammenhalten, um es so langsam wie möglich auszugeben war ihr völlig fremd. Larry war in diesen Dingen zweifellos klüger als sie, aber sie fügte sich nie seiner überlegenen Vernunft, opponierte und tat stets mit voller Absicht genau das Gegenteil.

Da ist sie wieder die alte Frage, ob Geld glücklich macht. Die Antwort steht fest: wenn man es nicht mehr hat, wird man unglücklich.

Tsensy beschäftigte sich ständig mit ihrer mißlichen Lage, in der sie sich glaubt. Fängt man erst einmal damit an, wird jeder Tag zu einem betäubenden Kreislauf aus Verwirrung. Da werden nun die vermeintlichen Alltagssorgen so riesengroß wie die Augen eines Koboldmakie.

Mit ihren bedrückenden Gedanken baute sich in ihr täglich auf's neue Druck auf und sie spürte Anflüge der alten Panik, den Druck des Blutes wie es durch die Halsschlagadern gepresst wird, das Herz wie es im hektischen Rhythmus schlägt. Sie will Gedanken denken, die nicht im gleichen Moment verschwinden, in dem sie auftauchen. Sie möchte sich lebendig fühlen, genau so wie sie sich früher gefühlt hat. Ohne Zweifel war es richtig und sie bereute keine Sekunde, daß sie Larry innerlich verlassen hatte und nichts mehr für ihn empfand. Vor dieser Zeit hatte sie sich nie mit irgendwem vergleichen müssen. Ihre Kämpfe waren ihre Kämpfe, ihr Scheitern war ihr Scheitern gewesen, sie hatte sich das alles nicht im Traum ausmalen können. Jetzt neben der energigeladenen Mary kommt sie sich wie ein begriffstutziges und dummes Nichts vor.

Kein Treffen mit Mary verging, in dem nicht neue Anweisungen gegeben und ausgeheckt wurden, was noch getan werden konnte um Larry Schaden zuzufügen. Zwei Psyochopathen fanden sich zu einem Team. Beide freuten sich über das ohne jegliches Mitgefühl zugefügte Leid.

Larry weiß, Menschen wie Tsensy, die aus Zorn unzufrieden mit sich selbst und ihrer Lebenssituation sind, reagieren und verhalten sich extrem, besonders wenn sie darin durch vermeintlich gute Freunde aus deren egoistischen Motivationen beratschlagt werden. Letztlich ist aber deren Rat keine Über-Lebenshilfe, er führt geradewegs ins Chaos.

Einer der Ratschläge war für jeden Tag eine To-do-Liste anzufertigen und sich pflichtbewußt daran zu halten.

Auch das noch

An einem verkorksten Tag schrieb Tsensy auf Empfehlung von Mary „hassen" auf ihre Tagesliste.

Sicher wäre es besser gewesen sich jeden Tag aufzuschreiben was an diesem Tag schön war, denn die Art und Weise, wie man denkt, bestimmt, wie man sich fühlt und verhält und schließlich wie man körperlich reagiert.

Ein anderer Ratschlag von Mary war eine Liste von allen Personen anzufertigen mit denen Larry in auch nur entferntestem Kontakt stand, es waren Arbeitskollegen, darunter Neider, die Larry in ihrem beruflichen Aufstieg als Konkurrenten sahen oder auch sehr weit entfernte Bekannte.

Darunter war ein Lebemann, der stets einen gehobenen Lebensstil pflegte, den er nach allen Regeln der Kunst zelebrierte. Er verstand entspannt zu leben, lebte nicht schlecht, hatte als Bonvivant ein Faible für erlesenes Essen, war begabt mit Spottlust und nachsichtiger Mokanz. Er gehörte zu jenen Zeitgenossen, denen nichts Menschliches fremd und obendrein das Unmenschliche halbwegs vertraut war.

Schließlich fertigte sie eine Auflistung von sämtlichen Verwandten an, immer mit dem Ziel Larry aus gekränkter Eitelkeit und Bösartigkeit bei allen zu denunzieren. Ein Arbeitskollege von Larry war ihr dabei behilflich, entwendete Larrys überwiegend alte Telefonliste am Arbeitsplatz, um für sie eine Kopie anzufertigen. Diese Liste, es waren Halb- und Viertelsfreunde, war abzuarbeiten, zu diesen mußte sie unbedingt telefonisch Kontakt aufnehmen, sie später wie ein Wanderprediger persönlich aufsuchen, um sie, einschließlich den Arbeitskollegen, mit verlogenen, üblen, skurrilen und wundersamen Geschichten über Larry zu konfrontieren. Jene wollten immer mehr davon hören. Schwierig war es mit der Zeit im Kopf zu behalten, welche Geschichte sie wem und wann aufgetischt hatte, damit die Lügengeschichten sich nicht widersprachen. Das gab dem Ganzen eine gewisse Spannung, dieses stete Bewußtsein, jederzeit ertappt werden zu können, aus heiterem Himmel von irgendwem als Lügnerin bezeichnet zu werden.

Wie sich später herausstellte hat sie in all den Jahren niemanden eine wahre Geschichte erzählt. Es galt ihn überall zu denunzieren, eine Art Amoklauf voller Rachsucht und Hass. Alle Ärzte, bei denen Larry in Behandlung war, konfrontierte sie mit unwahren Schauer- und Schocker-Geschichten und negativen Bemerkungen über Larry. Diese sollten ihn schlecht behandeln, wenn er wieder in die Praxis kam. Niemand nahm sich die Zeit, die abstrusen Behauptungen und skurrilen Geschichten auseinander zu nehmen.

Wenn ihr eine Verleumdung nicht sofort beim ersten Mal gelang, wurden die Aufgelisteten, mit einem Hang zum Drama, durch mehrfache Anrufe oder mehrfaches Aufsuchen belästigt. Dabei stellte sie seinen Bekannten und Kollegen auch suggestive Fragen, die nicht selten in ihrem Sinn beantwortet wurden. Deren Auskünfte waren aber so zuverlässig wie der Nachrichtenteil in einem Mickey Maus Heft, die sie dazu noch völlig mißverstand. Sie maß den

Auskünften eine andere Bedeutung bei, eine eigene und sehr weibliche Bedeutung, die ihr nicht mehr auszureden war.

Larry war sich nie darüber im klaren, wie weit ihr Verständnis ging und wie groß die Lücke in ihrem Wissen war, wenn es um deutsche Denkweisen und Lebensgewohnheiten ging.

Man gab ihr zur Antwort was sie so gerne hören wollte, fabulierte belustigt, nur um Tsensy selbst oder ihre telefonischen Belästigungen möglichst schnell wieder los zu werden. Eine Situation, als ob man einem Affen Zucker gibt, damit man ihn möglichst schnell wieder los wird.

Obwohl jene, anders als sie, überhaupt nicht den Alltag ihrer Ehe teilten, gaben sie dazu fantasiereich ihre oft negativen Kommentare ab.

Es ging darum sich auch vor dem friedlichsten und mildesten Ehemann fürchten zu müssen, der heimlich ein Ungeheuer ist, der sie irgendwann mit Schlägen traktiert, von dem sie gebrochene Knochen und eingeschlagene Zähne zu erwarten hat und im schlimmsten Fall eine aufgeschnittene Kehle. Dies erfüllte sie mit panischer Angst und Paranoia.

Schließlich wurde die Verkündigung ihrer abenteuerlichen und wundersamen Geschichten über längere Zeit ihre wichtigste Tätigkeit. Nach welcher Logik bleibt ein Rätsel. Ein zielstrebiges Verhalten, welches bei allen ihr wichtigen Personen, alle natürliche Menschenliebe und alle ehrliche Freundschaft Larry gegenüber abtöten sollte. Man kann sich nicht vorstellen, daß ein Mensch das einem anderen antut. Die Bösartigkeit und Widerlichkeit war kaum zu überbieten.

So wurde aus einem freundlichen Kollegen von Larry ein schlimmer Feind, der sich aus Alptraum und mit spätpubertärer Fantasie zu üblen Verleumdungen verführen ließ. Auch wurden Szenen aus der, vor pikanter Komik mit pointiert deftigen Dialogen und lüsternen Bizarrerien sprühenden, Fernsehserie „Queer as Folk" für Verleumdungen verwendet. In dieser Soap wird den Zuschauern der Eindruck vermittelt, sie sehen da gerade erotisch außergewöhnlichen engagierten Mitmenschen beim Moralüberwinden zu. Was manche unbedarfte Betrachter möglicherweise in Schockstarre versetzte.

Richtig stellen konnte Larry die Verleumdungen bei niemanden, im Betrieb schon gar nicht, weil er niemand fand der sich für die Wahrheit interessierte. Larry würde sich nur selbst unabsehbaren Schaden zufügen, deshalb schwieg er lieber.

Denkt doch, was ihr wollt! Ich habe keine Zeit für euch Idioten! sagte er sich.

Irgendwann war in ihm die Entscheidung entstanden, sich nicht an dem zu messen, was andere über ihn denken, sondern daran wie sehr er mit sich im Reinen war. Diese duldsame Zurückhaltung stärkte aber später die Pöbler, hatte anstachelnde Wirkung und erweckte in ihnen eine geradezu unwiderstehliche Begierde weitere bösartige Verächtlichmachung, Verleumdungen und Widerlichkeiten aufzutischen, um Larry ins Gerede zu bringen. Wie nebenbei wurde offenbar unbesehen ein archaischer Instinkt zur Hexenjagd geweckt. Mit einem hemmungslosen Ausdruck von Hass wurde jegliche Form von Hemmschwelle außer Kraft gesetzt. Zu spät kam ihm die Einsicht, es wäre vielleicht besser gewesen einer Auseinandersetzung mit diesen Vollblutnarren und ihren widerlichen Tiraden nicht aus dem Wege zu gehen.

Eigentlich wußte er von der Kunst mit der Verleumdung umzugehen, die darin besteht, sie nach und nach zu enthüllen, damit man sie unter Kontrolle hat. Sonst gelangt sie in die Gewalt der Feinde und sie benutzen sie gegen ihr Opfer. Wenn man nicht redet, und das hat sich bewiesen, tun sie es.

Larry war ein unkomplizierer Mann und hatte klare moralische Vorstellungen von tun und lassen. Er erwartete von seinen Freunden, und vor allem anderen, Aufrichtigkeit und Ehrlichkeit. Das Schlimmste dessen sich ein Freund in seinen Augen schuldig machen konnte, und dies galt erst recht für Tsensy, war unaufrichtig und verlogen zu sein, kein ehrliches „Spiel" zu spielen. Besonders sie fand gefallen daran ihn heimlich ins Unrecht zu setzen.

Larry wurde nach derart bitteren Erfahrungen von so viel übler Unaufrichtigkeit gleichzeitig getroffen, daß es kaum überrascht, wenn er nicht fähig war, Ordnung in seine Empfindungen zu bringen.

Nach einiger Zeit, als er anfing seine Verletzungen zu zählen, wußte er nicht, welche ihn am meisten schmerzten und schließlich gingen sie alle in einem Gefühl von restloser Zerschlagenheit unter.

Er kam sich vor wie einer, der an mehreren empfindlichen Stellen gleichzeitig hatte Schläge einstecken müssen, später war er wie sprachlos und wie gelähmt, hilflos und ganz verloren.

Zuerst konnte er wenig sagen, was ihm am meisten weh tat. Alles was er hätte jemanden sagen können, war, daß ihm grundlos übel mitgespielt wird. Trotz aller Ungerechtigkeiten hatte sein Selbstbewußtsein und seine Selbstachtung am wenigsten gelitten, denn er war von Natur aus ein bescheidener und zurückhaltender Mensch, dies war ihm in dieser Situation äußerst nützlich. Tröstlich blieb ihm die Gewissheit, es gibt keinen vollkommenen Sieg, zumindest langfristig tragen fiese Charakter keine Siege davon.

Tsensy erzählte üble Geschichten und Vorkommnisse, grause Episoden mit verwirrenden Einzelheiten und Details, legte falsche Fährten, die sie frei erfunden hatte oder die sich an ganz anderen Orten, manche vor vielen Jahren, zwischen Personen zugetragen hatten, mit denen Larry nicht das Geringste zu tun und zu keiner Zeit Kontakt hatte. Abstruse Behauptungen schossen ins Kraut. Sie entwickelte sich zum omnipotenten Wutmenschen, für den im Kampf gegen ihren Feind der Zweck alle Mittel heiligt.

Durch Schwätzereien wurden ihre Behauptungen schließlich Larry zugetragen, der hatte zuerst keine Ahnung in welchem Ausmaß alles ablief. Das gesamte Ausmaß sollte sich erst Jahre später durch gezieltes Nachfragen bestätigen. Einer erklärte später seinen eigenen Beitrag zu den Schwätzereien und zu seiner „Entschuldigung", daß er sich die Geschichten nicht ausgedacht habe, daß diese vielmehr als Gedankenbilder zu ihm gekommen seien und dafür könne er ja nichts. Die Zukunft von Larrys Familie war ihm gleichgültig gewesen.

Tsensys Verhalten den kontaktierten Personen gegenüber war das einer Psychopathin. Psychopathen geht es darum andere zu manipulieren. Sie können Menschen umgarnen, ohne daß sie dies überhaupt merken. Sie besitzen ungeheure Fähigkeiten herauszufinden ob und wie man jemanden manipulieren kann. Psychopathen kennen keine Selbstzweifel, sie sind innerlich cool. Die in die Irre geleiteten Menschen meinen sie hätten eine Vertrauensbeziehung und können später, wenn sie merken daß sie getäuscht wurden, dies kaum glauben. Die Psychopathen aber empfinden selbst keine Reue.

In der Zeit als er zum ersten Mal erfuhr, was sie für absurde böse Sachen gesagt hatte, war sie schon lange heimlich mit Otto Zadek zusammen, dem fetten alten Knacker, dessen einziger Verdienst es war sie wie ein notgeiler Ziegenbock sexuell zu begehren. Eine wenig schmeichelhafte Beschreibung für einen Lover. Diese ungeschminkte Beschreibung trifft aber „den Nagel auf den Kopf".

Einschlägige Perspektiven

Die zu dieser Zeit bei Pro Sieben gezeigte mehrteilige Schwulen-Comedy „Queer as Folk" fand mehrfach willkommene Verwertung. In Anlehnung daran wurde alles von Tsensy und dem gewandelten Kollegen so erzählt als wäre Larry einer der Protagonisten, weil es ihn zu denunzieren galt.

Pro Sieben hatte die amerikanische Erfolgsserie „Queer as Folk", die in der englischsprachigen Welt für Furore sorgte, zu mitternächtlichen Stunde auch im deutschen Fernsehen gezeigt. Bedingt durch die mitternächtliche Ausstrahlung unter dem Originaltitel wurde der Zuschauerkreis in Deutschland eingeengt.

Bei dem im englischen Fernsehen gezeigten Mehrteiler, handelt es sich um eine Version, in dem der Alltag von Untertanen Ihrer Majestät auf den Bildschirm kam, die ganz und gar nicht dem Mainstream entsprachen. Der Regisseur Russel T. Davies konfrontierte die Zuschauer mit dem Leben einer schwulen englischen Clique, glaubhaft und auch unterhaltsam.

In GB sorgten die ersten Folgen für Aufruhr in der britischen Presselandschaft. Was für die Yellow Press ein unglaublicher Skandal war, machte die bislang unbekannten Darsteller über Nacht im Königreich zu Stars und bescherte

Channel 4 in GB traumhaft hohe Quoten. Als dann die erste Staffel der TV-Serie auf DVD erschien, stellte sie Umsatzrekorde auf.

Solche Erfolge blieben in den USA nicht unbemerkt. Der Pay-TV-Kanal Showtime in den USA erwarb die Rechte und überraschte das bekanntermaßen prüde amerikanische Volk mit einem Remake. Schauplatz ist aber nicht wie man vermuten würde, die amerikanische Westküste, also Los Angeles oder San Francisco, sondern das biedere Pittsburgh.

Die Stahlarbeiterstadt in Pennsylvania diente eher selten als Filmkulisse schon gar nicht für ein solches Thema. Pittsburgh das Zuhause von Brian und seinen Freunden, die sind schrill bunt und losgelöst, ziehen nachts um die Häuser und durchleben und -leiden allerlei Abenteuer der speziellen Art. Diese Version wurde im deutschen Fernsehen gezeigt.

Pro Sieben bewarb die Serie als ungeschminkten und ehrlichen Blick in das schwule Alltagsleben. Eine Serie über dieses Thema in dieser detaillierten Offenheit war auch für das deutsche Fernsehen ein Novum gewesen. Diese Fernsehserie und die DVD waren ab dieser Zeit der wesentliche Fundus für Tsensy und anderer am Mobbing beteiligten Protagonisten. Die Widerlichkeiten waren kaum zu überbieten.

Alle am Mobbing beteiligten haben als selbsternannte Experten leidenschaftlich in der Suppe gerührt und dabei brüllend komische Absurditäten erzählt. Überwiegend gewissermaßen die Kopulation von Klischees, manches Mal mit ordinärem Doppelsinn. Ein Sieg der Denunzianten über den Verstand. Die Evolution hat die Menschen mit Illussionsfähigkeit ausgestattet. Leider haben sie nicht gelernt ihre Illussionen sinvoll einzusetzen.

Belesene wissen, daß Hoffmann v. Fallersleben einst geschrieben hat: „Der größte Lump im ganzen Land ist und bleibt der Denunziant".

„Noch besser" meinte Angie „passt K.J. Simrock geb. 1802 ! der schrieb: Verleumdung mußt du frech betreiben, es wird schon etwas hängen bleiben".

„Die Steigerung der Frechheit besteht darin, wenn Intriganten es schaffen nahestehende Personen und Freunde des gemobbten in eine Verleumdungskampagne einzubinden".

Perfide Konversation

Damit die klandestinen Treffen und Telefonate mit Tsensy nicht aufflogen mußten sich die angesprochenen Kollegen und Bekannten zur absoluten Verschwiegenheit gegenüber Larry und zur Diskretion verpflichten. Einige haben, warum auch immer, viele Jahre ihr Versprechen zu dieser Verschwiegenheit eingehalten, manchen war es sicher peinlich. Andere konnten sich recht bald spitze Bemerkungen oder hintersinnige an Larry gerichtete Fragen und Bemerkungen nicht verkneifen.

Nachdem alle Kollegen und Bekannten oder auch Freunde von Larry abgehakt waren, galt es noch, bevor Otto Zadek in den Alltag auftauchen konnte, die Nachbarn und als letztes Larrys Familienmitglieder mit üblen Geschichten und auch herzzerreißenden Behauptungen zu beackern.

Sinn und Zweck war die geradezu boshafte Absicht Larry sollte von allen gemieden werden und alle sollten, sobald Otto auftaucht, denken – sie hatte so recht, daß sie sich einen Neuen gesucht hat bei all diesen üblen Geschichten.

Keiner sollte von ihren psychischen Problemen als pathologische Lügnerin und vom Drama Kenntnis erlangen. Nämlich, daß sie während der Ehe fremdging, das behielt sie für sich, denn dies hätte ihr Ansehen und ihre Glaubwürdigkeit enorm beschädigt.

Larry muß man sich als freundlichen Menschen vorstellen. Geduldig und klug, ein umgänglicher Bursche ohne jegliche Eitelkeiten. Larry war durch seine ansteckende joie de vivre beliebt, er beeindruckte ohne jemanden beeindrucken zu wollen, etwas was man nicht durch Einfälle bewirken kann. Kurz gesagt, er hatte ein gutes Ansehen und man wunderte sich über die seltsamen Bemerkungen und Geschichten, da Tsensy ihre Geschichten aber mit der Zeit immer geübter und mit immer glaubwürdigerem Augenaufschlag erzählte, wurde es ihr schließlich abgenommen und sein Ansehen nahm ab, wie es von Tsensy beabsichtigt war.

Bei den Familienmitgliedern mußte sie vorsichtig sein. Am besten schaffte man für sie eine entspannte Atmosphäre durch eine oder mehrere unverfängliche Einladungen und Besuche, bei denen sie Stück für Stück die verlogenen Geschichten alle gewissermaßen so nebenbei erzählen konnte.

Für die unmittelbaren Nachbarn und zur Vorsprache im Betrieb von Larry mußte etwas besonders drastisches herhalten. Sie ließ sich vom Sohn den Arm aufkratzen und zeigte es als Beweis wie Larry sie zurichten würde. Larry hatte die üblen Kratzer bemerkt und auf seine Nachfrage, woher sie die Kratzwunden habe, zur Antwort bekommen, dies wäre beim herumtoben mit dem Sohn versehentlich passiert. Wie sich später herausstellen sollte hatte sie ihn in Wirklichkeit aber angewiesen fester und fester zu kratzen, was der Sohn völlig arglos auch tat.

Auch zu einer verqueren Allerweltsnachbarin, die zu dieser Zeit keinen Kontakt zu Larry suchte, sagte sie, Larry hätte sie so zugerichtet. Ihr verkaufte sie den unglaublichsten Blödsinn als Wahrheit. Jeder Heiratsschwindler, und nicht nur der weiß, daß man den Leuten alles erzählen kann. Man muß es nur lieb erzählen und ihnen in die Augen sehen, dann glauben sie es.

Im Betrieb von Larry ließ Tsensy sich, aus gekränkter Eitelkeit und Bösartigkeit, einen Termin beim Personalchef geben mit der Absicht ihn dort zu denunzieren. Der Personalchef erzählte Kollegen bei Tisch, er habe in seiner 30-jährigen Berufstätigkeit noch nie erlebt, daß eine betriebsfremde Ehefrau vorbeikommt, um ihren Ehemann in die Pfanne zu hauen. Sie fragten sich alle ob diese Diskredierung des Ehegatten in Amerika so üblich ist. Zu Tsensy habe er gesagt, daß er nicht zuständig sei für die häuslichen Eheprobleme der Mitarbeiter.

Dieser ungewöhnlich Vorgang wurde wie gesagt Tischgespräch in der Betriebskantine, jeder der diese Geschichte hörte, selbst dem Naivsten, war klar, was Sinn und Zweck des Besuches beim Personalchef gewesen war; Larry sollte ein schlechtes Image verpaßt bekommen. Dies hat Jahre später ein Arbeitskollege von Larry bestätigt, dem sie bei einem klandestinen Treffen erzählte, sie sei ein guter Mensch und Larry ein schlechter. Sie werde dafür sorgen, daß er seine Arbeit verliere. Von ihren psychischen Problemen hatte der keine Kenntnis.

Was sie nicht wußten, Tsensy ließ sich und die Kinder wie üblich auch an jenen Tagen abends und weiterhin von Larry bekochen. Für das Kochen hielt sie ihn seit Anbeginn der Ehe für zuständig, hatte doch auch schon ihr Vater in den USA sie und ihre Mutter bekocht. Sie selbst hatte weder Talent zum Kochen noch bemühte sie sich. Nicht einmal für Einkäufe war sie zu haben. Larry erledigte dies alles nach der Arbeit als williger Haushälter, kümmerte sich um den Haushalt, ging einkaufen und sorgte stets dafür, daß das Essen auf dem Tisch stand, wenn sie nach ihren Eskapaden die Kinder bei der Freundin abgeholt hatte und nach Hause fand.

Und wie an jedem Tag legte sie sich auch an jenem Abend, nach ihrem Coup im Betrieb, ungeniert zum Schlafen neben Larry ins Ehebett. Vielleicht hat sie weniger gut geschlafen, wahrscheinlich aber eher gut, befriedigt durch ihren Coup beim Personalchef.

Tsensy war in seinen Gedanken allmählich wie eine Person, die Larry vor langer Zeit gekannt hatte, ohne daß er in seinem Leben ernsthaft davon berührt war. Sie war für ihn weit weg, so weit, daß er sich fragte wie er jemals auf die Idee kommen konnte, sein Leben mit ihr zu teilen. Eine unüberwindbare tiefe Kluft hatte sich zwischen ihnen aufgetan. In dieser Stunde der Erkenntnis dachte Larry, daß Tsensy ihn nie wirklich geliebt hatte. Er war sich ganz sicher, sie war eine Psychopatin, sie liebte ihn nicht, das war die Entdeckung. Larry war fassungslos, schockiert und erschreckt, empfand sie als Fremde, denn das war sie wirklich. Trotzdem appellierten ihre Lebensumstände an sein Mitleid. Man muß nicht immer alles verstehen, aber muß man es akzeptieren?

Was sie hielt war von Anfang an nichts anderes als Nützlichkeit, die finanzielle Sicherheit und Bequemlichkeit, denn Bequemlichkeit ist für Amerikaner eines der höchsten Güter.

Auch innerlich hatten sie sich wahrscheinlich noch nie wirklich verstanden. Eigentlich war immer ein Mißton dagewesen, ein Hauch von Feindschaft. Und was die ganzen Jahre das Schlimmste war, das war ihre hinterhältige Falschheit, egoistische berechnende Unehrlichkeit und die ganze Schauspielerei einer Psychopatin. Mit dieser Erkenntnis hatte er eine ganze Weile in tiefer Niedergeschlagenheit verbracht und alles schwarz in schwarz gesehen. Er war gedemütigt über ihr Verhalten, erschüttert, nicht nur wegen sich selbst, sondern wegen all ihren gemeinsamen Freunden, Bekannten, Sympathisanten und Familienmitgliedern, daß diese Verbindung mit ihr sich als Heuchelei erwiesen hatte, schlimmer noch: als ausgemachte Verhöhnung, die im unverzeihlichen Terror endete.

Sein Frauenbild war zutiefst erschüttert, und er dachte für kurze Zeit, daß es Zeitverschwendung sei, sich mit Frauen zu befreunden.Wer sich wie Tsensy schweres Fehlverhalten zuschulden kommen läßt, kann nicht mit dem Finger auf andere zeigen, um deren vermeintliches Fehlverhalten anzuprangern.

Künftig wird auf seiner Checkliste bei Begegnungen stehen: Ist sie falsch, verlogen, egoistisch, berechnend und auf den eigenen Vorteil aus? Oder vielleicht sogar hinterhältig bis zur Boshaftigkeit?

Ist sie eine Schauspielerin?

Das bedeutet jedoch nicht, daß Larry den Umgang mit Frauen, den er über alle Maßen zu schätzen weiß, künftig meidet. Nur sind ihm die Grenzen bewußt geworden, deshalb möchte er ein Leben ohne Ehefrau, dem Dasein an der Seite der falschen Partnerin künftig vorziehen.

Bekanntlich gibt es Männer, die scheuen nicht davor zurück, sich der Lächerlichkeit preiszugeben, indem sie, trotz negativer Erfahrungen, Frauen wahllos nachstellen.

Zu Churchill, der verheiratet war, aber ansonsten von Frauen keine sonderlich gute Meinung hatte, sagte einmal eine Frau: „Wenn ich ihre Ehefrau wäre würde ich Gift in ihren Tee schütten". Darauf soll Churchill geantwortet haben: „Madam, wenn ich ihr Ehemann wäre, würde ich den Tee trinken".

Nach einiger Zeit, nachdem ihm nun gewissermaßen die Augen geöffnet waren, mischte sich in seinen Kummer ein wenig das Gefühl von Erleichterung, unglaublich, daß so etwas möglich war.

Larry empfand es immer deutlicher. Noch vor wenigen Tagen war unter all den Gedanken, die ihm im Kopf herumgingen nichts was auch nur annähernd in Richtung Erleichterung ging. Eine innere Stimme bestärkte ihn aber in seiner Erleichterung.

Eine simple Wahrheit ist, daß jedem von uns schlimmes widerfahren kann, doch was man auch erlebt, es wird ganz sicher auch immer wieder erfreuliches geben. Unsere Ehe geht in die Brüche, aber das Leben geht weiter, dachte er sich.

Für alle Menschen gibt es, so steht es in der Bibel:
Eine Zeit zum Weinen.
Und eine Zeit zum Lachen,
eine Zeit für die Klage
und eine Zeit für den Tanz. (Kohelet 3,4)

Er fühlte sich dem Himmel so nah, so leicht und beschwingt, daß ihn nichts mehr aus der Bahn werfen wird. Sein Alltag war verändert, dankbar sah er das Leben wieder mit neuen Augen. Es war ihm als wäre er jahrelang von Zuhause weg gewesen. Alles sah anders aus, vor ihm lag so etwas wie Zukunft. Larry sah die Welt wieder hell und klar vor sich liegen. Nun konnte er wieder ins Gleichgewicht und zur Ruhe kommen.

Zu sich selbst sagte er „Das ist meine Chance, mich so richtig auszuleben, und ich gedenke das Beste daraus zu machen". Alles was er damals erduldete, war eine Art Vorbereitung auf den Augenblick, als er eines Nachmittags aus dem Büro ging und weg aus seinem bisherigen Privatleben, um freundschaftliche Beziehungen unter seinen Motorradfreunden zu suchen, die ihn von einem lebendigen Tod befreien sollten.

Es folgte eine überwältigende Zeit mit seinen Motorradfreunden. In den nächsten sieben oder acht Monaten führte Larry ein Leben, wie es ihm bisher nie möglich gewesen war. Und gegen Ende dieser Zeit kam er, nach seinem Empfinden, dem Paradies auf Erden näher als je zuvor in all den zurückliegenden Jahren während seiner Ehezeit. Es war ihm, als sei er vom Mars heruntergestiegen. Verdrängte die Erinnerung an das Leid und das Leben, das vor die Hunde gegangen war und blickte auf eine seltsam veränderte Welt.

Später im Rückblick wurde ihm bewußt, daß er sich in der Ehe der Gefahr einer seelischen Lädierung ausgesetzt hatte. Viele würden gern eine so starke Persönlichkeit sein. Aber bestimmte Fähigkeiten kann man nicht erlernen. Viele Fähigkeiten hat man einfach, man trägt sie in sich wie ein Geschenk Gottes. Das Wunderbare ist, daß man sich im Laufe der Zeit so viele Schichten zulegt, dies ergibt mit der Zeit so viel menschliche und gedankliche Tiefe, mehr Flexibilität und Gelassenheit.

„Wir sollen heiter Raum um Raum durchschreiten, an keinem wie an einer Heimat hängen". Schrieb Hermann Hesse in seinem Stufengedicht. Ohne Larrys Geschichte wäre dieses Gedicht eigentlich eine Zumutung, denn die Triebfeder der meisten menschlichen Handlungen ist der Wunsch, an einem Ziel anzukommen und nicht wegzugehen, zu bleiben und nicht davonzulaufen. Jetzt erst verstand Larry das auf viel Lebenserfahrung basierende Stufengedicht von Hesse richtig.

Trugbilder und Spuren

Durch ihre bewährte Taktik mit intensivem Duzen und vorgegaukelter Freundschaft war die Wohnungsnachbarin, genau wie andere ebenso, von Tsensy völlig eingenommen. Die Nachbarin gehörte zu den Menschen, denen es unmöglich war, jemanden länger als fünf Minuten als Fremden zu betrachten, so schnell war jemand in ihren Augen schon eine alte Freundschaft.

Jene Nachbarin war auch so töricht zu glauben Tsensy wäre über Nacht ergraut und bestritt zunächst, daß sich Tsensy seit Jahren die Haare färbte. Selbst auf den Hinweis von Larry, daß der Ehemann doch in der Regel wisse, ob seine Frau sich die Haare färbe, hielt sie noch an ihrer Meinung fest. Sie wollte einfach recht behalten und auch alles andere besser wissen. Manche wollen eben nicht nur etwas glauben, und sei es noch so irrsinnig, sie wollen auch noch recht behalten.

Das Erschütternde dabei ist nicht nur, daß ein schlichtes Gemüt wie diese Nachbarin jemanden auf den Leim geht, sondern, daß auch weitaus Klügere nicht gefeit sind gegen eine Versuchung, die das eigene Denken überflüssig macht.

Wenn es darum ging ihre Leiden zu präsentieren hatte Tsensy keine Mühen gescheut. Die Geschichten, die sie zu erzählen hatte waren immer herzzerreißend, ob sie nun die Kratzwunden an ihrem Arm zeigte oder die vermeintliche plötzliche Ergrauung ihrer Haare. Ein Phänonem ist wie diese Nachbarin und andere völlig kritiklos und hörig das Gerede von Tsensy übernahmen und ihrerseits, wie andere auch, selbst irgendwelche anderweitig gehörten Geschichten und Begebenheiten von anderen Orten dazulegten. Tsensy hatte alle ihre Bekannten und die Nachbarn von Larry fern gehalten, anläßlich von Einladungen behauptete sie Larry wolle nicht mitkommen. Er selbst wurde angelogen, z.B. es wäre nur ein Treffen unter Frauen. Bei einer Einladung der Nachbarn auf den sommerlichen Balkon nahm sie allein teil und behauptete auch dort Larry würde die Teilnahme ablehnen, so hatte sie auch bei diesen gemeinsamen Bekannten problemlos sein Ansehen demontieren und ungeniert an seinem negativen Bild basteln können.

Larry hatte keine Chance sie als notorische Lügnerin bloßzustellen. Ihre Bekannten denen sie mit bewährter Taktik, aus Gründen der Selbstinszenierung, Freundschaft vorgaukelte und von Larry fernhielt, glaubten ihr alle ausnahmslos. Man könnte auch sagen, sie sind ihr auf den Leim gegangen. Als Psychopatin hatte sie kein schlechtes Gewissen, war selbstbezogen und nutzte eiskalt und skrupellos ihr soziales Gespür, um ihr Umfeld zu manipulieren.

Sie hatte die Fähigkeit Leute im Gespräch für sich zu gewinnen. Die Aufmerksamkeit der Leute zu erregen ist wie eine unwiderstehliche Droge. Hätten sie sich die Geschichten von Tsensy näher angesehen (und offen mit Larry darüber gesprochen) desto weniger hätte zusammengepaßt. Sie lebte in einer anderen Welt. Was immer Larry erklären und was immer er tun oder auch nicht tun mochte, sie würde ihn nicht verstehen. Sie bildete sich auch nicht ein ihn zu verstehen, und es war ihr auch nie in den Sinn gekommen, daß sie sich vielleicht darum bemühen sollte.

Amerika hatte ihr seinen Stempel aufgedrückt. Die Chemie stimmte nicht. Tsensy stellte ihre persönlichen Bedürfnisse über alles, folgte ihren Launen, mit einem brutalen Narzismus, kannte kein Mitgefühl oder unterdrückte es. Ihr Verhalten war manipulativ und intrigant. Das Ausmaß der manipulativen Macht ist kaum zu begreifen. Es ging ihr um Macht und Dominanz, nur wegen des Nervenkitzels. Man kann das Gefühl nicht beschreiben.

Lebenserfahrene Menschen und auch Richter wissen, um einer „Sache" auf den Grund zu gehen muß man vor einer Verurteilung mit beiden Seiten über die Behauptungen reden. Im Zweifel gilt: In dubio pro reo.

Daß Menschen mit grotesken, surreal verwahrlosten Vorstellungen oder finalen Gedanken behaupten sie wären Opfer ist nicht gerade selten. Manche sind schizophren, oder Psychopathen, wollen nur beachtet werden. Andere behaupten sie wären Opfer um durch die Neugier mit einem oft nur vorgetäuschten Mitgefühl und anhaltender Aufmerksamkeit überschüttet zu werden. Allein Aufmerksamkeit und Beachtung zu erregen ist für viele ein großes Motiv. Sie verschaffen sich Beachtung in ihrem Leben als vermeintliches Opfer.

Larry führte jeden Tag seiner Ehe einen unerbittlichen Kampf mit Tsensy, die von ihm Besitz ergriffen hatte und ihn mehr plagte als ein körperliches Leiden. Jeden Tag mußte die Schlacht von neuem beginnen mit der Frau, die er als Lebensgefährtin gewählt hatte, gewählt, weil er dachte, sie würde das gute Leben an seiner Seite schätzen und es mit ihm teilen. Von Anfang an war es Qual gewesen und er hatte Qualen gelitten. Die Situation wurde dadurch noch schlimmer, daß die geblendeten Nachbarn und Freunde sie als ein Musterwesen ansahen – so freundlich und so warm. So eine gute Mutter, so eine reizende, gastliche Frau! Dies war aber alles Schauspielerei.

Tsensy ist eine Frau mit starker Ich-Bezogenheit, die immer im Mittelpunkt stehen will, nach Anerkennung giert und ihre Vita mit erfundenen Geschichten dekoriert.

Die Art und Weise der amerikanischen Erziehung und Mentalität trägt erleichternd hierzu bei.

„Dies ist zutreffend und das gibt's häufig in Amerika", meinte Angie.

„Laß dich unterbrechen, ich möchte etwas dazu ergänzen".

„Die von dir beschriebene Tsensy hatte eine ihrem Lebensalter geschuldete Identitätskrise, eine Midlife-crisis, mit einer Persönlichkeitsstörung erheblichen Ausmaßes, möglicherweise in Verbindung mit einem schizophrenen Schub, deswegen ist sie in Panik fremdgegangen".

Ich fragte Angie „Eine Lebenskrise mit dem Sturz in Panik?"

„So ist es!"

„In Amerika geraden die Leute sehr leicht in Panik, dies ist bei vielen Vorgängen im täglichen Leben, bei den Amokläufen, selbst in der Armee, zu beobachten".

„Wegen ihres geringen Mitgefühls und weil sie ihre persönlichen Bedürfnisse über alles stellte, halte ich sie jedoch für eine Psychopathin", antwortete ich Angie.

„Nach meiner Erfahrung", sagt Angie „sind bei Ehepaaren die Frauen der ruhelose Partner, falls sie ehrlich sind. Sie wären für weitere Liebhaber bereit, während Männer, im Gegensatz zur landläufigen Vorstellung, zufriedener sind. Die meisten Frauen haben viel stärkere sexuelle Bedürfnisse. Wären sie nicht von Männern unterdrückt, wäre ihre Sexualität völlig anders".

„In matriarchalischen Gesellschaften konnten Frauen so viele Lover haben wie sie wollten. Die Monogamie wurde von Männern erfunden, damit sie Kontrolle über den Besitz hatten und wußten, welche Kinder von ihnen waren. Meine moslemische Freundin sagte mir zu diesem Thema: „Das kommt doch nur, weil alle Propheten, Heiligen, Kalifen und Kadis Männer waren, und die haben sich die Gesetzte so gemacht, wie es für sie passend waren.

Das verlogene Kleinbürger-Millieu aus dem die Amerikanerin Tsensy nie entrinnen wird, selbst wenn sie heftig strampelt, ist ein Spiegel des alten nicht nur puritanisch verheuchelten Amerika.

Hier in NY ist der Fluchtort vor einem verklemmten Amerika, dies ist einer der Gründe warum ich in NY lebe".

„Wie du weißt bin ich in großteils in den USA zur Schule gegangen" sagte Angie.

„Ich bin mit den Werten des amerikanischen Puritanismus aufgewachsen. Meine Mutter wohnte in einem amerikanischen Kaff mit grauen Holzhäusern, flachen Häusern, bestenfalls zweigeschossig mit überdachter Vorderveranda und ramponierten Holzfassaden. Mit kranken, wahnsinnigen oder auch nur apathischen Nachbarn in beschädigten Ehen, kaputten Familien und Stillstand. Die dortigen Bewohner sind die Ausgeburt von amerikanischer Prüderie, eine eng kalkulierende dörfliche Tugendgemeinschaft, die in ihren Träumen alle nach einem Ausbruch aus ihrem langweiligem Spießertum streben. In ihrer Einrichtung findest du nicht nur Ölgemälde auf denen sich aus großen Augen Pastelltränen weinende Gassenkinder bemerkbar machen, sondern auch die gehäkelten Puppenröcke über den Klopapierrollen.

Die allermeisten in diesen Kaffs leben mit Kreditkartenkredit, zahlen auf jeden Kartenkredit nur den monatlichen Mindestbetrag zurück, der je nach Karte erstaunlich gering sein kann. Sie leben trotzdem auf großem Fuß, täuschen die Nachbarn mit einem luxuriösen Auto. Mehr Schein als Sein ist ihr Lebensmotto.

Ihre kurzsichtige Lebensphilosophie lautet auch heute noch: We have to keep up with the Joneses. Das bedeutet nichts anderes, als daß sie davon überzeugt sind, ihr Ansehen in der Nachbarschaft, unter Kollegen und beim Chef hänge nur davon ab, daß man zumindest das gleiche, wenn möglich aber ein etwas teureres Auto als der Nachbar besitzt. Das gilt ebenso für das Haus. Läßt der Nachbar irgend etwas verändern, z.Bsp. die in Amerika beliebten Baldachine oder Markisen über den Fenstern anbringen, muß dem gefolgt werden. Was sie bewegt und zugleich anstrengt, ist ihre ständige Angst, den täglichen Wettkampf um Ansehen und Anerkennung zu verlieren. Zu meiner Kinderzeit war so ein Statussymbol ein Straßenkreuzer, dies konnte ein luxuriöser Pontiac mit Klimaanlage sein. Es dauerte Jahrzehnte bis sich die Amerikaner keinen US-Straßenkreuzer mehr kauften, sondern einen kleineren europäischen Wagen. Meist zwang sie echte finanzielle Not oder ganz pragmatische Überlegungen dazu auf einen Straßenfloh, wie sie es nennen, umzusteigen. Erstens verbrauchen kleinere Autos weniger Benzin, zweitens kann man mit ihnen besser parken. Probleme kann es erst dann geben, wenn man in NY wohnt und in den Ferien seine Frau und die drei Kinder zu den Großeltern nach Florida bringen will, dann wäre bei der abzufahrenden Strecke ein großer Kofferraum und mehr Raum, damit ihnen auf der Fahrt nicht die Luft ausgeht, mehr als willkommen. Nach den ersten tausend Kilometern im Straßenfloh kann es sonst unbequem und die Kinder quengelig werden".

„In meiner Jugendzeit in den USA, und sicher gibt es das auch heute noch, wurde den Verwandten und Nachbarn Vermögen vorgetäuscht, mit exklusiven Reisen, z.Bsp. in Luxushotels nach Hawaii, obwohl man sich dies überhaupt nicht leisten konnte. Das Ganze, Pkw und Reise, wurde damals meist über eine Hypothek auf das Haus, das längst nicht bezahlt war, finanziert.

Niemand in ihrem Umfeld wußte etwas von ihrer katastrophalen Finanzsituation. Oftmals konnten sie sich kaum über Wasser halten und schnitten wöchentlich Coupons aus der Sonntagszeitung oder aus Flyern, immer auf der Suche nach Schnäppchen, Sonderangeboten oder sonstigen Gelegenheiten, um ihre monatlichen Ausgaben, vorwiegend für das Essen, ein wenig zu reduzieren".

Pessar und Ellbogen

Die Ehefrauen in einem kleinen Kaff gehen die überwiegende Zeit ihres Lebens keiner Erwerbstätigkeit nach. Die paar Emanzen unter ihnen hängen ebenfalls den lieben langen Tag herum und quatschen mit ihren Freundinnen über nichts anderes als über ihre Vagina, die einen über deren Pflege und die anderen über die besten Verhütungsmethoden. Die Pflege der Vagina ist ein besonderes Thema in den USA. Dort lernen bereits die jungen Mädchen, daß sie ständig sauber sein sollen, und daß das weibliche Geschlechtsorgan, als etwas dreckiges, ständig mit Hygieneartikeln traktiert werden muß. Eine Amerikanerin schrieb sogar eine erfolgreiche „Biografie" ihrer Vagina. Die Buchautorin heißt Naomi Wolf „Vagina A New Biography" ist der Titel, dort wird als wahre weibliche Kraft die Vagina identifiziert. Einer ihrer Schlüsselbegriffe ist die „Vagina-Brain-Conection". Es geht dabei kurz gesagt, darum daß Frauen „die Magie ihrer Vagina" wiederentdecken müssen, daß guter Sex alle Probleme löst und die Macht des weiblichen Geschlechtsteils Frauen vor Unterdrückung schützt. Die Vagina sei eine Göttin schreibt sie. Gestörte Persönlichkeiten wollen mit ihrer Vagina die Macht über Männer haben und wenn sie frustriert sind, wollen sie ihre Wut an den Männern auslassen. Diese frustrierten Frauen stacheln sich gegenseitig an. Wäre es nicht besser ein unzufriedener

Mensch zu sein als ein zufriedenes Schwein? Der britische Philosoph John Stuart Mill war jedenfalls dieser Meinung.

Das Dasein der Frauen im Kaff besteht im Absitzen des Tages, deswegen haben alle ständig Geldprobleme. Gleichzeitig aber gilt dort Armut, oder wenn jemand zu dumm zum Arbeiten ist, als Makel. Anders als die meisten Deutschen neigen sie zu einer Selbstkritik, die eigene Schwächen noch übertreibt. In einer anderen Stimmung finden sie nur das richtig und gut, was in ihrer Vorstellungswelt amerikanisch ist.

Arbeiten „to make money" ist etwas für diese konservativen Frauen etwas das weit hinten ansteht, hat doch der Ehemann das Geld zu beschaffen. Sie wollen die Rolle der glamourösen Stay-at-home-mum im versprochenen Rosengarten spielen. Sie haben immer noch ein Rollenmuster im Kopf das eigentlich schon längst überholt ist, nämlich: der Mann sorgt für das Geld und die Frau gibt es aus. Deren Männer erwarten, daß sie von der Ehefrau versorgt werden, sie sich um seine sämtlichen Bedürfnisse, einschließlich der sexuellen, kümmert. Daß sie neben der Kindererziehung den Haushalt möglichst perfekt führt. Ihren Töchtern raten sie ihre Zeit und Energie nicht in eine Ausbildung und Beruf zu stecken, wenn sie später heiraten wollen. Sie sagen zu ihnen: "Du brauchst dir keine Sorgen machen keine Arbeit zu finden, denn du bist attraktiv und wirst schnell heiraten". Jene kümmern sich nicht sonderlich um die Zukunft ihrer Kinder, lassen sie mit ihren Sorgen und Problemen allein, weil die Kinder nach ihrer Lebensphilosophie angeblich lernen müssen ihre eigenen Entscheidungen autark zu treffen.

Die Kinder aber legen so viel Wert auf so viele unbedeutende Äußerlichkeiten, daß sie das Wesentliche vernachlässigen. Der Erwerb von Wissen genügt ihnen nicht. So kann es vorkommen, daß das College oder ein Studium vorzeitig an der Universität abgebrochen wird, nur weil die Tochter oder auch der Sohn unbedingt Geld verdienen will um sein eigenes schickes Auto oder andere vergängliche Dinge zu kaufen. Ohne Pkw ist man in einem solchen Kaff ein Nichts und ohne jedes Ansehen. Das Auto ist in ihrem Umfeld für viele immer noch alleiniger Dreh- und Angelpunkt des Lebens und das Maß aller Dinge. Und niemand sagt ihnen, daß sie auf diese Art und Weise, und das ist sehr wahrscheinlich, es niemals zu einem anständigen Auskommen bringen werden. Sie werden nie mehr Gelegenheit haben, aufs College zurückzugehen, um ihre Ausbildung abzuschließen.

Amerikanische Ehemänner werden, wenn man die Soaps im Fernsehen und auch die bei den Lesern der Sonntagszeitung sehr beliebten Comics, ernst nimmt, wie der Trottel der Familie behandelt, lieb aber blöd, der ständig von einer klugen, verständnisvollen Ehefrau vor dem Ärgsten bewahrt werden muß.

„Das Dorf meiner Mutter liegt in Ohio, verächtlich wird dieser Bundesstaat als Rostschüssel Amerikas bezeichnet, seit die Stahlindustrie in Ohio Geschichte ist und deren Betriebe nur noch aus rostigen Schrotthaufen bestehen und es in diesen Betrieben keine Arbeitsplätze mehr gibt. In einem solchen kleinen Kaff geht kaum mehr etwas. Es sind Orte, die Gott offenbar schon lange verlassen hat.

Ohio, ein Bundesstaat in dem besonders gern Tomatensaft getrunken und „Hang on Sloopy" gesungen wird. Im Dorf meiner Mutter ist es übrigens gesetzlich verboten

Alkohol auszuschenken, aber auch Fische betrunken zu machen".

„Zugegeben es grenzt natürlich schon an Tierquälerei, wenn man Fische immerzu nur Wasser schlucken läßt" witzelte ich.

„In ihrem Kaff gibt es, außer zahlreichen Kirchen für die verschiedensten Glaubensrichtungen, absolut nichts. Das Alkoholverbot rührt daher, weil das ganze Land einst frommen alten Jungfern gehörte, die vermachten es dem Staat mit der Auflage, daß dort niemals Alkohol verkauft werden darf. Eine Regelung, die nicht allzu sonderlich ist, gibt es in den USA sogar Gegenden in denen keine Pinienbäume gefällt werden dürfen, weil sie einst der Kriegsmarine für Masten vorbehalten waren und eine Abschaffung oder Änderung des Gesetzes bis heute offenbar nicht möglich ist".

„Die konservativen Amerikaner, und konservativ sind 50 %, denken die Ehe ist heilig, seinen Partner darf man niemals betrügen. Sollte es dennoch passieren, muß man den Seitensprung beichten und bereuen. In den USA heißt fremdgehen umgangssprachlich „jemanden nebenbei haben", ein wackeliger Balanceakt für den Amerikaner kaum Talent aufbringen. Wenn Amerikaner betrügen, wird es kompliziert und widersprüchlich, denn unsere Ehen unterliegen einem extrem hohen moralischen Anspruch. Die Eltern sind für die Kinder Zeit Lebens eine moralische Instanz mit Vorbildfunktion. Ein entdeckter Seitensprung erschüttert die Welt der Betroffenen. Blow job counts, bekannt durch den Seitensprung von Expräsident Clinton. Die Schuldigen müssen sich schonungslos entblößen im schlechtesten Fall in monatelangen Therapien gegen die

Schwächen ihrer Persönlichkeit ankämpfen und künftig bei jeder fünf Minuten Verspätung zu Hause anrufen.

Bei den Konservativen in den USA dauern Ehekrisen länger und verursachen größeres emotionales Leid als in anderen Ländern. Monogamie wird als etwas „Gottgewolltes" verstanden und Untreue ist ein Spiel mit der Sünde meinen die konservativen Amerikaner. Gleichzeitig halten sie es für eine gesundheitsfördernde Betätigung, dem Wettkampf der Leiber nachzujagen und wann immer sich die Möglichkeit bietet Sex zu haben. In Mozarts Oper Don Giovanni heißt es: Still, ich rieche eine Frau".

„In NY täte sich der Frauenheld schwer, denn hier ist die Luft dick", erwiderte ich.

In ihrer Jagd nach Sex wurden sie über Jahrzehnte bestärkt durch Fernsehshows, wie die der selbsternannten Expertin in Sachen Sex, der Ruth Westheimer aus NY. Die meisten Amerikaner packen dieses Thema aber mit spitzen Fingern an, wie einen stinkenden Lappen, den man zum Müll trägt.

Wohin man auch blickt, überall gibt es gescheiterte Ehen. Unmengen von Romanen und Theaterstücken handeln von nichts anderem. Dichter und Autoren nach kann man es den Frauen nie recht machen. Jene wissen wovon sie schreiben. Erzählen sie ihrer Ehefrau von den Problemen bei der Arbeit, dann interessiert sie dies nicht. Tun sie es nicht, dann beklagen sie sich man hielte sie nicht für intelligent genug das zu verstehen. Kaufen sie ihr teure Geschenke oder geben ihr eine Vollmacht für die Bank, dann meinen sie man wolle sie bestechen und gefügig machen.

Verlorene Lebensperspektive

Angie erzählte noch „Das Hauptziel im Leben einer meiner Kolleginnen, war sexueller Art, ähnlich wie in der von dir erwähnten Fernsehshow".

„Sie war kein Röslein auf der Heide, nannte sich Alice und arbeitete als Tischdame, Nightclub-Hostess wie man hier sagt. Als sie noch jung und wild war, habe sie ein akademisches Grad in Anthropologie erworben. In dieser Zeit als sie die Welt und sich selbst ganz rational betrachtete, nahm sie einen Job im Nachtclub an, um die Sexualität des Mannes besser studieren zu können. Gleichzeitig mußte sie ihr Geld verdienen. Sie dachte nicht an den Verfall des Körpers wenn man älter wird, die Glieder steif werden, die Hoffnungen und Energien nachlassen. Sie fand es bald überwältigend wieviel Rohheit und Betrunkenheit in diesem Job zu finden war. Letztlich blieb sie dort aber hängen".

„Sich ein anderes Ziel zu setzen war ihr nicht mehr möglich. Sie wollte nicht heiraten um eine Art Erbsenschote zu sein, deren Zweck es ist aufzubrechen, um kleine Ebenbilder von sich freizugeben. Der Wettlauf mit der Sexualität endete in einer Depression und Gebärmutterkrebs.

Sie beklagte sich einmal, daß die Männer immer Brüste erwähnten und von Brüsten sprachen als wären es eigenständige Wesen. Schließlich hat sie sich mit den Augen der Männer selbst angesehen und verstanden, daß diese bereits

in Gedanken alles mögliche mit diesen Brüsten anstellen
würden, wenn sie richtige hätte. Ihre eigenen waren aber
nur schlapprige Zitzen in der Größe von Spiegeleiern und
mittels eines „wonderbra" täuschte sie die Größe vor.

Alice konnte sich gedankenverloren stundenlang mit
dem Feilen und Lackieren ihrer Finger- und Zehennägel
beschäftigen bis sie die richtige Form und Farbe hatten.
Eine hochgewachsene Blondierte, die sich viermal am Tag
mit Deodorants besprühte, um nicht unangenehm aufzufallen. Selten kam sie einmal zur Ruhe, weil sie so sehr mit
ihrer Hygiene und körperlichen Vollendung beschäftigt
war.

Mit jedem Tag und dem zwangsweisen körperlichen Verfall entfernte sie sich weiter von jenem Ideal der Jugend und
Attraktivität, dem sie selbst als Objekt der eigenen Begierde
nachstellte, da nützten ihr auch nicht die Straßstecker in
ihren beiden Brustwarzen und den Nasenflügeln. Schließlich gab es unter diesen Umständen nur noch Sex unter der
Bedingung des Zwanges oder des Kaufvertrages, somit er-
kauft, erlogen, erschlichen, erlitten. Kein erstrebenswerter
Lebenslauf, einer mit ungewissem Ende. Wo Schnaps und
Sex billig zu haben sind, muß die Ehre nicht teuer sein,
sagt man. Sie ging aktiv suchend auf Männer zu, lehnte
sich an Unbekannte und saugte deren Duft ein. Begab sich
in fremde Arme, bis die nächste Vision sie ermahnte sie
könnte noch jemand besseres finden. Vermutlich spielten
die Irrungen und Wirrungen, die Täuschungen und Selbst-
täuschungen eine größere Rolle als Fakten. Nach einiger
Zeit wußte sie selbst nicht mehr wer sie war. Wie ich später entdeckte, hatte sie diesen Verwandlungsprozeß bereits
begonnen, bevor ich sie kennenlernte. Wie so viele Frauen,
die sich für häßlich halten, hatte sie den Entschluß gefaßt,

schön, berückend schön zu werden. Dazu gab sie erst einmal ihren Namen auf, dann ihre Familie und ihre Freunde, alles was sie an die Vergangenheit binden konnte. Mit all ihren geistigen Gaben und Fähigkeiten widmete sie sich der Pflege ihrer Schönheit und ihres Charmes. Sie verbrachte ihr Leben nur allzu gerne vor dem Spiegel, studierte nun jede Bewegung, jede Gebärde und jede kleinste Grimasse ein. Sie änderte nun ihre Art zu sprechen, ihren Stil, ihren Tonfall und Akzent. Aber auf der Jagt nach Schönheit wurde sie am Ende ein Opfer ihrer eigenen Schöpfung, denn schließlich wurde sie erschreckend häßlicher als die häßlichste Frau der Welt und wirkte mit ihrem Verhalten schrecken- und furchteinflösend.

Amerikaner nennen solche Frauen im fortgeschrittenen Alter, die sich Männer krallen, Cougar – Raubkatze. Schließlich sagte mir Alice einmal: „Ich lebe jetzt jeden Tag als wäre es mein letzter".

Backroom-Bar in Brooklyn

„Gehen wir auf einen walk!" sagte Angie.

„Wie wär's danach mit einem Drink in der Backroom-Bar, meiner Lieblingsbar?"

„Wir müssen deinen Besuch noch mit einem gemeinsamen Drink feiern". Und sie betrachtete mich mit jener schelmischen Herzlichkeit, an die ich mich jetzt wieder erinnerte.

„Es freut mich, daß du glaubst, es gebe dabei etwas zu feiern".

Angie lachte „Das ist aber gar keine nette Bemerkung. Es klingt als hättest du mich überhaupt nicht vermißt".

„Doch ich wollte dich gerne wiedersehen, bestimmt. Aber ich weiß nicht ob ich NY wirklich vermißt habe".

„Ich wollte dir auch noch danken, daß du mir eine Geburtstagskarte geschrieben hast".

Im Geheimen dachte ich, sonst ist niemand auf den Gedanken gekommen.

„Gehn wir – on y va". sagte Angie.

„Wer sich auch mal in unbekanntes Terrain wagt, sieht eine Stadt plötzlich ganz anders. Das ist eine Abwechslung zu Essen und Museumsbesuch".

„Bei uns in NY gehört das Gehen, unbestritten ganz unamerikanisch, zu den intelligentesten Möglichkeiten der Fortbewegung, und es verschafft dir etwas Abstand von deinem neuen Buchprojekt".

„Wenn ich an früher denke, bei uns zu Hause, da nahm man den Wagen aus der Garage, nur, um zum nächsten Häuserblock zu fahren".

„Und wie gut uns das tut, ein bißchen zu laufen oder Fahrradfahren".

„Gelegentlich möchte ich aber noch von dir hören wie das mit den ruinierten Leben der Protagonisten, von Tsensy und ihren Kindern Katja und Jesikel, zu verstehen ist".

Von 1920 bis 1933 war der Ausschank von Alkohol nicht nur in NY verboten, es herrschte die Prohibition, laut Gesetz durfte man keinen Alkohol trinken. Aber das hielt niemanden davon ab, es trotzdem zu tun. Damals gab es in NY versteckte Kellerbars, der Einlaß erfolgte mit strenger Gesichtskontrolle. Alkoholische Getränke wurden in Kaffeetassen ausgeschenkt, Whisky mit Kaffeesahne getarnt. Heute sind Hinterhof- und Kellerbars in Brooklyn wieder in.

„In meiner Backroom-Bar in einem versteckten Hinterhof wird die Zeit um 1920 stilecht imitiert, die Drinks werden auf Wunsch wie damals in Kaffeetassen serviert. Spät Abends, gegen 23 Uhr, spielt eine kleine Band authentische Musik aus den 1920-igern. Bei diesen alten Hits läuft mir immer ein angenehmer Schauer über den Rücken. Die Hits fangen in meinen Ohren an als rattere ein Zug durch einen Tunnel und dieses aufbrausende Röhren steigert sich zu hörbar gemachten Elektroschocks, die mich unwillkürlich mit den Beinen wippen lassen. Besonders dominant ist in der Band vor allem das Saxophon. Damals in den 20-igern der Inbegriff des Schwülstigen. Eingerichtet ist die Bar im Stil um 1920, der Einlaß geschieht wie damals nach Ausweiskontrolle, weil man Jugendliche abhalten will.

An der Eingangstür steht ein riesiger Rausschmeißer, der seine Augen überall hat. Zutritt haben junge Leute ab 21 und an manchen Tagen erst ab 25 Jahren. Szenen wie in dieser Bar machen die seltsame Kraft und die Magie unseres Stadtteils aus".

„Überwiegend sind die Besucher dieser Bar Menschen wie du und ich, weit entfernt von den superschlanken und gelifteten Banker- und Aristokratengattinnen mit seidigem Haar oder den verblassten Film- und Fernsehsternchen von gestern mit ihrem verführerischem Duft, die wirst du dort nicht finden. Eher schon einen nach allen Regeln passend herausgeputzten Paradiesvogel, den man aus Werbeanzeigen von Ralph Lauren zu kennen meint, einer der beim Lachen sein unnatürlich weiß gebleichtes Gebiss zeigt, einer mit kantigem Kinn, ausgeprägten Wangenknochen und ergrauten Schläfen. Narzistische Paradiesvögel, die sich zu Hause im Spiegel betrachten und wissen, daß Kleider die Attraktivität noch zu steigern vermögen".

„Einer kam einmal herein, der wirkte wie ausgestochen, als er in hautenger Lederhose und passend zum Exoten, in Krokostiefeln in Echt- oder Unechtleder, hereintänzelte. Die Stiefelspitzen waren viel länger als nötig, so lang und schmal kann kein Fuß sein. Vorne sahen die aus wie abgesägt, mit relativ hohen Absätzen, die massiv auf dem Boden polterten.

Ein selbstverliebter Strizzi, optisch erinnerte er mich an die siebziger Jahre, keine Pose war ihm peinlich".

Entsprechend der Kommentare schien er den anwesenden Damen um mich herum zu gefallen, die Kommentare waren „Richtige Männer wollen so sein wie er – endlich einer der zu seinem Ego steht und sich nicht klein machen läßt".

Ich sah es etwas anders; der deutsche Philosoph Walter Benjamin hat hierzu einmal gesagt: „Denn weder die Hülle noch der verhüllte Gegenstand ist das Schöne, sondern dies ist der Gegenstand in seiner Hülle. Enthüllt aber würde er unendlich unscheinbar sich erweisen".

„Davon kannst Du dich in jeder Sauna oder an jedem Nacktbadestrand überzeugen. Wo alle Hüllen gefallen sind, hat sich im Alltag für die meisten alle Erotik verflüchtigt".

„Du mußt wissen, eigentlich ist in der Bar gar nichts los, nur das Leben, wie das Leben halt so ist, wenn es gut geht, schräg und schön und durcheinander, aber mit interessanten Leuten".

Bei unserer Ankunft ist die Bar ist noch einigermaßen leer, an der langen Theke sind noch viele Plätze frei. Man sieht keine Alkoholiker, die vom Alkohol geschwängert schwer ihre Köpfe über Gläser senken. Die Bar sieht auf den ersten Blick annähernd so aus, wie es sich für eine Bar gehört, eine Bar die sich weigert Spelunke zu sein.

Die Wände sind mit dunklem Holz getäfelt. An der Rückwand hängen alte blinde Spiegel und an der Decke drehen sich seltsame antike mit Lederriemen betriebene Ventilatoren. Auf der Theke sind Flaschen aufgestellt, mit weißen brennenden Kerzen. Der Barkeeper in der Mitte trägt, ob für die Zwanziger stilecht oder nicht, bunte Hosenträger. In dieser Bar wird selbstredend keine Getränkekarte gereicht, denn wer hier trinkt, weiß was er beim Barkeeper bestellen will.

Angie meinte „Man kann hier den unvermeidlichen Jonny Walker bestellen, wenn man seinen dürftigen Geschmack beweisen will. Man sagt dann einfach „Einen Scotch mit Wasser". Man kann jedoch auch jede Menge schottische Single Malts probieren, vor allem aber eine beeindruckende Auswahl an einheimischen Bränden, wunderbar weichen und süßen Bourbon aus Kentucky oder Tennessee. Der Barkeeper serviert dazu scharfe Nüßchen. So lassen manche den erfolgreichen Tag ausklingen".

Wir beide beratschlagten, ob wir einen Mint Julep, das ist Bourbon, Angostura, Rohrzucker und frische Minze auf zerstoßenem Eis, Sex on the Beach oder vielleicht doch lieber einen Hemingway Daiquiri bestellen sollen, entschieden uns für den H.D. gemixt aus weißem Rum, Zuckersirup und Limettensaft. Angie meinte daß der Sex on the Beach ein viel zu großer Hammer wäre, weil wenn er richtig zubereitet, aus zu vielen verschiedenen Alkoholikas zusammen gemischt wird. Mint Julep ist jener Cocktail, den einst Goldfinger im Film auf seiner Ranch in Kentucky seinem Gast James Bond servierte mit dem Hinweis „traditional, but satisfying" also altmodisch, aber doch zufriedenstellend – eine Beschreibung, die auf die Backroombar auch ganz gut zutrifft.

Der Barkeeper kühlte die Gläser mit Eiswürfeln auf die perfekte Temperatur herunter und bevor er die frisch geschüttelten Drinks einfüllte bestrich er den Rand der Gläser mit einer Zitrone. Alles sehr professionell in meinen Augen.

Das richtige Mischen von Drinks ist bekanntlich eine große Kunst und bedarf bei der Vielzahl von modischen und historischen Cocktails eines enormen Wissens, wenn sich einer nicht blamieren will. Wenn sie aber einen in Europa bekannten Drink nicht kennen, was sehr selten vorkommt, dann sind sie so frei und fragen unbefangen nach dessen Zutaten. Meist sind dies dann Drinks, die einen beknackten Namen haben und die es nur regional in einer Schickeria gibt.

Nach einiger Zeit füllt sich die Bar nach und nach merklich. An den Hockern, je paarweise mit Diskretionsabstand dazwischen, lehnen Leute die sich angeregt unterhalten und sich wie in einer Moliére-Burleske wortreich und gestenreich vorstellig machen. Es gibt Küßchen links und Küßchen rechts. Auch zwei Paare, die verliebt aneinander hängen bei denen das Küßchen etwas länger dauert. Die einen oder anderen hier werden sich schon lange kennen, erwecken den Eindruck als freue man sich, sich wiederzusehen. Andiamo a caccia – es geht auf die Jagd wie die Italiener sagen. So ist das Leben nun mal. Hier kann man wahrlich unter Leuten sein, ohne Streß zu haben.

Wir hatten uns auf die Hocker am Tresen gesetzt, denn etwas anderes steht einer Bar einfach nicht zu, denn wir waren nur Zuschauer und nicht Akteure. Wir beobachteten die Männer und Frauen, wie sich die feuchten Münder öffneten und schlossen, die Hände um das Glas gekrampft.

„Bert das kann doch nicht wahr sein“.

„Was ist denn?“

„Dort drüben sitzt einer, der schaut schon die ganze Zeit herüber. Siehst Du?“

Am Ende der Bar saß er, eine Hand ruhte auf dem Tresen. Genauso um den Drink gelegt wie meine Hand. Was ich sah war keine Halluzination.

Während sie es sprach sah ich, daß dieser Typ nicht mich, sondern Angie angaffte und sogar lächelte. „Hast du es gesehen?“ „Ich bin ja nicht blind“, sagte ich zu Angie. „Aber ich glaube den kenne ich“.

„Das kann nicht wahr sein, was macht denn der hier?“ sagte ich leise zu Angie.

„Der ist aus Hamburg, ein Ex-Kollege von Larry, die Welt ist klein!

Ab jetzt sprichst du nur noch Englisch! Ich erzähle dir gleich warum".

„Dieser Typ ist schwul, fast alle älteren Kollegen wußten es, nur er glaubte keiner weiß es. Er selbst redete nicht darüber. Bei den meisten Mitarbeitern war er nicht beliebt, da er die Leute anschrie und tobte, als ob er mit ihnen verheiratet wäre. Sein Gesicht war von Narben gezeichnet. Gerüchte besagten, er sei durch eine Windschutzscheibe geflogen.

Eines Tages wurden junge Frauen, eingestellt und eine verliebte sich in ihn. Das Techtelmechtel lief eine Weile und offensichtlich lief aber privat nichts. Da hatte die verliebte junge Kollegin die Idee mit ihm in den Urlaub zu fahren, um in romantischer und entspannter Atmosphäre zur Sache zu kommen. Als sie aus dem Urlaub zurückkamen erzählte sie im Kreis der Kolleginnen, daß ihm Bett nichts gelaufen war und er auf versteckte Fragen ausweichende Antworten gab. Zusammen mit den anderen jungen Kolleginnen kamen sie zum Schluß, das der schwul sein muß. Ältere Kollegen bestärkten sie darin durch Zufallsbeobachtungen. Bald darauf lernte die so verschmähte während der Arbeit einen anderen kennen, den sie heiratete und die Geschichte mit ihrem seinerzeitigen Urlaubsfrust kursierte erneut im Kollegenkreis.

Viele Jahre später versuchte es eine wesentlich jüngere Kollegin ebenfalls mit ihm. Die selbe Szenerie mit Ausnahme der Urlaubsgeschichte wiederholte sich. Die suchte ihn wenn immer es eine Möglichkeit gab, mehrfach am Tag am Arbeitsplatz auf. Bis sie schließlich aufgab, weil er den Umgang außerhalb der Arbeitszeit ablehnte. Sie hatte naiverweise zu keiner Zeit erkannt, daß der schwul ist. Der Typ heißt Yourgin".

„Oh Gott, Bert schau! Er kommt. Er kommt hierher“.

„Sprich bloß nicht deutsch!“ sagte ich. „Hoffentlich erkennt er mich nicht!“

Yourgin benötigte ein paar Sekunden, bis er bei uns war. Mein Herz schlug höher, ich dachte: wenn der mich erkennt, was sage ich dann?

„Hello“, sagte er zu Angie und ignorierte mich.

Keine Ahnung, was Angie sagte. Ich glaube nichts.

„Hello“, wiederholte er.

„Hello“, sagte Angie mit gedankenverlorenem Blick in das tiefe Blau seiner Augen.

„Good evening“, sagte ich. Er ignorierte meinen Blick, ich war für ihn weit weg, wie auf einem anderen Planeten.

„I em wery sorry“, sagte Yourgin und lächelte etwas verlegen.

„I em wery sorry, but I do not spiek Englisch wery vell“.

„You don‘t speak English very well?“ erwiderte Angie wie eine Schauspielerin.

„Oh, I em sorry“, sagte Yourgin und reichte ihr die Hand. „Yourgin Tisser“.

„What?“ sagte sie, schüttelte seine Hand und dachte was für ein blöder Name, sie hatte Pisser verstanden und am liebsten hätte sie zu ihm auf deutsch gesagt „verpiss dich!“

„Yourgin“ sagte er. „My name Yourgin Tisser. I hef seen you before“.

„Oh“, sagte Angie, langte in die Tasche und angelte nach ihrer Brille. „Oh, that’s your name. What was that again?“

„I hef seen you before“.

„No, I mean the name“.

„Yourgin“, sagte er, „Yourgin Tisser“.

„Yourgin Ti-sser?“

Er nickte und grinste.

„I'm Angie de Long", antwortete sie, setzte sich die Brille auf und schaute erst mal richtig hin.

Schreck laß nach. Hier stand definitiv jemand an dem sie nicht interessiert war. Den sie vielleicht nur als dunklen Schatten in der Backroom-Bar wahrgenommen hätte. Tisser war kein gutaussehender Mann, aber andererseits auch nicht häßlich. Tisser war etwas dicklich, aber nicht übertrieben. Er litt an Haarschwund, hatte gerade noch so viele Haare auf dem Kopf, daß man nicht sagen konnte er wäre Glatzköpfig. Sein Gesichtsausdruck wirkte beschränkt, aber gewiß nicht stupid. Alles in allem aber kein Typ für sie.

Angie machte Yourgin mit mir bekannt.

„Nice to meet you, too", sagte Yourgin und reichte mir die Hand.

„Kommst du oft hierher in die Bar?" erkundigte ich mich bei ihm scheinheilig.

„No, sis is my first time".

„I do not lif here", sagte er. „I lif in Hamburg".

„In Hamburg?" sagte ich. „Hamburg in Europe?"

Yourgin nickte.

„Hamburg in Germany?"

Yourgin nickte wieder.

„Oh, sagte ich und grinste, wahrscheinlich wohnst du dann nicht in einem „luxury duplex".

„What is sät – a luxury duplex?" fragte Yourgin.

Wie sollte ich das nun erklären, ein " luxury duplex is, ähm..." quälte ich mich ab.

„Das ist ein special apartment", sagte Angie für mich.

„A special apartment? I see", antwortete Yourgin grinsend. „In Hamburg I lif in a special apartment, too. A Wohngemeinschaft. A „luxury duplex" for many people?"

Ich riß die Augen auf. „A Wone-ga-mine-schafft“, wiederholte Angie vorsichtig.

„Yes, in Hamburg“, sagte er und schlürfte an seinem Drink.

„How nice. How very nice“, sagte Angie ein wenig zögernd.

Die Luft in der Bar wurde allmählich drückend, denn die elektrischen Ventilatoren an der Decke hatten sie in keiner Weise verbessern können. Und man empfand den Mief immer stärker. Es stank nach jahrelanger Verstaubung, nach schalem Bier, eingetrocknetem Alkohol, nach Küchendunst, Urin, Schweiß und Wollust. An der Bar standen jetzt auch Leute mit feuchten, schnapsigen Gesichtern, die bereits eine gewisse heimliche Aufmerksamkeit erregten, denn man wußte nicht wie man sie einordnen sollte.

Wir hatten beide Hunger, besser gesagt Appetit auf etwas Eßbares und verabschiedeten uns eilig von unserem neuen Freund, bevor er auf die Idee kommen konnte, daß er mich ebenfalls bereits irgendwo gesehen habe oder ich jemanden ähnlich sehe. Glücklicherweise war es etwas schummrig in der Bar und ich hatte früher noch keine grauen Haare und einen Bart. Es hätte auch passieren können, daß Angie sich verplapperte und deutsch sprach. Angie mußte dringend auf die Toilette, deshalb ging auch ich. In der Herrentoilette roch es nach den Tausenden, die hier schon eingekehrt waren. Nach einem Ozean aus Urin, nach Pisse und Scheiße. Ich fügte dem verflossenen Ozean meinen Teil hinzu. Mein Blick fiel auf die wild gekritzelten obszönen Schmierereien an der Wand, Texte betreffs Big Willie and Nuts und Telefonnummern, Geschlechtsteile, Brüste und auch Penisse allesamt in die Wand eingekratzt oder aufgemalt. „Wer macht dieses oder jenes. Ich mache es mit jedem. Ich mache dieses und jenes".

Ich wusch mir die Hände trocknete sie ab und ging wieder in die Bar hinaus, um auf Angie zu warten.

Draußen auf der Straße hatte die Hitze nicht nachgelassen. Stein und Stahl, Ziegel, Holz und Asphalt, die den ganzen Tag lang die Hitze eingesogen hatten, werden sie die ganze Nacht nicht so leicht von sich geben.

Schweigend gingen wir zwei Häuserblocks weiter bis zur Macy Avenue, dort wo noch ein Rest des alten Brooklyn übriggeblieben war, wieder einmal über Bürgersteige voller Taubenkacke, zum Fortune Place, einem Chinesen, und bestellten gebratene Nudeln mit Shrimps in der Pappschachtel. Anschließend gingen wir hinunter zum East River noch einmal zum Luftschnappen, setzten uns auf eine Bank, hinter uns ragten hohe Wohngebäude lichtlos wie ungeheure Schatten in den Himmel und vor uns der River, dessen schwarzes Wasser definitiv zu riechen war. Als Kind hatte ich mir einmal Gedanken gemacht wie Tiere Wasser riechen können, dieses brackige Wasser aber können sogar Menschen riechen, bevor man es sieht. Warm und drückend war die vom River her wehende Brise.

Wer nicht inmitten der Stadt NY ist kann von dort unten am East River auf die dekorative Skyline von Manhattan blicken. Und wenn die Sonne untergegangen ist, spiegeln sich im East River die Lichter von Manhattan und die Brooklynbrücke wird zur anmutigen Kulisse.

Deutlich war auf der anderen Seite das Empire State Building zu erkennen. Das Postkartenpanorama von Manhattan bei Nacht ist wirklich beeindruckend. NY die Stadt der Träume. Schon immer verfallen Glückssucher aus aller Welt der Stadt und viele die kommen wollen bleiben.

Wer oder was führt Regie im Lebensweg - ein mehr oder
minder gütiges Schicksal, oder doch der pure Zufall?

Es war sehr erleichternd, in Gesellschaft einer guten
Freundin dazusitzen und auf das Wasser hinauszublik-
ken. Ich sah in Gedanken zu den wenigen Sternen hinauf,
wie ich es schon als Kind getan hatte und dachte daran,
daß sich die Sterne mein Leben lang nicht ändern werden.
Und wie sie schon den ersten Seefahrern geholfen hatten
sich zu orientieren. Wie die Seefahrer habe ich in meinem
Leben durch unerforschtes Gebiet navigiert um die Welt
zu erkunden. Ich habe auf mein Glück, meine positive
Einstellung zum Leben, und meine Fähigkeit offen und
freundlich auf andere Menschen zuzugehen und mit ihnen
zu reden, vertraut. Und ich konnte immer auf die Unterstützung von Vertrauten zählen. Am wertvollsten waren
jene, die mir egal unter welchen Bedingungen hilfreich zur
Seite standen.

Schließlich machten wir uns auf den Heimweg.

Unterwegs erzählte ich Angie noch weitere Begebenheiten von Larrys heimlich schwulen Kollegen Tisser mit
seinem Helfersyndrom und andere Geschichten aus dem
Arbeitsleben von Larry.

Denunzianten

Eine dieser Geschichten, ist die Geschichte wie eine ältere und nie verheiratete fromme Kollegin mißbräuchlich geschockt und Larry denunziert wurde, sie nannten sie „Die fromme Helene".

Helene war zum Ende ihres Erwerbsleben, nach 50 verschiedenen Arbeitsstellen in der Firma gelandet. Sie fand Larry sympathisch und beehrte ihn fortan mit ihren Fragen während ihrer Einarbeitungszeit. Der Grund für die vielen Wechsel war ihre Streitsüchtigkeit, sie war schräg um nicht zu sagen verschroben und gleichzeitig religiös verbogen. Helene legte sich auch sofort mit dem beim Direktor hoch angesehenen Chef an. Aus welchen Gründen auch immer berichtete dieser dem Herrn Direktor nichts von seinem ständigen Ärger mit Helene, so war Helene trotz ihrer Schrullen dort gut angesehen.

Offensichtlich reizte es Kollegen, mit denen sie ebenfalls Meinungsverschiedenheiten hatte, die fromme Jungfer Helene zu schocken und sie legten ihr ein obszönes Männerbildnis in ein Buch welches sie schon seit längerer Zeit auf der Fensterbank an ihrem Arbeitsplatz liegen hatte. Sie sollte geschockt oder möglicherweise auch nur geärgert werden.

Entweder wußten die Kollegen nicht daß es sich um ein Leihbuch von Larry handelte oder wahrscheinlicher ist, einer der Kollegen hatte es mitbekommen, weil Helene es erzählt hatte. Für die Kollegen war der zu erwartende Spaß damit noch größer. Warum nicht zwei Fliegen mit einer Klappe schlagen?

Larry war aus Neid und Mißgunst mit üblen Verleumdungen, ebenfalls schon lange ins Visier bestimmter Kollegen geraten, die sich gedankenlos und gerne mit ausgebreiteten Armen in die sumpfige Unterwelt, in ein Gebräu aus Gerüchten, stürzten.

Der weitere Verlauf der Sache schien interessant zu sein, zumal anzunehmen ist, daß man fast Wetten abschloß wie die Reaktion verlaufen würde. Schon vor dem Einlegen der obszönen Abbildung hatten sie versucht durch kleine negative Manipulationen Helene von ihrer guten Meinung über Larry ins Wanken zu bringen. So wurde eine von Helene ausgesprochene Geburtstagseinladung an Larry nicht wie beauftragt weitergegeben. Und auf ihre Frage bei der Geburtstagsfeier, wo denn Larry sei, mit naiver Miene und nichts konnte der Wahrheit ferner liegen, geantwortet:

„Der wird wohl wieder einmal sein eigenes Süppchen kochen wollen".

Dies führte zur großen Verwunderung bei Helene, denn wieso sollte Larry, der von ihr hoch geschätzte Kollege, ihre Einladung ohne Entschuldigung ausschlagen? Für bestimmte Kollegen war es tatsächlich ein Problem, daß sie nichts mehr zum Provozieren fanden. Schließlich kam ihnen der Einfall mit der obszönen Abbildung gerade recht.

„Ein nackter Mann provoziert mehr als alles andere!", meinte Angie.

Nun, die Abbildung wurde eingelegt und es war jetzt abzuwarten und bei evtl. Fragen die geeignete Antwort parat zu haben.

Helene rannte nach der Entdeckung mit dieser Bucheinlage sofort zum Direktor, den sie um Hilfe und Rat ersuchte, möglicherweise wie sie sich verhalten sollte, da sie aufgrund seines Doktortitels eine ganz besonders intelligente, vielleicht auch philosophische Antwort oder sogar eine Disziplinarmaßnahme von Seiten des Direktors erwartete.

Weil die Abbildung im Buch von Larry aufgefunden wurde, kam er wie beabsichtigt ins Gerede. Ein weiterer Mobbing-Meilenstein zu einem schlechten Image. Denn wenig genügt, um sich ein strenges Urteil über einen anderen Menschen zu erlauben.

Larry hatte nun ein Problem, ein unverdienter heftiger Shitstorm, eine Beleidigungskaskade ging hinter seinem Rücken auf ihn nieder, und die verschlechterte sein Ansehen mit allen Konsequenzen im Betrieb, besonders bei Herrn Direktor.

Die Büchse der Pandora war geöffnet. Wenn einer anfängt, machen andere mit. Seit den Zeiten der griechischen Mythologie weiß man, daß das Böse, wenn es erst einmal entwickelt worden ist, auf Dauer von niemanden, auch nicht von den Mächtigsten unter Kontrolle zu halten ist, sondern daß es genutzt und auch mißbraucht werden wird. Alle später am Shitstorm beteiligten waren wissentlich überzeugt, das Richtige zu erzählen und demzufolge richtig zu reagieren. Sie präsentierten sich als moralische Durchlauferhitzer. Der Mensch ist eben ein soziales Wesen, das andere braucht damit er, weit entfernt vom fairen Umgang, hochnäsig auf einen Kollegen heruntersehen kann. Das gibt ihnen ein Gemeinschaftsgefühl, ein Gefühl der Macht, der Stärke.

Die Vorstellung es könnte sich bei der Bucheinlage um einen üblen und böswilligen Streich handeln wurde nach den Schwätzereien zu urteilen mit Sicherheit nicht einmal gedanklich in Erwägung gezogen, dazu war der Boden durch üble Verleumdungen, fiesen und lächerlichen Behauptungen schon vorbereitet. Die Freude und Lust am böswilligen Mobbing war größer als sich aufrecht dagegen zu stellen.

Was ist Wahrheit? Was ist Lüge? Manchmal liegen nur ein paar Worte dazwischen. Manchmal genügt es, hier und da einen Begriff auszutauschen, und die Dinge verkehren sich ins Gegenteil.

Bei den Beteiligten war es eine gefühlsmäßige Überzeugung und nicht das Wissen: Viele sprechen von Wissen, wenn sie sich ihrer Sache (gefühlsmäßig) sicher sind. Ob sie damit recht haben, steht deshalb auf einem anderen Blatt. Und weil es auf dieses Gefühl ankommt, lassen sie sich von Fakten in aller Regel nicht umstimmen. Sie leben in einer Welt, die sie für sich stimmig gemacht haben. Sie interpretieren die Fakten so, daß sie zu ihrer Überzeugung passen, die sie im Kopf haben. Wenn man sie nach den Gründen fragt, warum sie dieser Meinung sind, finden sie welche. Nur sind diese Gründe nicht immer die wahren Gründe. Eigenwillige Charaktere sollten wissen: Der griechische Philosoph Platon sprach von zwei Bedingungen die eine Überzeugung erfüllen muß, damit sie als Wissen gelten kann: Sie muß wahr sein, und man darf nicht bloß zufällig richtig liegen, sondern man muß gut begründen können, warum die Behauptung wahr sein soll. Etwas Nacherzählen ist keine Begründung. Die Protagonisten wollten Zwietracht sähen, vernebeln bis Wahrheit und Lüge nicht mehr unterschieden werden kann, in diabolischer Weise auf's bösartigste, besonders bei den Naiven, den Doofen, Leicht- und Gutgläubigen, um Wirrnis in den Hirnen wachsen zu lassen.

Larry wurde weder vom Direktor noch von der frommen Helene, wohl aus Peinlichkeit, nicht zur Bucheinlage befragt. Larry hat alles über Dritte erfahren. Die Abbildung bekam er selbst nie zu Gesicht.

Papst Franziskus hat einmal über Tratsch und Lästerei gesagt „Es ist die Krankheit der feigen Menschen, die nicht den Mut haben, direkt mit jemanden zu sprechen und hinter seinem Rücken reden. (…) schauen wir auf den Terrorismus des Geschwätzes“.

„Ich halte mich da an unseren Französischlehrer“ meinte Angie, der lehrte uns „On ne participe pas á une bataille de singes“, das heißt - man nimmt nicht an einer Affenschlacht teil.

Personalergeiz führt nicht selten zum Intrigenbetrieb. Um den neusten Tratsch gezielt anzubringen richtete man dafür sogar einen regelmäßigen „Jour fix“ beim evtl. später nützlichen und dienlichen Chef ein und gründete einen Stammtisch zu dem er ein-geladen wurde. Wobei Tratsch und Klatsch nicht nur ausschließlich eine Domäne der Frauen ist, wie viele immer noch meinen.

Ich glaube es gab niemanden, der Larry wegen seiner Bedrängnis in Schutz nahm und ein gutes Wort einlegte, Böswilligkeit und Boshaftigkeit von Seiten der Kollegen waren außer Betracht. Niemand brachte Zivilcourage auf. Ein Trend der Zeit eher wegzusehen, wenn einem anderen Unrecht geschieht. Tapferkeit wäre der Mut sich für jemanden einzusetzen. In vielen Betrieben und in der Gesellschaft wird oft gleichgültig, eine menschenverachtende, eine verurteilende und bewertende Sprache gesprochen, statt einer mitfühlenden Sprache, die das Gute im Menschen benennt. Vorherrschend ist viel zu viel Ehrgeiz und zu wenig Rücksicht. Auch Egoismus und Eitelkeit, neben Überheblichkeit und Selbstüberschätzung bis zum Größenwahn und Besessenheit.

Angie meinte „Das Böse hat es immer gegeben, es ist ein Teil der menschlichen Existenz, es wird nie verschwinden".

Die Art wie die Verursacher vorgegangen sind war geschmacklos, sie haben ihr Ziel erreicht. Und weil erfolgreich stellt sich dem oder den Verursachern auch nicht die Frage, auf welches Niveau sie sich selbst und ihr Opfer herunterzogen. Es hat ganz einfach funktioniert. Dazu noch einen Kollegen durch bösartige Kommentare, alle möglichen Aussagen, Gerüchte und Unterstellungen zu mobben kann von lebenslanger Bedeutung sein, darüber hat sich auch niemand Gedanken gemacht.

Dieses Mobbing hätte Larry in die Isolation und und Einsamkeit treiben können.

Die negative Lebenserfahrung und das dicke Fell, das er sich wie einen Schutzpanzer zugelegt hatte, befürchtete er, könnte ihn dazu verleiten, sich nicht seinen Gefühlen zu stellen. Und er machte sich Sorgen, er könne sich zu jener reizbaren Karikatur eines Menschen verwandeln, die manche Kollegen in ihm sehen wollten. Dies und die damit verbundene emotionale Abstumpfung wollte er auf keinen Fall.

Sein Panzer war im Laufe der Zeit zweifellos dicker geworden und ermöglichte ihm, den Angriffen standzuhalten. Aber er machte sie nicht weniger schmerzhaft. Kaum einer schafft es, eines Morgens aufzuwachen und zu sagen: „Ab heute wird mich nichts mehr aus der Fassung bringen, so bösartig es auch sein mag".

Angie meinte „Wenn ein genialer Intrigant, ein Schwafler, ein Spalter das Ansehen eines Menschen zerstört, gehört der ausgegrenzt und nicht das Opfer. Der oder die leben mit ihrer Fantasie in einem Zustand, den der berühmte Philosoph Immanuel Kant bereits 1784 in der Schrift „Von den Schwächen und Krankheiten der Seele in Anschauung ihres Erkenntnisvermögens" charakterisiert. Man könnte auch sagen der oder jene sind nach Kant psychisch lädiert und blöde zugleich".

„Manche kannten Larry bestimmt nur flüchtig, und das was ich sagen möchte trifft auch auf dich zu; sie wollten Larry überhaupt nicht kennenlernen und verstanden deshalb alles falsch. Alles was er sagte wurde dann ausgeschmückt. In einer solchen Situation muß man genau überlegen, was man sagt, denn es kann leicht passieren, daß man mißverstanden wird. Viele tun alles, was in ihrer Macht steht, jemanden falsch zu interpretieren. Dann wimmelt es nur so von falschen Informationen, die dann als vermeintliche Fakten übernommen werden. Und ganz üble Typen basteln sich gleich ihre eigene Wahrheit. Dies wird einem erst klar, wenn man später mit den Konsequenzen einer beiläufigen Bemerkung konfrontiert wird. Soweit es sich um Kritik handelt, sollte man diese ernst, aber nicht persönlich nehmen. Wenn an der Kritik etwas wahres dran ist, sollte man versuchen daraus zu lernen. Ansonsten sie einfach ignorieren, dies ist aber leichter gesagt als getan".

„Ich danke dir, Angie. Ich bin dankbar für all die freundschaftliche Hilfe und den Meinungsaustausch, den ich mit dir in den vielen Jahren gehabt habe. Wenn ich niemand wie dich gefunden hätte, mit dem ich mich hätte austauschen können, ich glaube ich wäre schon längst erstickt".

„Das wärst du sicher nicht".

„Angie, ich glaube es war heute nicht leicht mir zuzuhören".

„Kann sein, aber das macht nichts. Ich habe schon als Kind gelernt, daß das Leben voller Tragik und gestörter Personen ist. Du und ich, wir verstehen etwas, was viele nicht verstehen. Wir wissen was es heißt sich durch das Leben zu kämpfen. Und so können wir einander helfen".

„Ich dir helfen? Ich wünschte, ich könnte das".

„Du hast es getan".

„Ich wüßte nicht wie".

„Ich kann es nicht erklären. Es gibt keine Worte dafür".

„Ich weiß nicht, was du meinst. Ich weiß nur, daß du mir mit deiner Freundschaft immer sehr geholfen hast".

Angie antworte nichts. Und eine Weile saßen wir schweigend nebeneinander auf der Bank. Und dann, ganz plötzlich, sagte sie leise:

„Ich hätte da einen Text für Larry gehabt, der für mich in schwierigen Zeiten immer Trost war, es ist über die Kontinente hinweg international bekannt als das sog. Oetinger-Gebet, es stammt von dem bekannten deutschen Pfarrer Oetinger († 10.2.1982).

Dies ist ein guter Abschluß für den heutigen Tag. Der Text war für mich immer Trost in schwierigen Zeiten, obwohl ich den Text auswendig kenne, habe ich ihn immer dabei".

Angie zeigte mir einen kleinen Zettel, auf dem stand in ihrer schönen Handschrift:

Gott der Herr gebe mir Gelassenheit,
Dinge hinzunehmen, die ich nicht ändern kann.
Den Mut, Dinge zu ändern, die ich ändern kann,
und die Weisheit,
das eine vom anderen zu unterscheiden.

„Ich gehe mit dir ein Stück zum Wythe Hotel, rufe mich morgen Nachmittag so gegen vier Uhr an!“. „o.k?“

„Nighty-Night, don't let the bedbugs bite“ und „Sleep well!“ sagte sie später noch.

Beglückendes Wiedersehen

Ich liebe Museen. Seit Jahren zieht es mich vor allem ins Museum of Modern Art in NY. Seine Ausstellungsstücke sind mit einer Energie geladen, die ich besonders unwiderstehlich finde. Vermutlich ist es die beste Kunstsammlung Amerikas. Was hier nicht hängt, hat nicht genug Bedeutung. Die Sammlung umfaßt mehr als 100 000 Werke. Manchem Museum in der Welt würde schon eines der Gemälde genügen, wie sie hier zu Hunderten hängen. Die Konzerte im Museum sind zu empfehlen, weil man nicht in einer Masse von Menschen sitzt und Karten dafür relativ leicht erhältlich sind.

Für mein Lunch ging ich in eine Schnellrestaurant-Kette. Fast-Food, in den USA allgegenwärtig, ist eigentlich nicht meine Welt, aber manches Mal macht das Angebot neugierig. Diese New Yorker Kette hat sich auf Bio-Produkte spezialisiert und behauptet die meisten Produkte stammen aus der Region. Die Betonung wird sicher auf „die meisten" gelegt werden müssen. Denn die Sojabohnen für die angebotene Sojamilch oder das Korn für die Vollkorn-Croissants werden bestimmt nicht in der Region und schon gar nicht in NY selbst angebaut. Vielleicht sind einige Zutaten für den angebotenen veganen Burger aus der „Region".

Um auch wirklich jeden vom Vegetarier bis Veganer anzusprechen waren die Speisen auf Wunsch frei von fast allem was gewöhnliche Sterbliche normalerweise essen. Also fleischfrei, zuckerfrei, laktosefrei, glutenfrei, nicht zu vergessen wir sind in Amerika deshalb nur nicht plastikfrei.

Um das Essen warm zu halten wird es dick umwickelt, zuerst mit beschichtetem Papier, dann mit Alufolie schließlich kommt es in eine Plastiktüte und je nach Bestellung ein Plastikbesteck dazu. Ist das nicht ein beeindruckendes nachhaltiges Bio-Konzept?

Als ich an der Reihe war, fragte ich
„Kann ich meinen Burger auf einem Teller haben?"
Zuerst ein verblüffter Blick,
dann die Antwort „Kein Problem Sir".
Und was war es für ein Teller?
Na klar! Ein Einmal-Plastikteller natürlich ohne Besteck. Hätte auch seltsam ausgesehen einen Burger auf Plastikteller mit Plastikbesteck zu essen. Alles in allem war es auch nicht viel anders als bei McDonald. Amerika mein vorbildhaftes Plastikland.

Zur Verdauung bestellte ich mir einen Espresso. Heiß und gleichmäßig lief er in einen kleinen Mini-Pappbecher. In Italien käme niemand auf die Idee einen Espresso anders als in einer Espressotasse zu servieren. Alles andere wäre ein Verbrechen an einem Kulturgut. 70 Millionen Tassen werden in Italien täglich getrunken (bei 60 Millionen Einwohnern). In NY dagegen geht es weniger sentimental zu und mehr um die praktische Seite. Die Pappbecher landen hinterher im Müll, Tassen dagegen müßte man spülen oder sie werden geklaut. Sicherlich ist es nur eine Frage der Zeit bis sich auch in Italien die schnöden Pappbecher ausbreiten, denn auch in Italien wird man mit der Zeit gehen müssen.

NY fand ich unerwartet wieder herrlich aber etwas ermüdend. Vieles wollte ich wiedersehen, aber nicht den Fehler

machen alles auf einmal sehen zu wollen. Bei Pinkberry
gönnte ich mir statt dem empfohlenen Rainbow Ice Cone
einen FroYo, das ist ein Frozen Yoghurt. Mir gefällt es dort
wegen der netten Lounge-Atmosphäre. Das Eis soll su-
pergesund sein und, weil ohne Kalorien, wird deshalb als
„Zwischenmahlzeit ohne Reue angepriesen“. Leider sind
nicht alle Topings so kalorienarm. Die sind für deutsche
Schleckgewohnheiten recht sonderbar: Gummibärchen,
Marshmellows oder Brownies. Fairerweise muß man sagen,
es gibt auch vernünftige Topings: Erdbeeren oder Mango-
sahne.

Mit dem F-Train fuhr ich am frühen Abend wieder zurück nach Brooklyn ins Wythe Hotel. Von meinem Fen-
sterplatz konnte ich den Leuten beim Zusteigen zusehen.
Ein dunkelhäutiges Mädchen war unter ihnen, sie sah mich
an und sah aber schnell wieder weg und setzte sich so weit
wie möglich sie konnte von mir weg. Dann schlugen die
Türen zu; es gab ein grelles Geräusch, das nicht zu überhören war. Der Zug ächzte, taumelte, als bezwinge er eine
schwere Last, als stemme er sich dagegen; die Räder kratz-
ten an den Gleisen, ein unangenehmer metallischer Klang,
als zerreiße etwas. Dann rollte der Zug durch dunkle Tunnel weiter hinaus aus der Innenstadt. An jeder der nächsten Stationen würde die Ladung leichter werden. Lichter
flackerten und flimmerten im vorbeifahren; vorbei glitten
andere Bahnteige, auf denen andere Menschen auf andere
Züge warteten. Plötzlich die grelle Lichterflur der nächsten Station. Der Zug keuchte und stöhnte bis er schließlich
hielt. Menschen liefen zur Türe, die Türen gingen auf und
wieder stiegen welche aus. Mein Wagon war jetzt fast leer.

Zu meinem Erstaunen sah ich in dieser Bahn keine
Graffiti oder zerkratzte Scheiben. Auf einer Fahrt mit der

U-Bahn kann man sich Amerika noch immer als „Meltingpot" vorstellen, in dem alle zufrieden nach ihrer eigenen Façon zusammenleben, indem die uramerikanische Tradition kultureller Unterschiede sichtlich gelebt und respektiert wird. „Don't tread on me – schreib mir nichts vor, sonst werde ich ungehalten". Blickt man in die U-Bahn finden sich dort orthodoxe jüdische maximal Gläubige neben Koranschülern im Kaftan oder eine tätowierte Burlesque-Tänzerin, geboren als Mann. Alle sehen mit starrem Blick vor sich hin als wäre man weit von ihnen entfernt. Einmal sah ich einen Rapper in jenen unförmigen Rapperhosen, in denen Menschen gar keine Körperkontur mehr haben, der knetete sich ständig mit einer Hand im Schritt herum und mit der anderen tippte er vermutlich gegen „Crackers" Verwünschungen an „All my niggas in the whole wide world" in sein Smartphone. „Crackers" ist wie das Schimpfwort „Nigger" nur umgekehrt gegen Weiße. Manche Rapper behaupten alle Weiße wären schwul, hätten kurze Penisse und wären schuld an den hohen Preisen in Brooklyn (2,6 Millionen Einwohner!). Wer mehr darüber lesen will, kann es bei craigslist.com nachlesen. Ein paar indische Siks, Chinesen und Latinos waren diesmal in der U-Bahn auch nicht zu übersehen. Das Leben in NY bedeutet, ständig darüber zu staunen wie viele Welten hier ineinander verschachtelt sind. Doch ich bin sicher, niemand würde behaupten, daß alle Einwohner in Brooklyn die jeweilige Andersartigkeit des Nachbarn stets als Bereicherung empfinden.

Als ich an diesem Abend ins Hotel zurückkam, wollte ich alles wieder ins Lot bringen, indem ich früh schlafen ging. Wie es manches Mal so geht war ich trotzdem länger auf, als ich geplant hatte.

In der Nacht träumte ich von der Protagonistin Tsensy. Es war als sei sie in unserer beiden Mitte gestorben, wieder auferstanden und nehme als völlig neues, unbekanntes Individuum von uns beiden Abschied. Ich sah sie hilflos in einem Torweg stehen mit leeren Händen, wie sie weinte, ohne zu wissen warum, vielleicht weil man ihr etwas geraubt hatte, was sie nie besaß. Sie schien bestürzt und beraubt und es schien ihr bewußt, daß sich ihr große Gelegenheiten geboten hatten, die zu ergreifen sie weder Kraft noch Fantasie gehabt hatte. Das was sie mit ihren leeren Händen anzudeuten schien, war eine schmerzlich anzusehende Geste, schmerzlicher als alles was man sich vorstellen kann. Sie ließ mich im Traum die Unzulänglichkeit einer nicht geistig durchtränkten Liebe spüren, wie man sie nur spürt, wenn man sich von Angesicht zu Angesicht gegenübersteht.

Ich traf mich mit Angie, wie verabredet, erst am nächsten Nachmittag wieder.

„Was hast du gestern gemacht?" fragte sie mich.

„Ich war im Museum of Modern Art".

Angie wollte in Chinatown essen gehen und anschließend dort Besorgungen machen. Sie hat mich eingeladen sie zu begleiten. Jedes Chinatown ist ein Stück China, mit chinesischen Zeitungen und Restaurants. In NY hört man alle Sprachen der Welt und kann auch, wie die New Yorker sagen, in allen „Sprachen" essen. Wie in jedem Chinatown trifft man auch hier auf Menschenmassen, ein dichtes Gewimmel von Menschen auf den Gehsteigen, unzählige Verkaufsstände, mit gewaltigen Bergen von Gemüse, Früchten in allen Farben und Bündel von Kräutern, die ich noch nie gesehen hatte und demzufolge deren Namen mir völlig unbekannt waren. Ich habe noch nie so viele Gemüsearten und Früchte gesehen, deren Namen ich noch nie gehört habe. Ergänzend zu den Verkaufsständen gab es chinesische Läden und Geschäfte für Porzellan, Bekleidung und Stoffe, dazwischen ein paar Souvenirgeschäfte. Die vielfältige Szenerie war wie immer beeindruckend.

Chinatown war für mich nicht reales Amerika, und jedes Mal wenn ich dort durch die Straßen ging, überwältigte mich ein Gefühl von Fremdheit. Und doch war es Amerika auch wenn ich die Sprache der Chinesen weder verstand noch den Sinn vieler Dinge, die ich sah. Selbst für Angie ging die Kommunikation zuweilen kaum über ein höfliches Lächeln und Zeichensprache hinaus. Mir war dies alles zu oberflächlich, vermittelte mir ein Gefühl von Ausgeschlossenheit, Zuschauer zu sein in einer Traumwelt, inmitten einer Theaterbühne zu stehen, zwischen Figuren mit gespensterhaften Masken vor dem Gesicht. All dies bedrückte mich nicht, machte mir nichts aus, es war einfach eine skurrile Lebenserfahrung, ein chinesisches Theaterstück in Amerika.

In den Fenstern einiger Restaurants waren mit Honig lackierte Pekingenten an ihren Hälsen aufgehängt, die vor Entenfett trieften.

Diesmal erfuhr ich welches chinesische Gericht sich hinter der poetischen Beschreibung „Suche nach dem Schatz im Wüstensand" verbirgt. Das sind Hammelhoden im Currybett. Nicht gerade mein Geschmack.

Gegessen habe ich - yummi-yummi – Frühlingsrollen, dann knusprige Ente, (keine Pekingente, die wäre zu teuer gewesen) mit Reis und Gemüse. Angie hatte tausendjährige Eier und Fisch. Zum Essen tranken wir Jasmintee. Wie bei den meisten Chinesen üblich gab es bei der Rechnungslegung ein fortune cookie, den man einstecken kann, in der Hoffnung heute oder morgen auf eine Lebenssituation zu treffen auf die der darin enthaltene Spruch zutreffend ist.

Wenn überhaupt würde es dauern bis man sich hier einlebt, denke ich. Auch wenn dieses NY die Wahlheimat von Angie ist, dieses NY ist nicht meine Welt, auch nicht das meiner Erinnerung.

Vieles hat sich positiv geändert. Vor Jahrzehnten als ich zum ersten Mal in NY war, verstand man unter NY ausschließlich die Gegend um Manhattan. Alles andere war der Schlaf- und Raufplatz von Minderbemittelten. Jetzt haben sich die Verhältnisse zum Positiven geändert. Inzwischen ist Brooklyn schick und teuer, hat die angesagten Wohn- und Ausgehviertel. Teile von Haarlem, Queens und sogar der Bronx ziehen nach. Sie kosten weniger, sind aber wertiger als Manhattan.

Heute war vorerst mein letzter Tag in NY gewesen.

Am Tag darauf verließ ich, mit dem Southwest-Chief von Amtrak, New York.

Dieser Zug war die einzige ständige Zugverbindung, um in Georgia den Erdnußfarmer Jonathan und in Dodge City/Kansas meinen Freund Frank mit seiner Eierproduktion und später in Taos/New Mexiko meine alte Freundin Lydia aus der Künstlerszene, die ich vor Jahren in NY kennenlernte, zu besuchen. Mittlerweile wohnt sie, vermutlich aus finanziellen Gründen, statt in NY, am Arsch der Welt könnte man sagen.

Mit dem Southwest-Chief fuhr ich in einer Zick-Zack-Route mit nicht gerade vielen Haltestationen an Bahnhöfen durch den amerikanischen Kontinent. Man muß sich vorstellen, die gesamte Strecke, die der Southwest-Chief abfährt, beträgt insgesamt 7500 km. Dies entspricht nahezu der Strecke von der französischen Atlantikküste zum Ural und (!) wieder zurück.

Die Abfahrt des Zuges war in der Pennsylvania Station, dem größten Fernbahnhof der Metropole. Penn-Station ist ein Gewirr unterirdischer Gänge mit niedrigen Decken, in dem man leicht die Orientierung verlieren kann. Es gibt New Yorker die bezeichnen diesen Bahnhof als Vorhof zur Hölle. Der Bhf. wurde vor mehr als 50 Jahren, an Stelle eines abgerissenen, historischen, prachtvollen, neoklassizistischen Prunkbahnhofes mit imposanter Halle, gebaut. Der Bahnverkehr, auch der Fernverkehr, wanderte mit diesem schäbigen Betonbau unter die Erde. Die Passagiere irren heute unter Neonbeleuchtung zwischen den Gleiszugängen von U-Bahn und den drei Fernbahnen umher. Laut Zeitungsbericht soll Penn-Station abgerissen und für drei Milliarden $ ein neuer Bahnhof gebaut werden. Der Fernverkehr soll dann wieder überirdisch durch eine richtige Bahnhofshalle geführt werden.

Von dort fuhr ich zum Michigansee, nach Washington, Atlanta, New Orleans, Memphis, Chicago, Dodge City, Albuquerque, um am Ende in Los Angeles anzukommen.

Es gibt von Amtrak sogar präzise Angaben zu den jeweiligen Fahrtzeiten. Für die Strecke Chicago nach Dodge City soll die Fahrtzeit 14 Stunden und 19 Minuten betragen. Von Dodge City zum Endhalt Los Angeles wird die Fahrtzeit mit 28 Stunden und 50 Minuten angegeben. Sie bemühen sich sehr den Fahrplan einzuhalten. Die Fahrtzeiten stimmten aber trotzdem meist nicht, das haben mir die Mitreisenden bestätigt. Kilometerlange Frachtzüge haben Vorfahrt, deswegen kommt der Zug nur langsam vorwärts.

Der südlichste Halt des Zuges war New Orleans, dies liegt im tiefsten Süden der USA. Von dort ging es Richtung Norden bis Chicago und dann bis zur Westküste nach L.A.

Der Bundesstaat Texas wird vom Zug ausgespart, denn möglicherweise gibt es dort überhaupt keine Gleise mehr.

Ein recht komfortabler Schlafwagenplatz mit kleiner Naßzelle incl. einer kleinen Dusche mit Warmwasser ist jeweils mein Zuhause. Die Nachtruhe ist nicht gerade gering beeinträchtigt durch das ständige durchdringende heulende Hupen des Zuges, mit dem die großen Züge überall ihre Annäherung ankündigen und vor Kreuzungen die Autofahrer vor den ankommenden Ungetümen warnen. Weil nicht alle Straßenkreuzungen Schranken haben, heult die unüberhörbare auf- und abschwingende Hupe des Zuges fast pausenlos die ganze Nacht.

Die gesamte Strecke von NY nach Los Angeles kostet 2500 $. Wer nur bis New Orleans fährt zahlt immer noch 700 $. Kein billiges Vergnügen. Die beachtlich hohen Preise muß man sich erst einmal leisten können, sie machen klar, warum viele Amerikaner bei aller Liebe zur schönen Landschaft das schnelle Flugzeug dem Zug, der von Küste zu Küste mehrere Tage unterwegs ist, vorziehen. Die Zeit im Zug kann man aber mit einem guten Krimi vergessen. Bestimmte amerikanische Kriminalromane sind ohnehin eine Klasse für sich. Aus manchen kann man mehr über das Land und die Befindlichkeiten der Leute erfahren als aus wissenschaftlichen Studien, außerdem sind sie spannender geschrieben.

Es gibt auch Schlafwagenplätze mit Stockbetten für zwei Personen, die werden aber nicht an zwei fremde Personen vergeben, schließlich sind wir in Amerika.

Immer steht der Schaffner mit einer Passagierliste am Bahnsteig, damit keiner ohne Fahrkarte einsteigt, denn jeder muß für meinen Zug seinen Platz vorher buchen. Spontanes Zusteigen ist in diesen Zug nicht möglich, keiner würde in den USA auf eine solche Idee kommen.

Wegen der kilometerlangen Frachtzüge, mit bis zu 100 Wagons, doppelstöckig bepackt mit Containern, die auf allen Schienenstrecken bevorrechtigt sind, wird erst kurz vor der Abfahrt gesagt von welchem Gleis der Southwest-Chief abfährt. Dies geschieht auch für die Züge ohne Reservierung und hat zur Folge, daß nach Bekanntgabe des Bahnsteiges alle zum betreffenden Bahnsteig rennen damit sie einen Sitzplatz im Zug ergattern.

Der erste Halt des Zuges war in Washington D.C., dort wird die Lok gewechselt, ab jetzt geht's mit einer Diesellok weiter, die fährt nur noch mit einer Geschwindigkeit von 70 Km/h. Die Raucher auf dem Bahnsteig sind mir sofort aufgefallen. Wie ich später feststellen konnte, lauern die Raucher auf jeden Aufenthalt um ihre Raucherpause einzulegen und ist es auch nur ein zehn Minuten Stop. Und egal ob in aller Herrgottsfrüh und selbst wenn sie sich in Eiseskälte auf dem Bahnsteig halb totfrieren. Nicht selten pfiff der Wind nachts oder am frühen Morgen eisig durch den Bahnhof. Im Zug gilt striktes Rauchverbot. Wer beim heimlichen Rauchen erwischt wird, muß damit rechnen aus dem Zug verwiesen zu werden.

Beim Abendessen im Zug hatte ich einen Weinhändler als Tischnachbarn, dieser hatte ziemlich starkes Übergewicht und keine Haare mehr auf dem Kopf. Er war erstaunt, als er hörte, daß ich keinen Wein zum Essen trinke. Für ihn war ein Essen ohne Wein ein Frühstück, denn er sagte: „A meal without wine is called breakfast".

Der Fettwanst wies mich freundlich darauf hin, daß

Wein das beste Verdauungsmittel sei, und falls ich mein Essen nicht richtig verdaute, würde ich sofort zunehmen. Eine merkwürdige Argumentation angesichts seiner Körperfülle. Ich ließ mich überreden und trank zu seiner Freude wenigstens ein Glas des von ihm wärmstens empfohlenen Kalifornischen Rotweines, einen Cabernet Sauvignon.

Der Weinhändler erzählte mir von einer Lady, die an einer Hotelbar einen Champagner von Veuve Clicquot „on the rocks" bestellte und eine unangenehme Auseinandersetzung mit dem Barkeeper hatte, der sie ganz formell darauf hingewiesen hatte, daß ein Veuve Clicquot keine Eiswürfel benötige. Als er zustimmend helfen wollte, hätte die Lady argumentiert „Wen interessiert es, was ein Drink benötigt? Wichtig ist was ich brauche. Schließlich zahle ich ja".

„Dieses Land ist voller verrückter Leute. Für sie war es einfach nur ein Drink, und einen Drink serviert man mit Eis".

Ich antwortete „Wenn er schlau gewesen wäre hätte er ihr einen Prosecco mit Eiswürfeln serviert. Die hätte sowieso den Unterschied nicht bemerkt. Besonders dann, wenn die Eiswürfel aus gechlortem Wasser gewesen wären".

Die Belehrung ging weiter indem er dozierte, es wäre unsinnig salzlos zu essen, da es nur den Wassergehalt meines Körpers herabsetze, der ja nicht aus Fett bestehe. Dieser Herr überschüttete geradezu alles mit dem geordneten Salzstreuer, ohne das Essen vorher probiert zu haben.

Da ich auch hier völlig anderer Meinung war und sein unentwegtes Dozieren nicht gut bei mir ankam, erzählte ich ihm daß Drogen wie Heroin und Kokain jene Gene in den Zellen im Gehirn beeinflussen, die auch für den Appetit auf Salz verantwortlich sind. Dies habe man durch Tests mit Mäusen herausgefunden: Demnach führt Salz durch die Ausschüttung von Dopamin, ein Hirnbotenstoff, zu einem Lustgewinn und sorgt für ein angenehmes Gefühl der Befriedigung ganz ähnlich wie Drogen als Befriedigung wahrgenommen werden.

Schließlich verliere der Körper das Maß für die richtige Salzmenge. Die Sucht nach Salz ist deshalb jener nach harten Drogen ähnlich. Drogensucht basiere auf den gleichen Mechanismen. Deshalb wäre es für ihn genauso schwer, wie für einen Drogenabhängigen, vom vielen Salz wieder wegzukommen. Außerdem sei bekannt, daß ein zu hoher Salzkonsum zu Herz-Kreislauf Problemen führen kann.

Tatsächlich hatte er schon Herzprobleme gehabt und bekam auch Kreislauftropfen. So richtig glauben wollte er den Zusammenhang aber nicht, er wäre schließlich keine Maus.

Nach dem Abendessen tranken wir den angebotenen Kaffee, der wie überall in den USA bis zum Abwinken kostenlos nachgeschenkt wird. Als ich Kaffesahnepulver und keinen Zucker in die dünne Kaffeebrühe gab, meinte er Kaffeesahne hätte dreimal soviel Kalorien als ein Löffel Zucker. Obwohl die Kaffeebrühe mit Zucker möglicherweise besser geschmeckt hätte, befolgte ich diesmal seinen Rat aber nicht.

Im weiteren Tischgespräch ging es dann um Diäten und Abnehmen. Immerhin akzeptierte er am Ende meine Meinung, daß jedermann seine eigenen Ideen über das Abnehmen hat, weil es unzählig viele Diäten schon gab und immer wieder neue auftauchen. Für mich war der fast komplette Verzicht auf Kohlehydrate, wenn man es schafft, eine wissenschaftlich fundierte Empfehlung.

Am wichtigsten meinte er, ist, daß man es nicht allein tut. Man braucht Freunde, die einem Mut zusprechen und wären sie ihm nicht beigestanden, mit ihren wertvollen Ratschlägen, hätte er es nicht geschafft. Ganz offenkundig dachte er, er wäre nicht fett. Ich benötigte seine Ratschläge aber nicht, da ich in keinster Weise dickleibig bin.

Im weiteren Gespräch ging es um eine Kuriosität in Texas, den sog. „Texas-Austern". In den Südstaaten würden sie davon schwärmen. Dort essen sie Stierhoden gegrillt oder in Scheiben geschnitten und paniert, die „Texas-Austern". Manche sagen dazu auch „Rocky Mountain Oysters". Es sollen vor allem Frauen sein, die das Gericht ordern und köstlich finden.Von einem Vieh wäre fast alles eßbar und schmecke gut zubereitet sogar köstlich. Dann ging es noch um den neuen Trend zu Organic Food – Bionahrungsmittel, die nun auch in den USA in Mode kommen.

Einst soll die Psychiatrie groß im Trend gewesen sein, zu dieser Zeit meinte jeder seinen persönlichen Psychiater zu benötigen, dann wäre die Diätwelle gekommen und der neueste Trend sei eben der mit der Bionahrung für ein gesünderes Leben.

Er habe Freunde, die in diesem Feldzug für das gesündere Leben Spezialisten für organische Ernährung geworden sind. Statt normaler Speisen würden die Löwenzahnknospen und allerlei Unkraut essen. Es sei gefährlich von so jemanden zum Essen eingeladen zu werden. Man müsse aufpassen, daß man bei denen nicht über den Rasen läuft, denn das könnte vielleicht deren Essen sein. Außerdem genüge es ihnen nicht, selber gesund zu leben, sondern sie würden den ganzen Abend lang versuchen, ihre Gäste dazu zu bekehren. Ihre Kinder versuchen sie selbstverständlich auf denselben Weg zu bringen. Als einer der eingeladenen Gäste sich schneuzte und die kleine Tochter der Gastgeber fragte, warum der dies tat und ob er krank sei, erhielt sie von ihrem Vater, dem Vegetarier, zur Antwort, es sei weil er ein Kotelett gegessen habe.

Draußen ziehen Südstaatenvillen mit beeindruckendem Säulenportal vorbei, diese Plantagenhäuser erzählen vom Mythos Amerika und der Sklaverei.

Wenn ich den Erdnußfarmer Jonathan in Georgia besuche, werde ich bereits in Atlanta aussteigen müssen, weil es im Autoland Amerika keine weiteren Züge mehr in Georgia gibt.

Henry Ford hat einst ganze Arbeit geleistet als er mit seiner Massenproduktion 1929 so viele und billige Autos produzierte, daß prakisch jeder der Arbeit hatte sich eine „Tin Lizzy", seinen millionenfach vom Band gerollten Pkw, leisten konnte und in Folge dessen nachhaltig die Fahrt mit dem Zug völlig aus der Mode kam. In den darauf folgenden Jahren erzeugten die USA vier Fünftel aller Autos in der Weltproduktion.

Auf derselben Bahnstrecke die ich jetzt fahre, bis nach New Orleans, gibt es noch den einst legendären Zug „The Crescent" - Halbmond. Nur die Zeiten als er noch ein „gehobener Schnellzug" war ist zum Bedauern der Eisenbahnfreunde natürlich längst Geschichte, jetzt ist er so gewöhnlich wie mein Southwest-Chief. Betrieben werden alle Personenzüge nur noch von der Eisenbahngesellschaft Amtrak.

Atlanta ist der zweite Halt des Southwest-Chief.

In Atlanta bemerkte ich, daß alle beim Aussteigen per Handschlag vom Schaffner verabschiedet werden, das hatte natürlich auch den Zweck Trinkgeld einzusammeln. Alle, die neu zusteigen, werden, wie ich erfahre, aus rechtlichen Gründen, per Lautsprecher ermahnt beim Einsteigen vorsichtig zu sein.

Ein Mitarbeiter von Jonathan holte mich ab und fuhr mich im Auto ca. 300 km bis zu seinem Haus. Es war eine lange, langweilige Fahrt mit nur zwei Unterbrechungen von je 10 Minuten.

Auf dieser Anfahrt wird mir anschaulich vorgeführt, daß Amerika definitiv ein Autoland ist. Wenn auch für europäische Geschwindigkeitsvorstellungen, bei einer Geschwindigkeitsbegrenzung von überwiegend 55 mph, dem schnellen Kilometerfressen ein Riegel vorgeschoben ist. Die 55 mph sind ca. 88 Km/h. Die Anfahrt zur Farm dauerte entsprechend lange.

Ich werde ein „special guest" von Jonathan und seiner Frau Jennifer sein, was auch immer das bedeuten mag.

Die Menschen im einst Wilden Westen sind so gastfreundlich wie zur Zeit ihrer Vorväter, als die Siedler noch auf nachbarschaftliche Hilfe angewiesen waren, einer auf den anderen. Dies hat sich bis in die heutige Zeit erhalten, sie sind gastfreundlich und hilfsbereit, weil sie es nicht anders gewohnt sind.

Jonathan der Erdnußfarmer bewohnte zu meiner Überraschung mit seiner Frau allein ein riesiges Haus. Richtige Häuser müssen in seinen Augen eine Auffahrt und Säulen haben, so die Frau des Erdnußfarmers. Das Haus stand auf einem Hügel und als wir die steile Zufahrtsstraße durch eine uralte Baumallee hinauffuhren, die Bäume behangen mit dem „Spanischen Moos", das wie Zottelbärte von allen Bäumen hing. Da hatte ich den Eindruck, die Auffahrt führt nicht zu einem Farmhaus auf dem Land, sondern zu einem verwunschenen Schloß.

Seine drei Kinder haben eigene Farmen und bauen ebenfalls Erdnüsse und etwas Baumwolle an.

Zunächst begrüßte mich Jennifer, eine große starkknochige Frau mit rundem Gesicht und fleischigen Armen, eine gewichtige Person. Sie sagte in ihrer angenehmen Stimme mit dem etwas schleppenden Akzent des Südens, Jonathan wäre gleich zu Hause und ergänzend, Freunde würden sie Jenni nennen, ich solle sie ebenfalls so nennen. Wie Jenni verstehen es sehr viele Amerikaner jedem Gespräch sofort alles Steife und Formelle zu nehmen. Sich mit dem Vornamen anzusprechen, ist dort eine Frage des raschen menschlichen Kontaktes. Dem fremden Gast soll es helfen, sich wie zu Hause zu fühlen. Mir gefiel diese lockere Lebensart schon immer, auch daß man in den USA generell weniger titelsüchtig ist als bei uns. Nur einen Arzt redet man in der Regel mit seinem Doktortitel an, von anderen erfährt man es meist nur durch Zufall. Menschen mit dem Vornamen anzureden gefiel mir schon immer, deshalb sagte ich schnell zu Jenni, sie möge mich auch mit meinem Vornamen anreden, etwas anderes wäre sonst doch recht kurios gewesen. Andere Länder andere Sitten, es wäre nicht schlecht wenn man in Deutschland gelegentlich auch das Gute von anderen Nationen abschauen würde.

„Honey I'm home" - Süße ich bin da – rief der Farmer als er zur Türe hereinkam.

Zuerst klopfte er seinem Sohn auf die Schultern, dann umarmte und küßte er seine Frau und sagte irgendwelche neckende Worte zu ihr und dem Sohn

„So it was a good day?" fragte Jenifer, und er antwortete „It was a good day".

Mir fiel wieder einmal auf, wie wenig sich in den USA reiche Leute äußerlich von normalen Sterblichen unterscheiden. Sie tragen die gleichen Hosen und Hemden und haben das gleiche ungezwungene Lächeln. Wenn sie wirklich reich sind, reden sie über alles mögliche, nur nicht über ihr Geld. Bei anderen Begegnungen hatte ich fast den Eindruck, als sei es ihnen peinlich reich zu sein. Aber dieser Eindruck mag täuschen.

Es gibt Drinks „What would you like?"

Ohne Eismaschine, dort eingebaut im Monsterkühlschrank, läuft hier nichts. Ein richtiger amerikanischer Drink ist nur mit Eis denkbar.

Der Hausherr empfahl und mixte mir mit andachtsvoller Miene einen Old Fashioned, dies ist ein Gemisch aus Whiskey, Angostura (Aromatic-Bitter), Würfelzucker, Orangenschnitte und Eis, zum Schluß gibt man eine kandierte Kirsche hinein. Während wir unsere Cocktails tranken in dem sonnigen, hellen Wohnzimmer des Hauses, war Jenni hinausgegangen um die Horsd oeuvres zu holen. Sie bot mir die Platte an und erklärte eifrig „Das ist Leberpastete, Bert, und das da auf den Eiern ist Kaviar, und diese Dinger hier auf den Zahnstochern, also ehrlich, ich weiß nicht genau was es ist". - Es waren große Oliven auf Käsewürfeln.

Jonathan ist Vorsitzender der Peanutcommission. Die Zeitung, die in seinem Zeitungsständer liegt und die er sicherlich liest, heißt „Der Erdnußfarmer". Das Gesprächsthema war der Preisverfall insbesondere bei der Baumwolle. Jeden Tag würden die Preise fallen wegen der Konkurrenz aus China lamentierte er. Ein weiteres Thema war Expräsident Obama und seine Politik, er habe das Land finanziell heruntergerissen. Sie beide hätten ihn nicht gewählt. Von sich aus betonen sie, seine dunkle Hautfarbe wäre nicht der Grund gewesen, sondern weil er nach ihrer Meinung zu jung war und zu wenig Lebenserfahrung für das Präsidentenamt gehabt hätte.

Die Ehefrau von Ronni, einem eingeladenen Nachbarn, erzählte mir sie habe in einem Abendkurs in der politischen Soziologie gehört, daß sich die amerikanischen Frauen einen attraktiven und charismatischen Ehemann im Präsidentenamt wünschen. Seit Kennedy hätten sie keinen vergleichbaren Präsidenten mehr gehabt.

Ronni dozierte über seine amerikanische Philosophie „Die Menschen sehen sich Gefahren gegenüber, die ihr Verständnis übersteigt. Es ist unsere Pflicht, das Herz und die Fantasie Amerikas wachzurütteln, so daß es diese Gefahren begreift und nicht mehr den Wunsch verspürt zu vernichten, weil wir auch selber nicht vernichtet werden möchten. Wir laufen Gefahr, uns als eine Herrscherklasse zu sehen. Wir müssen begreifen, das wir in erster Linie Menschen sind und dann erst Amerikaner".

Im weiteren Gesprächsverlauf erregten sie sich über Unzulänglichkeiten, suchten nach Beispielen und schilderten Leute mit ihren Fehlern und Abwegigkeiten in Moral, Schlauheit und bibelgebundener Ehrbarkeit.

Man kritisierte und war unzufrieden mit den bestehenden Zuständen, die Gedanken und Argumente, die Winkelzüge ihrer Gedanken waren für mich neu und ungewohnt. Denn hinter jeder Kritik steht nach meiner Denkweise immer die Voraussetzung, daß eine Veränderung zum Positiven eintreten könnte. Aus den Gesprächen, die bis tief in die Nacht gingen, hörte ich daß sie persönliche Verantwortung, nicht nur für ihr eigenes Schicksal, übernehmen wollten.

Am nächsten Morgen, viel zu früh, kaum geht die Sonne auf, sind schon alle voll von beunruhigender Geschäftigkeit. Jonathan betreibt seine riesige Farm mit nur fünf Beschäftigen, alles Männer, die wie Cowboys aussehen.

Zum ausgiebigen Frühstück gibt es für die Familie und mich als Gast, wie so häufig unvermeidlich und wie jeden Tag in den USA, Speck mit Eiern und Bratkartoffeln. Auf diesem Frühstückstisch gab es zusätzlich noch Würstchen, Cornflakes und Marmelade, den Kaffee, die Butter und das obligatorische Weißbrot sowieso. Später am Tage war das Mittagessen, ihr Lunch, dafür um so dürftiger und wie üblich nur ein gut belegtes Sandwich. Es war ein Pulled Pork Sandwich, das gerade groß in Mode ist. Es handelt sich, wenig ansprechend, um ein Sandwich mit total verkochtem und zerrupftem Schweinefleisch. Die meisten in den USA haben sich das umfangreiche Mittagessen abgewöhnt, das für die Europäer noch selbstverständlich ist. Doch einen Kaffee trinken sie zum Lunch wie die Bayern das Bier oder die meisten Franzosen den Wein zum Mittagessen.

Fast jeden Morgen, erzählen sie mir, treffen sich alle Mitarbeiter zuerst im Dorfladen.

Dieser museumsreife Laden ist unglaublich verstaubt und verdreckt, die Wände verschwinden unter alten Reklameschildern und Plakaten, die Dinge anpreisen, die es sicherlich seit Jahrzehnten in Amerika nicht mehr zu kaufen gibt: Duble-Bubble Kaugummis, O' Neills Haarpomade, Dany Cigaretten mit Gold, Nestle Milchpulver. Doch es gibt dort immer noch alles möglich zu kaufen, von den Eisennägeln in allen Größen und Arten, bis zu einer Tasse Kaffee mit den unvermeidlichen Donuts, und wie bestimmt seit Jahrzehnten Dosen mit Campbell's Tomatensuppe, Heinz Schweinefleisch mit Bohnen oder Heinz Ketchup. Ihre Kaffeebohnen mahlen sie in einer uralten elektrischen Kaffeemühle, die einen so ohrenbetäubenden

Lärm macht, daß unweigerlich alle abrupt ihr Gespräch beenden müssen.

Die Leute und so ist die Stimmung im Laden, sind freundlich, hilfsbereit, nachsichtig, ehrlich und sicher auch darauf bedacht etwas Geld zu verdienen. Immer aber von ruhiger Bereitschaft, dem Kunden das Gewünschte aus dem unübersichtlichen Warenangebot herauszusuchen und zu übergeben. Als ich mich für Baseballcaps interessierte boten sie mir im Laden einen Sonderpreis per Stück an, wenn ich gleich drei Mützen mitnehme. Leider konnte ich darauf nicht eingehen, mußte sie enttäuschen, denn was hätte ich auf einer Reise mit gleich drei neuen Baseballcaps anfangen sollen.

Ein beeindruckender und fast weihevoller Akt, als die Ladnerin mit einem ernsthaften Gesichtsausdruck, die Tasten der uralten Registrierkasse so langsam und behutsam drückte, als könnte diese jeden Moment explodieren. Sie änderte ihren Gesichtsausdruck erst wieder in ein freundliches Lächeln, als die Registrierkasse aufsprang.

Dies war ein ganz anderes Einkaufserlebnis im Gegensatz zu Läden, wo es Fleisch, Gemüse, Obst zu kaufen gibt. Dort wo es marktmäßig laut und fröhlich zugeht, braust ein Sturm über den Kunden, laufen sie auf die Kundschaft zu, lassen ihn probieren und zeigen keine Kontaktscheu.

Natürlich wie könnte es auch anders sein, wird im Dorfladen an den kleinen runden Stehtheken nicht nur Kaffee getrunken, sondern es werden alle möglichen Neuigkeiten ausgetauscht, auch die Sorgen werden ausgetauscht und die anwesenden Farmer redeten über den Preisverfall.

Der Dorfladen gehört frommen Juden. Die Storekeeper hätten ihnen einmal erzählt, sie müßten eigentlich ihren Laden am Freitagabend schließen, weil am Freitagabend nach religiöser Vorschrift der Schabbat, ihr Tag der Ruhe, anfängt und sie könnten ihn eigentlich erst am Sonntagmorgen wieder öffnen. Da aber besonders der Samstag, auch auf dem Dorf, ein umsatzträchtiger Tag ist bedient an Samstagen eine dunkelhäutige Verwandte, die entweder nicht jüdisch ist oder es mit den religiösen Vorschriften nicht so genau nimmt.

Den frommen jüdischen Betreibern des Dorfladens geht es aber hauptsächlich um das religiöse Verbot am Schabbat kein Geld anzufassen zu dürfen.

Am nächsten Tag, am Sonntag, wache ich morgens um halb vier auf, nur Minuten vor der Dämmerung. Das Grauschwarz der Nacht wurde allmählich durch ein träges Morgengraublau abgelöst. Die Vögel laufen zur Höchstform auf. Sie zwitschern, pfeifen und trillern durcheinander, ein unglaublicher Lärm. Das Konzert der Vögel dröhnt ohrenbetäubend. Ich kann ihn nicht überhören, um wieder einzuschlafen.

Heute treffen sich alle in der Kirche, bei den Baptisten oder in der katholischen Kirche. Georgia gehört zum sog. Bibelbelt – Bibelgürtel, der sich quer durch die Mitte der USA zieht. Gerade noch rechtzeitig vor dem Kirchgang erinnere ich mich ein wenig Münzgeld einzustecken, denn in den Kirchen der USA findet am Sonntag immer eine Kollekte statt und es ist recht peinlich, wenn man als Fremder, der automatisch immer unter besonderer Beachtung steht, nichts in den Sammelkorb einwirft oder es ist ärgerlich wenn man nur einen 20 $ Schein in der Tasche hat, den man nicht einwerfen will.

Vom Prediger werde ich namentlich als Sonntagsgast erwähnt, dies ist in den meisten US-Gemeinden so üblich, aber vielleicht wollte Jonathan mir eine Freude damit machen lassen.

Möglicherweise war es auch sein Stolz, der Gemeinde zu zeigen, daß er einen Gast aus Germany dabei hat. Ich wäre lieber anonym in der Kirche dabei gewesen. Der Prediger stand am Ende des Gottesdienstes, wie in den USA üblich, an der Kirchentüre und verabschiedete jeden der Kirchgänger persönlich mit Handschlag.

Diese beiden großen US-Kirchen sind sehr konservativ ausgerichtet, sie sind gegen die Abtreibung, und für lebenslange Treue, das Tragende am Familienmodell. Das bedeutet eben immer auch , daß Menschen dauerhaft und verbindlich wechselseitig Verantwortung für einander übernehmen. Ein immerwährendes Thema bei den Predigten, genauso wie die Aufforderung zur Spende für die Armen.

Die Farmersleute beklagten sich, daß viele ihrer Arbeiter nicht lange bleiben, weil ihnen die Arbeit zu hart ist. Die gehen lieber in die nächste Stadt zum Arbeiten, denn Erdnuß zu setzen ist eine anstrengende schweißtreibende Arbeit.

Vor der Aussaat stehen alle Mitarbeiter mit dem Farmer im Kreis, es wird mit allen zusammen um eine gute Ernte gebetet. Dann wird zuerst das Land mit Paraquat einem Bodenherbizid gespritzt, um es von Unkraut zu befreien. Schließlich wird die Erdnuß mit riesigen Maschinen ausgesät.

Wieder Zuhause fand ich heraus, daß es sich bei Paraquat um ein umstrittenes und deshalb in der EU verbotenes Herbizid handelt.

Früher waren zur Bewirtschaftung der Farmen Hunderte von Sklaven erforderlich. Sorgfältig wird gesät, wobei ein Mitarbeiter jede Furche der ersten Aussaat kontrolliert.

Jonathan behauptete, daß ihn das Saatgut und der Dün-
ger eine Million $ kosten würden, und sie wüßten nie genau
was dabei herauskommt. Ob man erfolgreich ist, hänge viel
vom Wetter ab. Es sei ein wenig wie das Glücksspiel in Las
Vegas.

Jenni bereitete wie jeden Tag ein Abendessen zu, welches
die Farmersleute gemeinsam mit den Beschäftigten ein-
nahmen. Heute gab es Steaks mit Gemüse und Kartoffel-
püree aus Süßkartoffeln. Jenni backte sogar einen Pie als
Dessert. Das Essen war mit raffiniert köstlicher Einfachheit
zubereitet und wurde von Jonathan und Jennifer in patriar-
chalischer Weise ausgeteilt. Hausherr und Hausfrau saßen
am Ende des Tisches. Sie reichte ihm die Teller, die er dann
mit dem Fleisch und den Beilagen füllte und weiterreichte.
Zuletzt gab es noch den obligatorischen Kaffee.

Meine Zugreise ging am dritten Tag weiter.
Will man in den Speisewagen, muß man beim Schaffner vorher reservieren, z.B. Abendessen um 19 Uhr. Aus
der Küche kommen keine großen kulinarischen Offenba-
rungen. Das vorgekochte und aufgetaute Essen kommt aus
Platzgründen aus der Mikrowelle aber es ist eßbar.
Wenn man im Southwest-Chief einen Platz im Schlafwagen gebucht hat, ist im Fahrpreis das Essen im Speisewagen
enthalten. Während wir Passagiere zu Abend essen, richtet
dann die Kabinenstewardess die Betten im Schlafwagen.
Der Speisewagen ist ein beliebter Treffpunkt bei den
Fahrgästen, dort trifft man Leute mit denen man sich unterhalten kann. Manche Reisende bleiben nach dem Essen
sitzen, trinken einen edlen Wein aus dem Nappa Valley
oder Bier, spielen Karten oder Scrabble, andere unterhalten

sich oder diskutieren noch bei einem Drink. Die Stimmung ist fröhlich, es wird viel gelacht.

Ein Mitreisender lobte die Kommunikationsfreude im Zug, weil im Vergleich dazu die Leute im Flugzeug nicht miteinander reden.

„Im Flugzeug muß man sich hinsetzen lassen und kann sich nicht frei bewegen. Man sieht von oben herunter und sieht nichts" erklärt er.

„Keiner sagt zum Nachbarn „Hi, I'm Nick".

„Keiner will mit dir reden" ergänzt seine Frau.

Das Ehepaar machte auf mich einen abgehobenen Eindruck. Sie waren im Jahr zuvor in Europa gewesen. Früher pflegte man mit Ländern aufzuschneiden, die man besucht hat, diese beiden schneiden mit touristischen Zielen auf, die sie ausgelassen haben.

Das ging so: „Wir waren 3 Tage in Paris" und ihr Mann ergänzte „und nicht einmal in den Folies Bergère".

Dann sagte seine Frau „nicht einmal im Louvre, und wir gingen im letzten Jahr auch nicht nach Venedig. Florenz ließen wir auch aus, weil so viele Freunde uns sagten, daß man in Rom genau so gut einkaufen kann. Als wir dann in Rom waren und uns in die Schlange vor dem Petersdom stellten, dauerte es uns zu lange und wir gingen wieder weg".

Mein Mann sagte „It's not worth it". (Es lohnt sich nicht für den Einlaß anzustehen).

Über die Warteschlange vor der sixtinische Kapelle, die über einen halben Kilometer lang war, haben sie sich gewundert und haben sich erst gar nicht eingereiht.

Dann fragte mich ihr Mann „Kennen sie das Palace-Hotel in St. Moritz?" und ich verneinte.

„Wir waren dort seit Jahren nicht mehr“. war seine An-
merkung.

„Dort war mein Lieblingsgericht Rösti mit Kaviar“ sagte
seine Frau.

„Do you remember?“ fragte sie ihren Ehemann.

„Wir werden Europa wahrscheinlich nie mehr sehen“
meinte er.

Dann sah sie in die Speisekarte und sagte „Ich kann Rotwein nicht ausstehen“.

Ihr Mann sagte „Wir legen keinen Wert auf Wein, meine
Frau hasst geradezu Wein“.

„Vor ein paar Jahren als wir zum ersten Mal in Italien
waren, ganz gleich welchen Wein wir im Restaurant bestellten, wir mußten ihn immer zuerst probieren, das hat
Jeanie so wütend gemacht, seit dem trinkt sie keinen Wein
mehr“.

Im Speisewagen treffe ich auch auf zwei Menonitenfami-
lien mit Säuglingen nur wenige Wochen alt. Sie erzählen
mir in einem seltsamen Mischmasch aus Deutsch, Amerikanisch, mit französischen Einsprengseln, daß ihre Religion es ihnen verbietet zu fliegen, deshalb wären sie im Zug
unterwegs. Man akzeptiere sie in ihrer ungewöhnlichen
Kleidung, erklären sie mir auf meine Nachfrage.

Die Frauen tragen weiße oder auch schwarze Häubchen,
ähnlich wie sie vor Hunderten von Jahren zur Zeit von Al-
brecht Dürer bei uns die Frauen getragen haben. Ihr Ehemann sei von Beruf Zimmermann erzählte sie und sie ist
Hausfrau wie alle Ehefrauen der Mennoniten.

Als ich ihnen erzähle, daß ich in New Orleans aussteige
meinten sie fürsorglich, im Missisippi-Delta würde es Kro-
kodile geben und ich als Europäer müsse das wissen und

sollte mich vorsehen. Vielleicht dachten sie ich würde dort baden gehen.

Schließlich kommt New Orleans, mein dritter Halt.

Vor New Orleans fährt der Zug über einen schmalen aus dem Wasser ragenden Bahndamm. Wenn man zum Fenster hinaussieht hat man den Eindruck als würde man im Wasser fahren.

Vor der Ankunft in New Orleans zieht der Steward noch einmal seine Runde durch die Abteile und bietet Kaffee an, oder was sie dort so nennen, der ist nämlich selbst für die mitreisenden Amerikaner, wie sie mir versicherten, eine ziemlich dünne Brühe. Manches Mal verteilt er auch Orangensaft in Plastikbechern, ein Service wie im Flugzeug abgeschaut. Der Steward erzählt uns, daß er nach diesen fünf Tagen für fünf Tage frei hat und diese zu Hause bei seiner Frau und Tochter verbringt. Die Familie habe sich an diesen Rhythmus gewöhnt. Früher als seine Tochter noch klein war habe sie immer geweint, wenn er wegging, denn sie konnte es nicht verstehen, hatte Angst er würde nicht wiederkommen. Seine Frau würde ihn in den fünf Tagen, an denen er nicht zuhause ist, sehr vermissen. Nach den fünf Tagen fährt er die ganze Strecke wieder zurück nach NY.

Im Bahnhof von New Orleans stand wie immer der Schaffner auf dem Bahnsteig an der Türe und half den Leuten beim Aussteigen und verabschiedete sie.

„Take care!" sagte der hilfreiche Schaffner zu jedem und die Rückantwort lautete „allright".

Im berühmten French Quarter in New Orleans tönt aus jeder Kneipe und aus jedem Fenster ein anderer Sound.

Nicht nur abends auch tagsüber wird an jeder Ecke musiziert. Alle hoffen, daß sie entdeckt und große Stars werden. Abends, wenn viele betrunken sind, schreien sie den jungen Frauen, die von den Balkonen herunter das Treiben beobachten, zu „Show your tits!" und einige der Frauen ziehen tatsächlich ihre T-Shirts hoch und zeigen ihre Titten oder sie werfen, eigens für diesen Zweck in Massen produzierte, billige Plastikhalsketten herunter, die gewissermaßen als Trophäen für die Schreihälse dienen und die dann ihre Klappe halten. Das Entblößen ist nicht ungefährlich, weil verboten. Sieht es ein mißgelaunter Sheriff kann dies mit einer Geldstrafe bis zu 1000 $ oder auch mit Gefängnis geandet werden. Über die Karnevalszeit, so wird erzählt, muß ab und zu die Polizei einschreiten, wenn stockbedrunkene Touristen im French Quarter völlig nackt durch die Gassen ziehen.

Die sozialen Gegensätze in New Orleans sind groß, die einen wohnen in Herrenhäusern, haben Geld und die anderen sind arm und hausen in ihrer Armut, in einfachen und oft ramponierten Holzhäusern. Vor einigen Jahren gab es Sturm und Überschwemmungen, von dem die tiefer in der Stadt gelegenen Teile stark betroffen waren. In diesen tiefer gelegenen Stadtteilen wohnen die meisten Schwarzen mit ihren vielen persönlichen Problemen, meist Geldproblemen. Das gesamte Wohnviertel sieht dort auch Jahre nach dem Sturm und der Überschwemmung immer noch aus wie nach einem Bombenangriff. Viele der Bewohner sind nach der Zerstörung ihrer Häuser weggegangen und kamen nicht wieder, ihre ramponierten Holzhäuser verfallen inzwischen. Anscheinend, so wird erzählt, waren nicht wenige sogar versichert und haben 20-30 Jahre in ihre Versicherung einbezahlt und bekamen aber nach dem Sturm nichts, weil sie seinerzeit bei Abschluß des Vertrages das Kleingedruckte in ihrem Vertrag nicht beachtet hatten. Diejenigen die blieben haben zu wenig Geld um ihre ramponierten Häuser ordentlich zu renovieren. Das meiste wird nur notdürftig geflickt und mit ein wenig Farbe kaschiert. Washington hat vollmundig viel versprochen und die Leute hängen lassen. Die Geschädigten, wie gesagt in der Mehrheit Menschen aus der schwarzen Unterschicht, blieben komplett auf sich gestellt. Diese Gleichgültigkeit zeigt den systematischen Rassismus gegenüber diesem Bevölkerungsteil. Viele von ihnen lebten schon immer von der Hand in den Mund, selbstredend gibt es da keine Ersparnisse. Die meisten sind so arm wie Kirchenmäuse. Einige davon sind Optimisten, die ein geduldiges weitgespanntes Verhältnis zur Zeit haben. Sie sagen „weitermachen, es wird schon". Für sie ist ein negatives Ereignis nur ein momentaner Rückschlag der überwunden werden kann. Einige wenige, besonders die Frommen und Gläubigen von ihnen sind sehr zuversichtlich, was ihr eigenes Leben und ihre unmittelbare Umgebung betrifft und überschätzen ihre eigenen Möglichkeiten.

In einem Straßencafé sprach ich mit einem Amerikaner, der sagte zu mir „Wenn man im Süden lebt, schämt man sich manches Mal, ein Amerikaner zu sein. Im Hafen von NY steht die Freiheitsstatue. Die Fackel in der hochgestreckten Hand soll ein Symbol dafür sein, daß in unserem Land alle Verfolgten und Bedrängten eine neue Heimat und neue Hoffnung finden können. Viele Millionen haben hier in Amerika ein neues Leben begonnen. Sie kamen aus allen Ländern der Welt und meist mit leeren Taschen und in den Herzen Hoffnung auf eine bessere Zukunft. Aber

Freiheit und Hoffnung auf eine bessere Zukunft, die gibt es hier im tiefen Süden nicht, viel zu viele Leute haben nichts und haben alle Hoffnung verloren."

Ein anderer im Straßencafé mischte sich ein.

„Es ist ein tödlicher Kreislauf" sagte er.

„Die meisten der Millionen von Schwarzen in den USA sind bitter arm. Weil sie arm sind, können sie ihre Kinder nicht so gut ausbilden lassen wie die meisten weißen Amerikaner. Weil die Schwarzen schlechter ausgebildet werden, sind ihre Chancen im Arbeitsleben gering, sich aus der Armut und Hoffnungslosigkeit zu befreien. Wer es von ihnen fordert, ohne das Grundübel zu bekämpfen, verlangt damit, daß sie das Kunststück eures berühmten Aufschneiders, dem Baron von Münchhausen, nachahmen und sich an den eigenen Haaren aus dem Sumpf ziehen. Die Weißen fürchten um ihre Arbeitsplätze, wenn die Schwarzen die gleichen Ausbildungschancen haben, deshalb haben sie bis zum Hass, eine Abneigung gegen die Schwarzen und behaupten sie wären faul. Schließlich kommt noch hinzu, daß die Eltern selbst keine Begabung entwickeln konnten, um sie an ihre Kinder weiterzugeben.

Man kann es nur schwer verstehen, aber das Verhältnis zwischen Weißen und Schwarzen ist nach wie vor höchst kompliziert. Der Weiße hat seine Masken hinter denen er sich verstecken kann. Der Schwarze hingegen wird durch die rassistische Markierung auf eine einzige Rolle festgelegt.

Hier im Süden tun viele Weiße noch so, als lebten sie im 18. Jahrhundert". Am tief sitzenden Glauben, daß weiße Haut Überlegenheit anzeige und Privilegien rechtfertige hat sich nicht viel geändert. In der amerikanischen Unabhängigkeitserklärung, von 1776, die der spätere Präsident

Jefferson verfaßte, steht „Alle Menschen sind gleich". Jefferson hat bestimmt nicht daran gedacht, daß man seine Worte einmal spöttisch abwandelt und sagt „Alle Menschen sind gleich, aber manche sind gleicher als gleich". Doch bis heute fühlen sich viele Schwarze als Menschen zweiter Klasse. Sie werden, wo immer es geht, gerne ausgenutzt. Man toleriert sie bestenfalls, aber Toleranz überwindet die Differenz zum anderen nicht, sie beseitigt den Rassismus nicht, sie spiegelt oft genug nur Gleichgültigkeit.

Der Rassismus ist eine Wunde in der Seele Amerikas. Obwohl bereits 1776 die Sklaverei beendet wurde verspüren auch heute noch fast alle Schwarzen am eigenen Leib, wie sehr diese Wunde schmerzt. Viele fühlen sich auch heute noch wie Sklaven ausgenutzt und begehren dagegen auf.

Ich genehmigte mir eine Fahrt auf einem der beeindruckenden Schaufelraddampfer, der an die Geschichten aus einer vergangenen Zeit von Tom Sawyer und Huckleberry Finn erinnert.

Als ich spät Abends bei McDonald's einen Hamburger mit French Fries bestellte verstand ich das Mädchen an der Theke nicht. Ich war im tiefsten Süden, ihr Akzent war in meinen Ohren ungewohnt. Ich sagte deshalb ebenfalls im Slang der Südstaaten mehrfach „Come again", dies heißt sie möge es wiederholen. Sie war sehr geduldig und nuschelte ihre Frage bestimmt dreimal, bis ich schließlich sagte, sie möge langsam sprechen, dann verstand ich sie endlich.

Von New Orleans fährt der Zug weiter nach Memphis und Chicago.

Auf dem Weg nach Memphis treffe ich im Zug einen Fan von Elvis, mit großen Koteletten wie sein Idol, der sich mit der passenden Elvisfrisur zurechtgemacht hatte. Am kleinen Finger hatte er einen Ring wie Elvis, angeblich eine exakte Kopie. Er verinnerlichte gerade ein Buch über das Leben von Elvis. Wie oft wird er das schon gelesen haben? Nach seiner Erzählung hat er schon alle Orte abgeklappert an denen Elvis irgendwann einmal war, nur in Deutschland war er noch nicht. Er möchte es aber unbedingt tun, sobald es seine Finanzen erlauben. Der wundersame Fan von Elvis wohnte und arbeitete in Memphis in einer Kneipe, um ständig in der Nähe der verblichenen Aura seines verstorbenen Idols zu sein.

„It's so beautiful down there" behauptete er.

Zu meinem Erstaunen wird „Elvis", wie er mir angekündigt hatte, tatsächlich in Memphis am Zug von einem Arbeitskollegen und Freund standesgemäß mit einer rosa Stretchlimousine vom Bahnhof abgeholt.

In Memphis habe ich mich im Heartbreakhotel eingebucht und besichtige das Haus und das Flugzeug von Elvis. Seine Grabstätte, oder ist es nur ein Gedenkstein, findet man im Garten seines Hauses. Alles in allem kein großes Holzhaus, eher bescheiden. Dort entdecke ich in einer Vitrine einen Schlafanzug, den ich in meiner Mottenkiste habe, aus exakt dem gleichen Stoff, wie im Haus von Elvis ausgestellt, vielleicht war es ein Souvenir aus Germany.

Die Zugfahrt geht weiter nach Chicago, dem sechsten Stop des Zuges.

Wie immer treffe ich im Speisewagen redselige Leute, die man sonst nie treffen würde. Alle ohne Ausnahme sind gesprächig. Als ich mich auf deutsch mit einem Deutschstämmigen unterhalte mischt sich ein ehemaliger GI ein, der über Jahre in Deutschland stationiert gewesen war. Dieser hatte zugehört ohne ein Wort zu verstehen.

„Ziemlich schwere Sprache, Deutsch, nicht war?"

„Auf Wiedersehen, das habe ich aus meiner Soldatenzeit in Deutschland in Erinnerung".

„Aber sonst leider nichts".

„Doch, scheunes Frrraulein kann ich noch".

Eigentlich schade, dachte ich, wie wenig er die Zeit nutzte und höchstwahrscheinlich nur unter seinesgleichen die Jahre in der Kaserne verbrachte. Für mich wäre so etwas undenkbar gewesen.

Beim Abendessen saß ich einem amerikanischen Ehepaar gegenüber und als sie hörten daß ich aus Deutschland bin, sagte die Frau zu ihrem Mann „Erzähl ihm, was uns letzten Sommer in Monaco passiert ist. Zuerst wollte er die Geschichte nicht erzählen, aber auf Drängen seiner Frau.

„Komm los, erzähl es ihm!" erzählte er die Geschichte dann doch.

„Also bitte" sagte er.

„Wir kamen von Rom",

„Besser gesagt wir kamen von Florenz," berichtigte seine Frau „Wir waren in Rom, bevor wir nach Florenz weiterfuhren".

„Ja, und dann kamen wir nach Monaco".

„Sag ihm warum wir nach Monaco gefahren sind".

„Weil wir in in Portofino kein Zimmer mehr bekommen haben, aber das spielt keine Rolle. Wir kamen gegen fünf Uhr abends in Monaco an und suchten ein Hotel".

„Du hast vergessen zu sagen, warum wir sofort in ein Hotel gehen wollten", bemerkte seine Frau.

„Wir waren völlig übermüdet, weil wir die Nacht zuvor so schlecht geschlafen hatten, wir waren hundemüde und wollten uns eigentlich in Portofino ausschlafen. Also suchten wir uns eilends ein Hotel".

„In Portofino hatten wir kein Zimmer gefunden" sagte seine Frau.

„Ich habe das schon gesagt" sagte ihr Mann.

„Aber es ist wichtig für die Geschichte" sagte sie.

„Möchtest du lieber die Geschichte erzählen?"

„Nein, du kannst sie besser erzählen".

„Wir fuhren eine Stunde lang in Monaco herum und fanden dann endlich ein bezahlbares Zimmer".

„Es war Sommer und immer noch lange taghell, deshalb zogen wir die Vorhänge zu, stellten unseren Wecker auf 8 Uhr und gingen zu Bett. Wir wollten nicht einmal etwas zum Abendessen haben, nur sofort schlafen, weil wir so müde waren. Wir waren vor Jahren schon einmal in Monaco gewesen, dort gibt es für uns nicht mehr viel zu sehen. Wenn man den Palast gesehen hat, das Spielcasino und den Jachthafen, dann gibt es nicht mehr viel zu sehen und für's Casino waren wir eindeutig zu müde".

„Hast du erzählt, daß wir zu Bett gingen, weil wir am nächsten Morgen frühzeitig nach St. Tropez abfahren wollten?"

„Nein" sagte der Mann.

„Also gingen wir ins Bett und schliefen auch sofort ein".

„Jetzt kommt die Hauptsache der Geschichte!" sagte seine Frau.

„Wir wurden vom Wecker aus dem Schlaf gerissen und zogen uns sofort an".

„Darf ich fertig erzählen?" fragte ihr Mann.

„Natürlich, es ist ja deine Geschichte!"

„Ich bezahlte die Hotelrechnung und wir fuhren los, wunderten uns über den vielen Verkehr so früh am Morgen, bis es immer dunkler wurde und uns klar wurde, daß es nicht Morgen, sondern Abend war“.

Seine Frau unterbrach ihn „Georg hatte also den Wecker auf acht gestellt als es sieben war“.

„So haben wir nur eine Stunde in diesem Zimmer geschlafen und mußten uns in St. Tropez dann ein neues Zimmer für dieselbe Nacht suchen“.

„Wahrscheinlich kommt es in Hotels nicht selten vor, daß ein Paar nur eine Stunde im Zimmer bleibt, deshalb hat niemand etwas gesagt“.

„Seither hat Georg eine lustige Geschichte zu erzählen“ meinte sie.

„An diesem Abend in St.Tropez hatten wir dann Tintenfisch und wußten es nicht. Was das Essen in Europa angeht, ist es am besten wenn man erst fragt was einem da aufgetischt wird, wenn man gegessen hat. Der Fisch war so zäh ähnlich wie ein Gummiband. Aber ich finde man kann alles probieren“.

Ich mache eine Runde im Zug und treffe in der 3. Klasse wieder auf eine Mennonitenfamilie, alle sind gesprächig, denn sie haben Langeweile und sind zudem neugierig.

Ganz natürlich trägt die bei Amerikanern übliche Kontaktfreude ihren Teil dazu bei, besonders wenn sie hören, daß ich aus Deutschland komme. Für sie bin ich als Deutscher vor allem anderen zuerst einmal ein Deutscher, verbunden mit all den subjektiven und wenig realistischen Vorstellungen, die sie aus ihrer Sicht der Welt damit verbinden. Sie erzählen mir, in einer Mischung verschiedener deutscher Dialekte, schwer zu verstehen mit veralteten Worten, ihre Vorväter wären im 18. Jahrhundert auf der Flucht vor Verfolgung in Europa nach Amerika gekommen, mittlerweile sind etliche ihrer Glaubensbrüder- und Schwestern von den USA nach Kanada ausgewandert. Ihre Frage, ob ich mit dem Luftschiff gekommen sei, irritierte mich, bis ich herausfand, daß es für sie das gebräuchliche Wort für Flugzeug ist.

Etwas später kam ich im Speisewagen ins Gespräch mit einem Amerikaner und werde ausgefragt, ob ich aus NY komme, ob es mein erster Besuch in Chicago sei, und wie mir New Orleans gefallen habe. Als ich ihm erzählte, daß ich keinesfalls Amerikaner wäre, sondern aus Europa, genauer gesagt aus Deutschland komme und nur zu meinem Vergnügen und Interesse am Land durch die USA reise, hebt er sein Glas „This is to the good old continent and to Germany".

„My great-grandfather came from there. Munsingen or what ever they call that place".

Sein Urgroßvater war Bauer und Schmied gewesen. Auch das gehört zu Amerika, daß viele mit großem Stolz von ihren europäischen Vorfahren erzählen, auch wenn es nur einfache Bauern waren, und seltsamerweise haben sie ihr ganzes Leben lang ein bißchen Heimweh nach dem alten Kontinent als hätte es sich in ihren Genen fest verankert. Carl erzählte, er wollte schon immer mal hinfahren und sehen, ob er dort nicht noch Verwandte hat.

Ungefragt sprach er über seine berufliche Tätigkeit. Er sei Vizepräsident einer großen Gesellschaft mit Sitz in Chicago und NY, die sich mit Werbung und Marktforschung beschäftigt.

Kaum kannte er mich richtig, die Zugfahrt war schon fast vorbei, schon wurde ich zum Besuch in sein Bürohochhaus eingeladen. Carl wollte mir die Räume zeigen in denen er und seine Kollegen arbeiten.

Die Kabinenstewardess fragte mich, ob sie mich morgen früh wecken soll und wann. Wir verabreden ½ Stunde vor der Ankunft und sie hat mich tatsächlich pünktlich geweckt.

Sie hatte aber keine Zeit zum Plaudern - „Duty calls" sagte sie.

Ankunft in Chicago, der Stadt am Michigansee, Union Station heißt der Bahnhof, nach 4500 km Bahnfahrt von NY.

Als ich aussteige, erstaunt mich die Ansage meines mitreisenden Amerikaners Carl, er wolle mit mir erst mal einen vernünftigen Kaffee bei Starbucks trinken gehen. Sein Gepäck übergab er einem breitschultrigen älteren schwarzen Angestellten im tadellosen Anzug, der in einem hochglanzpolierten Chrysler auf ihn gewartet hatte.

„Hello, Mr. Carl! Ihr Zug war pünktlich".

„Darf ich ihnen mit dem Gepäck helfen?"

„Hello, Uncle Tom. Ich habe einen neuen Freund hier, Mr. Bert aus Germany. Setze uns bei Starbucks ab".

Carl sagte „Onkel Tom ist mein Kindermädchen. Er sorgt für mich alten Junggesellen wie eine Mutter. Wenn ich mal ein wenig zu viel getrunken habe, dann blickt er mich mit strafenden Augen an und kürzt mir das Taschengeld".

Onkel Tom setzte ein breites Grinsen auf und wiegte gutmütig den Kopf.

Nach dem Kaffee lotste Carl mich in ein deutsches Restaurant, welches von einer deutschen Immigrantin aus der ehemaligen DDR betrieben wird. Ich sollte noch alle seine neugierigen Fragen beantworten, daß ich nur zu meinem Vergnügen herumreise hatte er nicht richtig verstanden, denn Amerikaner denken zuerst immer an's Geschäftemachen, also Business und Geld.

„Was führt dich hierher? Was hast du vor?".

„Zunächst mal einen Drink?" fragte Carl.

„Ich weiß nicht", sagte ich.

„Komm, laß uns etwas trinken".

Und die wichtigste Frage war nach meinem Gefühl „Wie gefällt dir Amerika?"

Eine Frage, die mir recht häufig gestellt wurde, auf die ich aber höflich und positiv nur ganz allgemein zu antworten hatte, damit waren dann in der Regel alle zufrieden ohne nachzuhaken.

Im deutschen Restaurant gibt es deutsches Bier, Apfelstrudel, Thüringer Bratwurst vom deutschen Metzger in Chicago, Kohlrouladen und man staunt und erschreckt ein wenig, kalter Hund als Nachtisch, dies sind bekanntlich mit einer Mischung aus Schokolade und Kokosfett übergossene Butterkekse. Die Amerikaner mögen es, sie sind neugierig und genießen diese sogenannte deutsche Spezialität. Einige finden schon allein die Bezeichnung „Kalter Hund" witzig, erzählte mir mein Begleiter.

In Chicago gibt's angeblich noch viele deutschstämmige Alte. Viele deutsche Einwanderer haben sich vor Jahrzehnten dort niedergelassen, jetzt ist es bereits die zweite Generation, die von Deutschland schwärmt aber noch nie dort gewesen ist, häufig weil sie kein Geld für eine Reise oder auch nur allein für den Flug hat.

„Wir haben hier die deutsche Tradition immer hochgehalten, und wir sind schon immer sehr stolz darauf. Jeder macht das hier so, selbst wenn er selbst kein Deutsch mehr spricht", sagte Carl und bedauerte, daß er nur noch wenig Deutsch spricht. „Schade, daß es meine Generation nicht pflegt". Bei den meisten reicht es gerade noch um ein Bier zu bestellen. Vielleicht gehöre er zu der letzten Generation, die Interesse an der deutschen Sprache hat. Seine Großeltern hätten es noch fließend gesprochen und die Jungen lernen lieber Spanisch wegen der vielen eingewanderten Latinos.

Die deutschen Abkömmlinge und Deutschlandfreunde sitzen abends gerne im Chicago Brauhaus, weil sich dort der Deutsch-Amerikanische Verein auf langen Bänken bei Blasmusik zum Biertrinken und Schunkeln trifft.

Mit viel Blasmusik „Ein Prosit der Gemütlichkeit" und „Zicke Zacke hoi hoi" wird die Stimmung angeheizt. Die Blaskapelle spielt neben Schunkelliedern auch Polka, dazu tanzen sie dann paarweise ihre seltsame Polka, ein weitausholendes im Kreise herumhüpfen, wie die Kinder wenn sie spontan im Kindergarten tanzen.

Und natürlich werden extrem (!) riesige Haxen mit Semmelknödel oder wahlweise Pommes serviert. Es gibt auch Leberkäse oder Weißwürste. Innereien aber nicht, genauso wenig Blutwurst, das mögen sie nicht. Für die Amerikaner der zweiten Generation ist es Hunde- und Katzenfutter. Das deutsche Bier wird mit amerikanischer Geschwindigkeit gezapft, aber immerhin echtes deutsches Bier mit ein paar Umdrehungen mehr als jenes das es gewöhnlich in Amerika gibt.

Wir treffen dort einen noch recht vitalen deutschen Einwanderer, der mir erzählt er wäre 1960 aus Abenteuerlust, und weil er nicht zur Bundeswehr eingezogen werden wollte, ausgewandert. Ob ihn stattdessen die US-Armee eingezogen hat, habe ich ihn nicht gefragt. Der gelernte Schreiner vermißt in seiner neuen Heimat Pünktlichkeit, Genauigkeit und Qualität, schätzt aber die amerikanische

Lockerheit. Heute gäbe es nicht mehr viele deutsche Einwanderer. Damals sei das Deutschtum in Chicago noch groß gewesen. Deutscher Essensgenuß und deutsches Ambiente käme aber wieder in Mode, nicht nur in Chicago sondern in den ganzen USA. Viele Jahre nach dem zweiten Weltkrieg galt das Deutsche bei nicht wenigen als ziemlich verstaubt, steif, humorlos und politisch sowieso suspekt.

Heute ist alles Deutsche zunehmend hip, ob es das Bier, die Wurst oder in jüngster Zeit auch die Fußball-Nationalmannschaft ist. Die Deutschland-Spiele wurden im Brauhaus auf Großleinwand übertragen. An der Wand hinter der Theke, an der freigelegten Backsteinwand, hängt aus dieser Zeit noch immer eine große Deutschlandfahne. Dort gibt es lange Regale bestückt mit zahllosen Bierkrügen. Die weitere Dekoration bestand aus Fässern, Hunderten von Bierfilzen und sogar ein Geweih war aufgeboten, um „Deutsche Gemütlichkeit" zu signalisieren.

Nach meinem Geschmack hatte man bei der Dekoration ein wenig übertrieben. So viele Bierkrüge wie in diesem Lokal gibt es in sämtlichen Wirtshäusern Münchens zusammen genommen nicht. Das Deutsche Wort „Gemütlichkeit" ist neben „Heimweh" eines jener deutschen Wörter, die man häufig zu hören bekommt, es hat auf dem ganzen amerikanischen Kontinent Eingang in den alltäglichen Sprachgebrauch gefunden, weil es dafür im Amerikanischen kein treffendes Wort gibt, welches das gleiche ausdrückt. Der Begriff „homesick" beinhaltet eben nicht dasselbe Gefühl. Auch andere deutsche Wörter haben es als Lehnwörter geschafft z.Bsp. Schadenfreude, Autobahn oder Kindergarten, einige davon sogar bis in ihr Wörterbuch.

Für den nächsten Tag verabredeten wir uns zu einem Rundgang durch die „Loop", dem Geschäftszentrum von Chicago, angeschlossen war ein Besuch im Restaurant André, jenem Restaurant von dem Carl mir im Zug bereits vorgeschwärmt hatte. Nicht nur der Geschäftsführer, dem Carl offensichtlich gut bekannt war und der uns zum Tisch geleitete, sondern auch der Oberkellner sprach mit jenem unverkennbaren französischem Akzent, den Franzosen auf der ganzen Welt selten verlieren. Ich bestellte Schnecken als Vorspeise und Carl gebratene Froschschenkel, dabei schwärmte er von der wunderbaren Turtlesoup, die er immer hier gegessen hatte, die es aber leider nicht mehr gibt. Als Hauptspeise wählte ich Lammkotelett mit Gemüse und Carl bestellte Ochsenzunge in Rotwein. Zum Dessert hatten wir beide Crêpes Suzette. Wir beide haben alles mit großem Appetit gegessen, an der Zubereitung gab es nichts auszusetzen. Nicht verwunderlich, die amerikanischen Köche sind im kommen. 2017 hat der Sous-Chef des dritteuersten Restaurants der Welt, dem „Per Se" in Manhattan den Bocuse d Or in Lyon gewonnen. Eine Schlappe für die Franzosen und dazu noch im eigenen Land. Halten sie doch viel von ihren Küchenkünsten, den Arts Ménagers. Und mit ihnen viele Menschen auf dem ganzen Erdball denken, daß die Franzosen an der Spitze stehen in der Kunst, Speisen zuzubereiten.

Während des Essens machte ich dann pflichtschuldigst die von Amerikanern erwarteten Komplimente über seine Firma, die er mir am Vormittag gezeigt hatte. Und ich fragte ihn warum er das alles für einen Fremden tut. Ob meiner Frage war er etwas erstaunt, meinte dann, er wäre gerne mit Menschen aus anderen Ländern und Kontinenten zusammen, von ihnen könnte man lernen. Auch möchte er nicht, daß sich ein Fremder hier einsam fühlt.

Es war ein fröhlicher Abend, er endete vergnügt nach einem Drink in einer kleinen Bar und mit dem Besuch eines Varieté.

Noch 3500 km liegen vor mir bis L.A. Wenn man an einem Stück durchfährt benötigt man 3 Tage!

Weiter geht's über Albuquerque nach Dodge City, dem siebten Stop des Zuges.

Der Zug kommt um fünf Uhr morgens in Dodge City an.

Trotz der frühen Stunde verabschiedet der Schaffner wie üblich die Aussteiger mit „bye-bye take care!"

In Dodge City wird der Zug betankt für die restliche Bahnfahrt bis zur Endstation des Zuges in Los Angeles.

Mitreisende erzählen mir, daß in der Gegend um Dodge City vor 150 Jahren große Bisonherden abgeknallt wurden, zum Teil sogar aus dem Zug heraus.

Aus der Geschichte weiß ich, daß die Bisonherden die Ernährungsgrundlage der Indianer waren. Als alle Tiere abgeknallt und bis nach Chicago in die Schlachthöfe befördert waren, begann man mit dem Züchten von Rindern.

Bereits in Chicago wurde ein Panoramawagen angehängt, der entwickelte sich zu einem beliebten Treffpunkt für alle, denn alle von der 1. bis zur 3. Klasse dürfen in diesem Aussichtswagen sitzen. Die Gäste der 1. und 2. Klasse können sich dazu kostenlos soviel Kaffee und Tee in Selbstbedienung holen wie sie möchten.

Ich treffe wieder gesprächige und interessante und auch ausgefallene Menschen, die ganze Variante von der 1. bis zur 3. Klasse. Einer ein (vermutlich gescheiterter) Schauspieler, der etliche Pfunde zu viel auf den Rippen hatte und kaum noch Haare auf dem Kopf, der wollte nur noch heim zu Mama, weil er mangels Zahlungsfähigkeit aus seinem Apartment geflogen war. Wegen seinen überheblichen Kollegen jammerte er: „All diese verdammten dünnen Typen glotzen mich an wie einen verdammt fetten Wal". Später informierte er mich über das Cowboyleben, nämlich daß ein richtiger Cowboy die Unabhängigkeit liebt und nur das tut was er will.

„They never get out of style" meinte er.

Weiter; man hätte vor 200 Jahren beschlossen, daß alle Amerikaner Waffen tragen dürfen, deshalb laufen sie auch heute noch mit einem Pistolenhalfter unter der Weste herum. Die Pistolen, die sie immer bei sich tragen, finden sie beruhigend. In Ohio und auch in einigen anderen Bundesstaaten darf jeder, der eine Lizenz hat, Waffen jeglicher Art in aller Öffentlichkeit mit sich herumtragen.

Es gibt welche die argumentieren, es sei die beste Versicherungspolice, die man haben kann. Und auch wenn sie noch keinen Gebrauch davon gemacht haben, sind sie ohne Zweifel fest davon überzeugt, es würde die Gelegenheit dafür kommen. Andere haben einen Revolver in der Schublade ihres Büros und in ihrem Schlafzimmer. Auf dem eigenen Grund und Boden ist der Waffenbesitz ohnehin nicht verboten. Sie begründen mit dem Brustton der Überzeugung, daß Waffen erforderlich sind, um sich, die Familie und den Besitz zu verteidigen und wenn es nur Schlangen sind, die man notwendigerweise zu erschießen hat. In Iowa sei es sogar erlaubt, daß Blinde eine Waffe in der Öffentlichkeit tragen. Begründet wird dies damit, daß Behinderte nicht diskriminiert werden dürfen „Man

zieht die Pistole und schießt". Da ist nach ihrer Meinung
Sehkraft nicht unbedingt erforderlich.

Einer, nicht mehr der Jüngste, der mit seiner unschein-
baren Frau unterwegs war, hatte sich wie Ken, also der
Mann von der bekannten Barbiepuppe, herausgeputzt.
An Selbstbewußtsein mangelte es ihm ganz offensichtlich nicht. Wenn mich nicht alles täuschte hatte er eine
pechschwarze Perücke im Ken-Style auf dem Kopf. Seinen
dünner bleistiftbreiter Bart war ebenfalls so Schwarz wie
die Nacht, sorgfältig ausrasiert im Ken-Style. Das ganze
passte aber nicht zu seinem alten Gesicht. Sein Gesicht
war altersbedingt gewissermaßen aus den Fugen geraten,
links und rechts hingen die Backen bis zum Kinn abwärts
und unter seinen wasserklaren blauen Augen gab es dicke
Tränensäcke. Das Gebiss war auch nicht mehr vollständig,
eigentlich sah man nur oben vier und unten vier Zähne,
mit diesen Vorderzähnen zerkleinerte er alles was er sich
in den Mund schob. Dies war bereits die zweite Begegnung
dieser Art, nur diesmal war der für eine solche Maskerade
eigentlich zu alt, aber seiner Frau hat es scheinbar gefallen,
zumindest schien es sie nicht zu stören.

In NY sagten sie mir: „Wir lieben und glauben an die
Vielfalt der Menschen und respektieren sie. Wir sind stolz
auf den Geist der Freiheit, dazu gehört auch das Verrückt-
sein".

Draußen beginnt die Prärie. Riesige Farmen dehnen sich
aus, es ist der Brotkorb Amerikas.

In Dodge City besuche ich Frank meinen Eierproduzen-
ten, den ich im Flugzeug zum ersten Mal getroffen habe.
Der Hühnerfarmer hat dort in der Nähe von Dodge City

seinen Großbetrieb. Der Hühnerbestand in seinem Betrieb umfaßt jeweils mindestens 200 000 Hühner, er hat sogar einen kleinen Bereich für Bodenhaltung. Hauptsächlich hat er Käfighaltung, in 3 Etagen stehen die Käfige übereinander. Angeblich soll es Eierfarmer mit bis zu 500 000 Käfighühnern und mehr geben. Möchte gar nicht erst wissen mit wie viel Zugaben von Antibiotika und Desinfektionsmittel bei einer solchen Massentierhaltung Krankheiten, Milben und Läuse oder gar die Salmonellen in Schach gehalten werden.

Seine Hühner legen ohne Unterbrechung Eier, dies wird durch künstliche Beleuchtung und speziell gezüchtete Tiere, sog. Hybriden erreicht. Er sagte mir, jedes dieser Tiere legt im Schnitt 300 Eier im Jahr. Nach 12-15 Monaten werden sie vom Schlachter abgeholt.

Neun Milliarden Hühner werden in den USA pro Jahr geschlachtet. Die gesamte Geflügelbranche macht 70 Milliarden Dollar Umsatz im Jahr, erzählt er weiter.

Man kann sich vorstellen was er für ein Einkommen erwirtschaftet und trotzdem erzählt er, der Tierarzt wäre teuer und beklagt die hohen Tierarztkosten und daß der Tierarzt aus 30 Meilen Entfernung angefordert werden müsse.

Als Zubrot nehmen sie Gäste auf. Die Übernachtung als Vollpension mit reichhaltigem Frühstück kostet 140 $ am Tag. Von mir wollten sie kein Geld, denn ich war als Freund eingeladen.

Zum Frühstück gab es gewaltige Omeletts mit Schinken, zubereitet von Franks Frau Cheryl.

Üblicherweise verwendet Cheryl als Maß für drei Personen 20 (!) Eier, die mit einem großen Schneebesen aufgerührt werden. Die Frage nach dem Cholesterin habe ich mir verkniffen, das wäre möglicherweise gar nicht gut angekommen.

Zum Abendessen gab es braune Bohnen mit Schweinernem, das deftige Eintopfgericht ist eine amerikanische Nationalspeise, unter dem Namen „Boston baked beans" bekannt, die, wenn man es richtig macht, in einem Topf angeblich zwölf Stunden lang im Ofen gebacken werden. Danach soll das Gericht durch aufwärmen immer noch besser werden.

Später waren wir bei Kaffee und Cognac angelangt. „Sogar echter französischer Cognac", meinte Juan anerkennend, „den bekommt man heute selten angeboten".

„Ist ja auch nicht so wichtig", sagte Cheryl.

„Ich finde, der kalifornische Brandy ist sehr gut".

Der Familienanschluß war selbstverständlich inklusive, alles andere wäre für sie eine Beleidigung gewesen, dem konnte ich nicht entrinnen, denn schließlich war ich eingeladen. Ihre Gäste werden zu allen Events mitgeschleppt, beispielsweise zum Rodeo. Dieser sportliche Wettbewerb, so wurde mir versichert, ist bei ihnen, wie an vielen kleineren Orten, noch am ursprünglichsten, ein echtes ländliches Rodeo, weil es nicht nur um eine Show, sondern um das Können der Cowboys geht. Am wildesten bei diesem Rodeo war ein bokkiger Stier, der recht schnell die Cowboys abwarf. Passiert ist denen aber nichts, ein Helfer lenkte jedes der Tiere ab, damit die Boys nicht unter die Hufe kamen. Wer es will, mit dem fährt Frank sogar zu einer Viehversteigerung.

Abends wird erwartet, daß die Gäste, die Freunde sowieso, zur sogenannten „sozialen Stunde" im Haus zugegen sind für einen Drink, natürlich immer mit Alkohol, zumindest aber für ein oder mehrere eiskalte Biere, die darf ihr Sohn Jason aus dem Kühlschrank holen und geflissentlich den Gästen überreichen.

Am wichtigsten wird ihnen der dabei stattfindende small talk gewesen sein. Ihre Nachbarn oder Geschäftsfreunde hatten sie hinzugerufen, um ihnen den Gast aus Germany zu präsentieren. Einer der Geschäftsfreunde war Juan, der in seiner Hühnerkette mit dem Namen Juan Pollo angeblich die besten Hühner, natürlich von Frank, grillt.

An diesem Abend war ich sprachlos über einen Gast, der nicht nur acht Sprachen beherrschte, sondern auch perfekt zaubern konnte. Ich dachte mir sofort, dies konnte nicht nur ein Hobby für den Hausgebrauch sein, tatsächlich stellte sich heraus, daß er einmal von Beruf Zauberkünstler gewesen war. Diese überraschende Begegnung erinnerte mich wieder einmal wie richtig es ist, Leute nicht nach einem oberflächlichen Eindruck oder gar ihrem Gesichtsausdruck zu klassifizieren oder naiverweise irgendwie sofort einzuordnen. Angie erzählte mir einmal, ich sollte auf einer Fahrt in der New Yorker U-Bahn die Augen schließen und den Menschen zuhören, die in meiner Nähe sitzen, dabei mir im Geist ein Bild von ihnen machen über alle relevanten Informationen: Geschlecht, ungefähres Alter, soziale Schicht und die Hautfarbe des Sprecher. Dies ist gar nicht so leicht. Bei jeder neuen Stimme, die man hört möchte man die Augen aufmachen und den dazugehörigen Menschen sehen. Die Versuchung ist fast unwiderstehlich. Sobald man jemanden sprechen hört, macht man sich im Geist ein Bild von ihm. Wenn man die Augen offen hat empfindet man einen natürlichen Drang, mit eigenen Augen nachzuprüfen, wie nahe dieses geistige Bild der Wirklichkeit kommt. Meist kommt es ziemlich nahe, aber manches Mal macht man auch erstaunliche Fehler: Banker, die wie Lastwagenfahrer reden, kleine Mädchen, die sich als alte Frauen entpuppen, Schwarze, die sich als Weiße entpuppen. Man kann sich gewaltig in seiner Fantasie irren.

Auf meinen vielen Reisen sind mir gebrechliche alte Männer begegnet, die einst honorige Berufe wie Richter oder andere beachtenswerte Berufe ausgeübt hatten. Unter den Begegnungen war eine Gymnasiallehrerin, die heute ihren Beruf aufgegeben hat und zu den Bestsellerautorinnen zählt. Nicht nur diese auch andere Buchautorinnen und Autoren, denen ich zuvor begegnete, sahen aus wie unbedarfte, biedere langweilige Hausfrauen oder kleingeistige Korinthenkacker, denen man nie und nimmer zutrauen würde ein Buch zu schreiben.

Unter meinen Reisebekanntschaften gab es einen Herrn, der amüsant und weltgewandt war, als Komiker und Entertainer arbeitete, und wie sich später herausstellte, einstmals Theologie studiert und als Pfarrer sein Geld verdiente hatte. All die Fähigkeiten und honorigen Berufe konnte man ihnen nicht ansehen, man konnte es nur nach einiger Zeit herausfinden, wenn man sich lange genug mit ihnen unterhielt oder mit ihnen zu tun hatte, wobei die gegenwärtige Tätigkeit offenkundig keine entscheidende Rolle spielte, ihnen keinen Stempel aufgedrückt hatte. Anscheinend hat sie weder ihr alter Beruf noch Ihre Berufung in eine bestimmte Form gegossen, deren Gestalt sie dann annahmen; obwohl es sicher selbstverständlich auch solche gibt, wie man es von Lehrern und Beamten gerne behauptet.

Beim small talk in Franks Haus wurde ich von allen Anwesenden ziemlich unverblümt ausgefragt und vermutlich entsprechend ihrem Allgemeinwissen in ihre amerikanische Vorstellungswelt einsortiert und begutachtet. Diese geradezu naiv vorgetragene Ausfragerei, und als Gast aus Höflichkeit über mich Auskunft geben zu müssen, nervte, ich ließ mir aber nichts anmerken. Letztlich fehlte nur noch die Frage nach meiner Schuh- und Hutgröße. Lieber wäre mir ein anregender Gesprächsdialog gewesen.

Ich habe erfahren müssen, daß mein Beruf als Sozialarbeiter keinen besonderen Eindruck macht. Dieser Beruf liegt in ihrer Prestigevorstellung eher am Ende der Skala. Für sie ist es eher eine Tätigkeit für sozial engagierte Leute, oft naive Idealisten ohne richtige Ausbildung, die sich ihr Wissen meist selbst angeeignet haben. Dies dürfte in den USA sehr häufig der Fall sein, selbst Expräsident Obama hatte schon als Sozialarbeiter gearbeitet. In seinem Erinnerungsband beschreibt er wie er 1985 in jungen Jahren in der South Side in Chicago als Sozialarbeiter arbeitete. Für ihn war es im Rückblick der frustrierendste Job der Welt, ohne die geringste Perspektive und schlecht bezahlt. Doch dort habe er gelernt, die Welt nicht in Freund und Feind einzuteilen und sich wenn nötig zu streiten aber nicht zu zerstreiten. In der Gemeindearbeit sei es passiert, daß man die Leute, mit denen man heute stritt, schon morgen wieder benötigte. Diese in Lebenserfahrung erworbene Erkenntnis verwendete er in seiner Politik. Er hatte all das Vergangene so nah gesehen, daß ihm seine Bedeutung für die Gegenwart immer offenbar war.

Daß es für Sozialarbeiter in den USA auch eine Studienausbildung an Universitäten gibt, wußten meine Gesprächspartner nicht. Vom deutschen Schulsystem, von

Fachhochschulen, Lehrausbildungen und dualer Studienausbildung hatte nur Frank, ohne es sich richtig auch in Amerika vorstellen zu können, gehört.

Sie fanden es alle seltsam, wie in Deutschland üblich, eine Ausbildung oder Praktikum zu machen und dafür noch Geld resp. Lehrgeld zu erhalten, denn in den USA müßten sie für eine Ausbildung in eine private Schule gehen und dafür bezahlen. Ein anschließendes Praktikum, nicht nur im sozialen Bereich als sog. Trainee, ohne Bezahlung versteht sich, könne durchaus bis zu 2 Jahre dauern. Daß deutsche Azubis in der Regel 800 Euro im Monat bekommen versetzte sie in Erstaunen. Aber daß dies nicht überall in Europa so ist beruhigte sie, denn ich konnte ihnen erzählen, daß es bereits im Nachbarland Frankreich nur in wenigen Fällen Lohn für die Auszubildenden gibt.

Schließlich erklärte ich ihnen auch den Erfolg der dualen Hochschule, und deren Vorteil durch die Verbindung von Theorie und Praxis selbstverständlich mit monatlicher Entlohnung.

Franks Sohn Jason wird zu Hause von Cheryl unterrichtet und geht nicht zur Schule. Der Hausunterricht der Kinder anstelle eines Schulbesuches ist in der Verfassung garantiert. Jason machte auf mich einen etwas beschränkten Eindruck, vielleicht war dies der Grund für den erwählten privaten Hausunterricht.

Als Tätigkeit und um das Rechnen und etwas Buchhaltung zu lernen verkaufe ihr Sohn Eier auf dem Markt. So lerne er mit dem Geld umzugehen. Er muß über den Verkauf Buch führen. Die Eier für den Marktverkauf werden von ihm vorbereitet, indem er jedes einzelne Ei mit einer Bürste unter fließend Wasser säuberte.

Es fehlte mir noch, daß er sie möglicherweise mit Chlorwasser desinfizierte. Schließlich muß bekanntlich alles „clean“ sein in Amerika, und die Eier kommen doch aus dem Hinterteil der Hühner.

Von Dodge City fahre ich weiter nach New Mexiko.

Im Zug nach New Mexiko war meine erste Begegnung ein junger Mann, der noch schnell seine Biologieaufgaben über Pilze und Sporen machte.

Am ersten kurzen Halt in einem kleinen Bahnhof dann ein erstaunliches Erlebnis, dort putzten die Fahrgäste, nicht nur die Frauen, auch ein Mann war darunter, die Zugfenster von außen, damit man etwas sieht auf der Fahrt, sagten sie, und beklagten sich, die Scheiben würden immer so schnell dreckig werden.

„On board“ schreit der Schaffner und alle steigen schnell wieder ein.

Jetzt liegt die Wüste von New Mexiko und die Fahrt zum Grand Canyon vor uns. Die Landschaft wird immer schroffer. Vertrocknete Steppe so weit das Auge reicht. Eine flache trockene Gegend in der die Highways schnurgerade bis zum Horizont gehen. Dann nähern wir uns Albuquerque in New Mexiko. Ich sehe kahle und teilweise auch schneebedeckte Berge im Hintergrund.

Kurz hinter Las Vegas, in Taos, gibt es eine Indianersiedlung.

Pueblo, die Stadt der Indianer, in der die Hopi Indianer schon vor über 1000 Jahren lebten. Teilweise leben sie immer noch oder wieder in diesen architektonisch schön anzusehenden properen traditionellen Lehmhäusern. Dort wohnt Lydia, die ich vor Jahren in NY kennengelernt habe und die schon lange darauf wartet, daß ich sie einmal in Taos besuchen komme.

Taos ist eine Künstlerdomäne. Meine Tischnachbarin Carroll im Zug schwärmte von der Energie, die von diesem Indianerland ausgeht.

Sie erzählte mir „Viele kreative Leute leben dort, aber nicht alle sind Indianer“.

„Alle beschäftigen sich aber mit Kunst. Entweder mit der Herstellung von Indianerschmuck, Weben oder Töpfern. Die Frauen der Hopis und Navajos weben wunderschöne Decken in leuchtenden Farben“.

Caroll beschäftigt sich mit abstrakter Malerei. Nachdem ich erzählt hatte, daß ich in Taos aussteige, um meine Freundin Lydia zu besuchen, hat sie mich ebenfalls eingeladen, sie in ihrem Atelier zu besuchen. Ich sagte selbstverständlich zu.

Kurz vor Las Vegas müssen wir dann aussteigen, um mit dem Bus nach Taos zu kommen.

Lydia holte mich am Busbahnhof ab. Zu meiner Überraschung ist sie spirituell von den Gebräuchen der dortigen Hopi Indianer angehaucht, deshalb wird vor dem Betreten des Hauses die Aura des Hauses durch Räuchern gereinigt. In einer Tonschale entzündet sie Kräuter, die mächtig zu qualmen anfangen und verteilt den Rauch mit einen präparierten Vogelflügel, hauptsächlich vor dem Hauseingang, bevor wir das Haus betreten.

Taos ist auch ein Zentrum des New Age, hat ganzjährig ein mildes Klima, auch deshalb kommen viele Künstler aus den großen Städten Amerikas hierher. Besonders wenn

Leute dem Stadtleben überdrüssig sind, würden sie sich gerne für immer in Taos niederlassen. Ich dachte mir, das Leben wird hier schlicht und einfach billiger sein, zumindest wenn man zum Vergleich an die horrenden Mieten und Energiekosten in den großen Städten wie NY denkt. Nach der Meinung von Lydia ist die Kunstszene in den großen Städten ist eine ganz andere. Wer dort in der modernen Kunst erfolgreich sein möchte, tut gut daran schrill und provozierend aufzutreten. Diamantbesetzte Totenschädel, knallbunte Suppendosen, zur Not auch Softpornos oder den als Kunst deklarierten Hitlergruß mehren den Ruhm des zeitgenössischen Künstlers. Wer Künstler ist und in Taos seine Wurzeln schlagen will, sollte sich klugerweise zuerst einen Mäzen suchen, weil Taos kein Mekka für die Avantgarde ist und Künstler können nicht von ihresgleichen leben.

Als ich Lydia fragte, ob sie sich hier draußen nicht vom Weltgeschehen abgehängt fühlt, gab sie mir eine erstaunliche Antwort. Seit sie an diesem entlegenen Ort wohnt habe sie das Gefühl, daß die Welt näher an ihre Türe heranrücke als damals als sie noch mitten in NY lebte.

„Ich brauche keine Zeitungen zu lesen und auch kein Radio oder Fernsehen. Was immer ich von den Verhältnissen da draußen wissen muß, erfahre ich konzentriert von meinen Besuchern. In den letzten zehn Jahren habe ich bestimmt mit tausend Menschen gesprochen aus allen Bevölkerungsschichten, die Taos einen Besuch abstatteten. Einige boten mir sogar Geschenke an, darunter Eßwaren und Kleidung, einmal kurioserweise auch Briefmarken".

Draußen klopfte es an die Türe und Lydia öffnete. Eine Gruppe freundlich lächelnder Besucher stand vor der Türe. Es gab die üblichen Erklärungen „Wir kommen zufällig vorbei und dachten, wir wollten sie mal besuchen". Die waren sicher Lydia alle völlig unbekannt. Sie sagte „Kommen sie herein". Dann die üblichen Einleitungsfloskeln. „What a nice place… Wie haben sie es nur gefunden?… Hoffentlich stören wir nicht". Dann fragte eine Frau mit piepsiger Stimme „Haben sie vielleicht auch Aquarelle zu verkaufen? Ich wollte schon immer ein Aquarell von ihnen haben".

Das ausgesuchte Bild, erzählte mir Lydia später wollte sie eigentlich gar nicht verkaufen, sie hätte die Frau mit einem hohen Preis abschrecken können, nannte dann aber doch einen niedrigeren Preis als sie ursprünglich verlangen wollte und so schlossen sie das Geschäft ab. Die Käuferin hätte gerne einen zum Bild passenden Rahmen gehabt, aber leider konnte sie ihr keinen anbieten.

Bevor die Gruppe aufbrach fragten sie mich ob ich der Ehegatte wäre.

Als ich für meine Rückreise wieder zurück zum Bahnhof komme, sitzen dort Indianer aus der Umgebung und bieten den Reisenden silbernen Indianerschmuck zum Kauf an. Eine der Indianerfrauen mit der ich mich unterhalte sagte mir, daß sie vom Stamm der Navajo sei und dort hinten, nahe der Berge, wohnen würde. Sie fertigen Schmuck in Silber aber auch in Gold wie sie mit sichtlichem Stolz erzählt.

Von hier sind es noch zwei Stunden bis zum Grand Canyon. Draußen über der weiten Ebene ist eine Regenfront aufgezogen, die tut aber der guten Stimmung im Panoramawagen keinen Abbruch.

Im Panoramawagen herrscht großartige Stimmung, ein Navajo-Indianer spielt Gitarre und singt dazu indianische

Lieder. Dieser erzählte mir später, um gesund zu bleiben müsse er Musik machen.

Weiter sagt er „Ich drücke mich und mein Innerstes damit aus".

Dieser Navajo Indianer lebte als Alleinunterhalter von seiner Gitarrenmusik. Angeblich waren seine Vorfahren Medizinmänner. Im Gespräch mit mir beklagte er sich, daß die Missionslehrer während seiner Schulzeit in der christlichen Missionsschule alles haben auslöschen wollen, was sie zu Indianern macht. Sie durften ihre Sprache nicht mehr sprechen und die Lehrer hätten ihnen ihre Bräuche verboten. Ihre Kultur sollte getilgt werden, sie sollten wie alle anderen Amerikaner werden.

Er sagte „ Die Missionare lehnten alles ab".

Dann beklagte er sich, daß die Indianer bereits in der Vergangenheit, damit meint er zu Zeiten seines Großvaters, sehr schlecht behandelt wurden. Die Europäer hätten Infektionskrankheiten mitgebracht, gegen die sie keine Widerstandskräfte hatten.

Die ganze Bisonherde seines Großvaters hätten die Regierungstruppen abgeschlachtet.

„Sie metzelten alles nieder".

Seinem Großvater hätte man dann vorgeschrieben wie viel Vieh er haben darf und ihm alles andere weg genommen.

Später kommt ein Spaßvogel im Wildwestoutfit mit einem dreieckigen Tuch vor dem Gesicht in den Wagon, der spielt einen Banditenüberfall, wie man dies aus alten Wildwestfilmen kennt. Als Bandit ballert er mit einer Platzpatronen-Pistole herum und verlangt von den Leuten Geld, das er später aber wieder zurückgibt. Die meisten lassen ihm aber ein kleines Trinkgeld für den Spaß.

Nach einer Weile taucht einer als Sheriff verkleidet auf. Die Mitreisenden spötteln „Immer zu spät wie im richtigen Leben".

Diese Show, erzählten sie mir, wird auf jeder Fahrt von der Eisenbahngesellschaft inszeniert, um die Leute ein wenig zu unterhalten.

Dann kommt der Grand Canyon, er ist der großartigste der amerikanischen „Nationalparks", 1800 Meter tief und 450 km lang. In meinem Reiseführer lese ich, daß ihn der Colorado River in Millionen von Jahren in das Steinmassiv gesägt hat. Dort auf dem Grund des Canyons soll es Klapperschlangen, Skorpione, Kojoten und sogar Pumas geben, wird mir erzählt.

An der Einfahrt zum Grand Canyon Nationalpark zahle ich die Eintrittsgebühr und fahre weiter bis zum Aussichtsplatz. Von dort hat man einen großartigen Ausblick auf die bizzare Felsenwelt des Canyon. In meinem Reiseführer wird nicht übertrieben, so etwas beeindruckendes habe ich noch nie gesehen. In roten und braunen Farbtönen leuchten die Felsen in der Sonne bis zum Horizont. Tief unten eingefräßt in den Fels fließt der Colorado ruhig dahin. Sein Wasser spiegelt das Licht der Sonne zu den Felsen herauf. Manche Felsen sehen aus wie Pyramiden, andere sind rund wie eine Geburtstagstorte für Riesen. Einige erinnern mich an die zerklüfteten Felsen in den Dolomiten. Ein Spanier soll 1540 den Canyon entdeckt haben. Er war sicher damals schon genauso beeindruckt wie wir es heute noch sind.

Besucher die Glück haben, können am Canyon den kalifornischen Condor fliegen sehen, dessen Flügelspannweite bis zu drei Meter beträgt. Er ist der größte flugfähige Vogel der Erde. Durch ein aufwendiges Zuchtprogramm wurde er in letzter Minute vor dem Aussterben bewahrt.

Wer hier aussteigt kann auf Mauleseln nach unten reiten, aber nur wer mit seiner Kleidung einschließlich Ausrüstung nicht mehr als 200 US-Pfund (90,7 Kg) wiegt, das ist für manche Besucher aus den USA allerdings ein großes Problem. Unten auf dem Boden der Schlucht herrscht das Klima der Mexikanischen Wüste. Mit steigender Höhe wechselt dann das Klima, bis es oben am Rand dem der Hochalpen entspricht. Schade, daß ich keine Zeit habe auf dem Maulesel hinunter zu reiten.

Die Ranger in Pfadfinderkluft passen auf, das die Besucher nicht alles zertrampeln. Ranger hätten erzählt, daß ein abgestürzter Tourist nur gefunden wurde, weil ein Condor über im kreiste – der Condor als Lebensretter.

Im Speisewagen gibt es das vorbestellte Abendessen am vorab reservierten Platz. Nichts am Essen wird, wie bereits erwähnt, frisch zubereitet. Im Convienent-Food-Land werden die vorgefertigten Portionen des Abendessens ganz einfach im Micro aufgewärmt. Immer wird dazu Kalifornischer Wein, in echten Gläsern und ohne Eiswürfel, angeboten. Es waren Gläser ohne Stiel, Bechergläser mit dickem Boden, sogenannte Tumbler, damit die Gläser der amerikanischen Mode entsprechend, anstelle am Stiel, am Glas oben angefaßt und gleichmäßig beschmiert werden können.

Viele Mitreisende hängen wie jeden Abend nach dem Abendessen im Speisewagen herum, um sich angeregt mit ihren Tischnachbarn zu unterhalten. Einige können den ganzen Abend mit lustigen Anekdoten füllen bis man als Tischnachbar vor Lachen Bauchschmerzen hat. Besonders unterhaltsam war ein Arzt, der überzeugt war Humor habe einen großen therapeutischen Wert für Körper und Geist. Er würde sich nie über seine Patienten lustig machen, sondern immer versuchen sie zum Lachen zu bringen.

Scheinbar sind die im Southwest-Chief beschäftigten Leute mit ihrem Job zufrieden, einer der Stewards erzählt er wäre vor 30 Jahren aus Argentinien eingewandert, sein Traum von Amerika habe sich mit dieser Tätigkeit erfüllt.

Er fügte er noch hinzu „I like what I do, I like what I'm doing" - „Ich mache meinen Job gerne!"

Meine Reise endet morgen früh in Los Angeles, der Stadt der Engel, nach insgesamt 7500 km und zusammengerechnet nach sechs Tagen im Zug.

Nach der endlosen Mojave-Wüste, mit vertrockneten Sträuchern, Kakteen, die manches Mal bizarre Blüten tragen, ausgetrockneten Seen und Flußläufen, die besser zu Afrika passen würden, sieht man mit den ersten Palmen und dem immer blauen Himmel von Los Angeles, endlich wieder die Farbe grün, was für eine Augenweide! Wie müssen sich die ersten Siedler gefühlt haben als sie vor über 150 Jahren mit ihren Planwagen nach der Durchquerung dieser endlosen, und für sie schwer überwindbaren Wüsten, hier ankamen und endlich das ersehnte erste satte Grün sahen.

Bis heute träumen viele von der ewig strahlenden Sonne in Kalifornien. Auch wenn das Meer weit draußen ist, träumen sie von den Wellen des Pazifik, den weißen Stränden, den märchenhaften Villen, Palmen und von Filmstars aus Hollywood an jeder Ecke.

Doch Filmstars trifft man selbst in den angesagtesten Restaurants von Hollywood höchst selten. Die märchenhaften

Villen von Beverly Hills mit ihren Bewohnern haben sich abgeschottet und sind nicht für jeden aus der Nähe sichtbar. Die Villen befinden sich im reichen und überwiegend von Weißen bewohnten Norden der Stadt, dort befindet sich das Getty-Museum und weithin sichtbar der berühmte „Hollywood"- Schriftzug. Im Gegensatz zum südlichen und ärmeren Stadtgebiet, das eigentlich immer nur dann im Scheinwerferlicht stand, wenn es um Rassenunruhen, Gangsta-Rap und dem weltberühmten Schlachtruf „Fuck tha Police" ging. Der Gangsta-Rap machte auch die Bezeichnung „bitch" für Frauen schick. Der teils katastrophale Umgang der Rapszene in den USA mit Frauen wird gerne unter den Tisch gekehrt. In South Los Angeles findet man auch schrottige Autos am Straßenrand und vermüllte Veranden. Selbst eine Warntafel „No Cruising", die an die tödlichen Drive-by-Shootings vergangener Jahre erinnert als dort Rivalen mit ihren Autos herumkreuzten und aus dem Auto heraus aufeinander ballerten. Heute sei die einst verrufene Gegend vergleichsweise friedlich.

Ist man mit dem Auto in L.A. unterwegs, fallen die vielspurigen Autobahnen ins Auge. Kilometerlang reiht sich auf ihnen morgens und abends ein Auto an das andere. Wer eine Abfahrt versäumt, muß sich auf einen vielen Kilometer langen Umweg gefaßt machen. Denn das Stadtgebiet von Los Angeles ist mehr als 250 Kilometer lang.

Hier weit draußen an der Küste von Kalifornien, dem „goldenen Staat" wie er dort genannt wird, ist eine Art Paradies auf Erden. Dieses Kalifornien und seine Pazifikküste zwischen Los Angeles und San Francisco ist einer der schönsten Flecken unserer Erde. Dort werden Orangen, Zitronen und Mandelbäume und auch Trauben mit gewaltigen künstlichen Bewässerungsanlagen, die mittlerweile zur

Wasserknappheit führen, kultiviert. Über 50% der Weltproduktion an Mandeln kam bisher von hier. Die Wasserknappheit ist mittlerweile so groß, daß sogar Anzeigentafeln an den Highways die Bewohner an das Wassersparen erinnern. Kalifornien, das Land der Träume aber nicht der unbegrenzten Wasserresourcen. In den wohlhabenden Gegenden wie Beverly Hills oder Malibu verbrauchen die Bewohner pro Tag durchschnittlich 570 Liter. In den ärmeren Gegenden von L.A. dagegen nur max. 170 Liter pro Bewohner. Der Aufruf den Verbrauch freiwillig um 20% zu senken brachte nur bescheidene 2,9 % weniger Wasser. Manche Bewohner verweisen auf die Landwirtschaft, die 80 % des Wassers verbraucht, andere tun so als würden sie die Wasserknappheit nicht bemerken. Nicht selten im amerikanischen Alltag: man tut so als würde man bestimmte Dinge nicht bemerken – never explain, never complain.

Maggie, meine geschwätzige Mitreisende aus dem Speisewagen, wohnt weit draußen am Long Beach in Los Angeles. Als ich sie fragte, auf was sie sich am meisten freue wenn sie wieder Zuhause ist, gab sie mir eine überraschende Antwort; sie freue sich am allermeisten auf die Spaziergänge mit ihrem Hund entlang am Pazifik.

Die 44-jährige deutschstämmige Amerikanerin, hat, als sie noch jünger war, als Sekretärin und Model gearbeitet. Bis sie merkte, daß die Luft am Arbeitsmarkt für sie dünner wurde und es immer mühseliger wurde gute Jobs an Land zu ziehen. Jedes Lebensjahrzehnt habe in puncto Job seine eigene Gesetzmäßigkeit. So könne man mit 30 naturgemäß keine Werbung für Botox machen und es ist etwas anderes als noch mit 40 als Model arbeiten zu wollen. Grundsätzlich aber gelte nach ihrer Lebenserfahrung, sich in Hollywood als Ausländerin durchzusetzen sei fast unmöglich. Altersbedingt träumt sie inzwischen nicht mehr von einer großen Model-Karriere in Hollywood. Stattdessen macht sie Werbefilme mit ihrem Mann in dessen Firma. Bei ihm habe sie zuerst als seine Sekretärin gearbeitet bis er sie schließlich geheiratet habe.

Sie erzählt ungeniert, ohne ihren Ehegatten anschwärzen zu wollen, ihr Mann habe dies getan, damit er die Lohnkosten spare.

Amerikaner, Männer wie Frauen, sind in Amerika ganz versessen darauf in den Hafen der Ehe zu segeln, ehe sie auch nur Segeln gelernt haben. Man kann sich eben nicht selbst gute Nacht sagen wie Max Frisch in seinem Roman Homo Faber klagt. An den dortigen Scheidungsraten sieht man, daß in den meisten Ehehäfen das Wasser bald abgestanden und dreckig ist. Warum sie alle so versessen auf einen Hafen sind, läßt sich nicht so leicht verstehen. Es hat aber etwas mit dem Ansehen in der Gesellschaft zu tun. Nur wer verheiratet ist, scheint sich normal zu fühlen. Unverheiratet und allein zu leben ist ein gesellschaftlicher Makel, fast schon ein Stigma.

In Amerika bekommt man von Kind auf auch eingetrichtert, daß man erst dann ein richtiger Mensch ist, wenn man ein Haus besitzt und eine Familie hat.

Junge Mädchen hätten es gar nicht so leicht in den Staaten, besonders wenn eine gut aussieht. Die meisten Frauen würden sich einbilden, Männer hätten nichts anderes im Sinn als ihnen den Kopf zu verdrehen, meinte Maggie. Und wenn man einen Job sucht, dann wird man oft nicht genommen, weil der Chef Angst hat, eine hübsche Mitarbeiterin würde Unruhe in den Laden bringen. Dies ist alles völliger Blödsinn, sagte sie. Doch hat man endlich einen

Job als Sekretärin gefunden, muß man immer wie aus dem Ei gepellt aussehen, hübsche Kleider tragen und nicht zu viel essen, damit man nicht dick wird.

Aber wenn man dann merkt, wie wenig man verdient und was jeden Monat die Wohnung und der Friseur und hin und wieder ein neues Kleid kostet, besteht kaum die Gefahr daß man zu viel ißt, bestenfalls das Falsche. Da war es aus ihrer Sicht der Dinge nicht unklug ihren Chef zu heiraten, angestrebt habe sie dies ursprünglich aber nicht.

Ihre weitere Schwärmerei von Amerika insbesondere von Kalifornien ist gespickt mit viel „Fantastic" und „Wonderful". Sie rät mir die Stunden am Pazifik zu genießen und unbedingt mal nach Beverly Hills, durch eine der Palmenstraßen, zu fahren. Beverly Hills ist der Ort an dem man wohnt, wenn man es im Haifischbecken von Los Angeles geschafft hat. Leicht erkennbar an den Autos, die groß und teuer sind: Jaguar, Mercedes, Bentleys und Rolls Royce. Die Mädchen dort sind jung, die Beine lang und die Röcke der Mode entsprechend kurz. Wer dort glaubt mit der Jeneusse nicht mithalten zu können geht zum Chirurgen, um sich mit Hyaloron die Lippen, die Falten um die Augen, oder was auch immer, aufspritzen zu lassen, damit es in diesen unsicheren Zeiten klappt, von einem reichen Mann im offenen Jaguar durch die Hügel von L.A. gefahren zu werden. Legendär die wilden Gelage und Exzesse in der Villa des Playboy-Herausgebers Hugh Hefner mit jungen attraktiven blonden Frauen. Um sein Herrenmagazin wurde es ruhiger, ein Jahr lang verzichtete er sogar darauf in seinen US-Playboy Heften vollständig nackten Frauen abzubilden, um schließlich zu verkünden es wäre ein Fehler gewesen. 2017 ist er 91-jährig verstorben. Nun gibt sein Sohn das Magazin heraus.

Maggie wurde von ihrem Mann abgeholt und sie nahmen mich bis vor mein Hotel mit.

Später auf der Rückreise werde ich feststellen, daß mich die Fahrt mit dem Taxi, diesmal zum Flughafen, trotz der niedrigen Benzinpreise in den USA, schlappe 60 $ kostet.

Nach zwei Tagen in Los Angeles, saß ich im Flugzeug zurück nach NY.

Der JFK-Airport in NY war der Heimatflughafen meiner Flugzeuggesellschaft, deshalb flog ich mit Delta, automatisch über NY, nicht unpraktisch für mich, so konnte ich einen Zwischenstop in NY einlegen um Angie, wie versprochen, noch etwas über die Kinder der Protagonistin Tsensy zu erzählen. Und mit ihr über die Konzeption der noch fehlenden Kapitel meines neuen Buchprojektes zu sprechen.

Ich ließ mich vom JFK wieder in einem Taxi zum Whythe Hotel kutschieren. Diesmal betrug der mit dem Taxifahrer vereinbarte Preis stolze 65 $.

Viele Taxis werden von Juden gefahren, deshalb ist es vor gewissen Bemerkungen ratsam, einen Blick auf den Namen des Fahrers zu werfen, der neben seinem Foto am Armaturenbrett steht.

Ich fragte den Taxifahrer „Wie ist das Geschäft, geht es gut?“

Und er antwortete mir „Ach wissen sie ich fahre nun schon 20 Jahre Taxi und bin eigentlich zufrieden“.

„Hier kann man immer seine Dollars verdienen. Warum würden sonst ständig immer mehr Menschen aus der ganzen Welt hierher kommen?“.

„Und halb Mexiko ist ja auch schon in NY und sucht einen Job. Aber so leicht wie es sich die jungen Leute aus

ihrem sonnigen Mexiko vorstellen, ist es auch wieder nicht.
Viele der Neuankömmlinge werden häufig arbeitslos, haben kein beständiges Dach über dem Kopf und wünschen sich spätestens nach ein paar Jahren nichts sehnlicher als eine Rückfahrkarte". „NY ist eine harte Stadt".

Jetzt am frühen Nachmittag wirken die großflächigen Reklametafeln am Straßenrand wie billige Kinokulissen. Das Taxi biegt ab und hält vor dem Wythe Hotel in Brooklyn. Letzte Station in den USA denke ich. Von hier aus geht es zurück nach Deutschland. Und wenn ich ganz ehrlich bin, so habe ich nach den vergangenen Wochen nichts dagegen, nicht mehr aus dem Rucksack leben zu müssen. Möchte auch recht gerne wieder meinen gewohnten Alltag und das gewohnte Essen.

„Hallo Angie, ich bin wieder hier".
Sie war gerade erst nach Hause gekommen und schien voller Freude meine Stimme zu hören. Ich wunderte mich, daß sie mich noch einmal fragte, wie viele Tage ich diesmal bleiben wollte.
„Hast du dein Zimmer im Wythe bekommen?"
„Du ich bin in einer Stunde bei Dir".
Sie kam pünktlich in einem grünen Sommerkleid, das sie sehr jung aussehen ließ, und mit einer großen Handtasche. Ihr Haar war zurückgekämmt und fiel ihr über die Schultern. Einen Augenblick lang wirkte sie auf mich wie einst vor vielen Jahren als wir uns kennengelernt hatten.
Sie pflanzte mir bei ihrer Ankunft wieder Küsse zur Begrüßung auf die Wangen.
„Willst du in ein bestimmtes Lokal?" fragte sie mich.
„Nein, ist mir ganz egal. Nur irgendwohin, wo es eine

Klimanlage gibt und keinen Fernseher. Nichts könnte ich jetzt weniger ertragen als irgendein Baseball-Gebolze im Hintergrund".

Wir gingen in Park Slope, das ist ein Teil von Brooklyn, zum Italiener. Dort hatten wir beide einen wunderbaren Frühlingssalat, aus mariniertem Gemüse mit Pecorinokäse. Anschließend eine fantastische Pasta mit Ricotta. Das ganze kostete 50 $, Trinkgeld inbegriffen. Wir redeten wieder einmal über die Liebe, das Lieblingsthema von Angie. Sie bezog sich auf eine Predigt, die sie in der für mich mitgebrachten Sonntagszeitung gelesen hatte. Für diesen Prediger ist Liebe ein Raum von Sicherheit in unserem Herzen und in unserem Leben. Ein Raum, den wir anderen öffnen können. Nur in einem Raum von Liebe und Anerkennung könnten wir unser Innerstes entdecken und das Beste entwickeln, das in uns ist. Doch die Liebe wäre immer ein großer und riskanter Schritt. Denn wer liebt, läuft Gefahr, enttäuscht und verwundet zu werden. Vor allem sollte man zufrieden sein mit dem Glück, das man in den Händen hält. Und nicht nach immer mehr streben, um letztlich im Unglück zu enden. Der Grat auf dem der Mensch nach Glück strebt, ist schmal, die Gefahr, ins Elend des Unglücklichseins abzustürzen, groß. - Ein kluger und gar nicht weltfremder Mann, dessen Predigt auch ich nach meiner eigenen Vita gut verstehe.

Schließlich erzählte ich ihr bzw. las mit ihr das restliche Manuskript meines neuen Buches wie angekündigt und versprochen. Letztlich wollte ich ihre Erwartung, die sie in dieses Buch gesetzt hatte nicht enttäuschen. Wir redeten noch lange im Anschluß an den Restaurantbesuch über die Kinder der Protagonistin Tsensy und Ehegatten Larry, insbesondere über den Sohn, dessen Leben, und wie die Geschichte endete.

Jesikel, der Sohn von Tsensy war von klein auf ein sensibles musisches Kind gewesen, ganz im Gegensatz zu seinen Klassen- und Spielkameraden, die rechte Rabauken und Raufbolde waren, sich für Fußball interessierten und er im Gegensatz dazu für klassische Musik. Eines Tages meinte ein naiver Nachbar, er müsse aus Jesikel und seinem eigenen Sohn, so richtige Kerle machen, sie für Fußball begeistern und den beiden unbedingt das Fußballspielen beibringen.

Larry sagte ihm vorher, daß es nicht funktionieren würde, weil Jesikel ein musischer Mensch sei. Der Nachbar wollte es partout nicht glauben oder er konnte mit dieser Bemerkung über eine Wesensart nichts anfangen. Nun leider war bedauerlicherweise Tsensy zu verbohrt oder spitz gesagt reichte auch ihr Verstand nicht an den Einwand und die Vorhersage zu glauben. Weder hatten sie Einsicht in die Überforderung noch hatte sie und der Nachbar Verständnis dafür. Alle Beteiligten fielen gewissermaßen auf die Nase. Die Trainingsbemühungen verliefen nämlich wie erwartet im Sand.

Ein verlorener Kampf zwischen Larry und Tsensy als Gegnerin.

In dieser Zeit versuchte Larry ihr vergeblich beizubringen wie wichtig die Lesekompetenz für Jesikel und Katja in den ersten Lebensjahren ist. Aus der Hirnforschung weiß man, daß sich mit ca. 15 Jahren im Gehirn das Fenster zur Lesekompetenz schließt. Liest ein Kind vor dieser Zeit nicht oder wenig, geht das Gehirnpotenzial, das die Lesefähigkeit ermöglichst, teilweise verloren. Dies ist aber für ein erfolgreiches Studium und später für viele Berufe eine wichtige Fähigkeit. Richtiges Lesen und Verstehen sind entscheidend für den Bildungserfolg. Um wissenschaftliche Texte im Studium lesen zu können benötigt man darüber hinaus nicht nur Lesekompetenz, viele bemerken es bereits mit Beginn des Studiums, daß sie mit ihrem Alltagsdeutsch nicht weit kommen. Denn es gibt einen Unterschied zwischen dem Deutsch in der Schule und im Alltag und jenem was an der Hochschule gefordert ist. Wenn ein Student wie Jesikel aus einem bildungsfernen Elternhaus kommt und die Eltern keinen akademischen Rat mit auf den Weg geben können, zudem Sprachdefizite bestehen, sind dies später die nächsten Stolpersteine. Mit Mickey Maus Texten im Kopf kommt man nicht weit.

Statt Jesikel mit sinnvollem Lesegut z.B. mit Kinder- und Jugendliteratur zum Lesen hinzuführen, überschüttete Tsensy ihren Sohn mit Mickey Maus Taschenbüchern. Ihr Argument war, sie habe dies auch gelesen, somit war es für sie aus amerikanischer Sicht richtig. Sie habe auch auf diese Weise lesen gelernt. In Wirklichkeit war sie Unfähigkeit auch nur ein Buch der Weltliteratur zu lesen, stattdessen nur kurze Artikel in Frauenmagazinen, bestenfalls einmal einen kurzen amerikanischen Trivialroman. Wie sollte sie, aus einer bildungsfernen Schicht kommend, den intellektuellen Zivilisationskrempel jenseits der eigenen Lebenswelt interessant finden? Und genau deshalb erreichte sie selbstverständlich weder die Studierfähigkeit noch überhaupt eine Ausbildung, nicht einmal eine, die einer beruflichen annähernd nahe kam.

Die mangelhafte Lesefähigkeit von Jesikel neben anderen fehlenden Eigenschaften, wie Selbstdisziplin, Einsatzbereitschaft, Aufgehen in einer Aufgabe, kurz gesagt fehlende Tüchtigkeit, führte später wie es zu erwarten war zum Abbruch seines Studiums. Ein Studium das hart ist und viel

Leistung fordert kann nur über den steinigen Weg von der Disziplin zur Selbstdisziplin gemeistert werden. Disziplin ist entscheidend für den Weg nach oben, Talent nur eine Grundvoraussetzung. Der Unterschied zwischen Schule und Hochschule ist sehr groß. Nicht immer gibt es, wie in Amerika, für die Studenten Tutoren und Coaches. Man muß sehr häufig vollkommen selbstständig arbeiten, besonders wenn man nicht auf die Unterstützung der Familie zählen kann.

Wenn man lesen gelernt hat und sich in ein Buch vertiefen kann, das den aktuellen Interessen und Bedürfnissen entspricht kann man Kraft und Ruhe finden. So wie Kleinkinder ganz in ihr Spiel versinken, können später Erwachsene mit Literatur Ruhe finden, abschalten und ganz und ausschließlich bei sich und für sich und allein sein. Und ganz nebenbei kann Literatur den Horizont erweitern und Grenzen sprengen.

Leider ist es mittlerweile so, daß sich eine ganze Generation der digitalen Welt nicht mehr entziehen kann. Deren Leben ist ein Leben in Links. Sie sehen etwas auf einer Webseite, daneben ist ein Link der sie auch interessiert, klicken ihn an und sind weg. Ausdauernde Konzentration wird kaum noch ermöglicht. In der Folge fällt es ihnen schwer ein Buch oder einen längeren Text am Stück zu lesen, weil sie ganz anders getaktet sind. Eine Studie mit Jugendlichen, die im International Journal of Educational Research publiziert wurde, stellte fest, daß das Hin- und Herhüpfen zwischen verschiedenen Fenstern und Angeboten auf Computerbildschirmen die geistige Erfassung der einzelnen Inhalte deutlich beeinträchtigt. Sie können sich dann nicht mehr auf ein Buch konzentrieren.

Auch Erwachsene berichten wie ihre ursprüngliche Lesekompetenz leidet, daß sie ein Buch wie eine Maschine, ohne Gefühl und Fantasie lesen. Sie würden wie ein Prozessor nur Informationen aufnehmen, ohne sie zu verarbeiten und darüber nachzudenken und erwarten Kommentare zu dem was sie gerade lesen.

Aus der vorgesetzten Mickey Maus Lektüre, an Stelle vernünftiger Literatur, konnte Jesikel auch keine vernünftige Figur zur Identifikation oder ein erstrebenswertes Leitbild verinnerlichen.

Donald Duck ist der ewige Pechvogel, stets knapp bei Kasse, tolpatschig, stinkfaul und hoffnungslos romantisch. Da Jesikel überhaupt nichts anderes zum Lesen vorgesetzt bekam, sollte sich später zeigen, daß gerade alle diese Eigenschaften Donalds, einschließlich des flatterhaften Wesens der verinnerlichten Kunstfigur, ihn prägten und ihm im Leben enorme Schwierigkeiten bereiteten.

Dies ging soweit, daß er später keinen auch nur annähernd grammatisch fehlerfreien Brief schreiben konnte. Die Sätze entsprachen den Stummelsätzen eines Mikkey Maus Comics. Diese waren grauenhaft zu lesen, ein Schwall von Kauderwelsch. Trotz der Schwierigkeiten die Larry damit hatte, vertiefte er sich in sie hinein und ließ erst locker, wenn durch die unbeholfenen, verstümmelten Sätze so etwas wie eine Spur von Sinn schimmerte.

Seine Schwester Katja erzählte, daß Jesikel behauptete er habe sich nur ein einziges richtiges Buch in seinem Leben gekauft, aber das landete kurz darauf im Müll. Nach einer Studie sollen ein Viertel aller deutschen Männer ihr ganzes Leben lang überhaupt nie ein Buch in die Hand nehmen. Literatur hätte Grenzen sprengen können. Im Haushalt von

Katja gibt es bis heute kein einziges Buch. Die einzigen Bücher die sie hatte, die aus ihrer Ausbildungzeit, hätte sie schon längst entsorgt.

Aus einem beschränkten Umfeld in ein gutes Buch entkommen müßte um so verlockender sein, je weniger Einfluß man auf die Zusammensetzung seines Umfeldes hat. Der Fernseher kann dies nicht ersetzen. Niemand würde damit rechnen, daß Katja keine Zeitung lesen kann, doch das Lesen einer Tageszeitung geht gar nicht. Sie oder Jesikel würde gar nicht verstehen, um was es geht. Sie würden die Protagonisten nicht kennen und die Debatten wären unzugänglich für sie, weil der Kontext fehlt.

Mit hoher Wahrscheinlichkeit erkannte Tsensy überhaupt nicht was für prägende Eigenschaften der Kunstfiguren im Spiel waren. Mickey Maus zu lesen war für sie einfach Spaß und im Besonderen amerikanisch, das war ihr das Wichtigste. Aus Opportunismus gegen Larry sollte, wie vieles andere, das amerikanische Comic unbedingt in Jesikels Gedankenwelt eingepflanzt werden. Aber macht es generell überhaupt einen Sinn, einem Kind amerikanische Werte in Europa einzupflanzen? Um diese Frage ging es nicht, es war ein Machtspiel und die arrogante Überzeugung alles Amerikanische sei unbesehen besser und richtiger sowieso.

Gut gefallen hat Tsensy bei Donald Duck auch das unterwürfige Verhalten Daisy gegenüber. Dies war genau das Verhalten ihres Vaters ihrer Mutter gegenüber.

Daisy weiß immer genau was sie will und Donald versucht es ihr immer recht zu machen. Genau dieses Donald Duck-Verhalten hatte Tsensys Vater ihrer Mutter gegenüber gezeigt. Ohne jegliche Ausnahme hüpfte er täglich wie Donald um sie herum, stets zu Diensten. Aus der Sicht von

Tsensy und ihrer Mutter der perfekte Ehemann. Eine Erwartung aus der Perspektive von Entenhausen, die Tsensy übernahm und später, neben anderen einseitigen Vorstellungen und Erwartungen, ihre Ehe mit Larry scheitern ließ. Nur wer lernt aus verschiedenen Perspektiven zu denken und sich auch mit ungeliebten Positionen detailliert auseinandersetzt, lernt zu verstehen, weshalb ein Konflikt in der Ehe überhaupt existiert. Dieses Donaldsche Gockelgehabe wollte und konnte Larry, in dieser extremen Form, nicht kopieren.

Jesikel kam über den zweiten Bildungsweg einer Privatschule später zum Fachhochschulstudium. Der Privatschule war aus Gründen ihres Rufes daran gelegen, alle Studierenden zum Abschluß einer Fachhochschulreife zu bringen, damit sich über die Qualität der Schule nichts negatives berichten läßt und der Zulauf gesichert ist.

Chemische Laboranten wurden dort ausgebildet in Laboratorien mit all dem herrlichen Experimentierkrempel aus Phiolen und Pumpen, Kolben und Hohlkugeln aus dem Reich des hemmungslosen Forschens, das etwas spüren läßt von der großen Lust, auch noch dem kleinsten Geheimnis auf die Spur zu kommen. Es ist eine Lust, in der aber schon immer die Teufelchen nisteten. Die Gier nach Wissen und Beherrschung schlägt aber auch leicht um in den Schrecken der Zerstörung, eindrucksvoll von Goethe in seinem Faust I beschrieben.

Das darauf folgende Hochschulstudium brach Jesikel im 2. Semester ab. Wer nichts leistet wird mit Mißachtung gestraft. Das bekommen jährlich tausende Studienabbrecher zu spüren. Wichtig ist das Aufstehen und weitermachen nach dem in den USA wohlbekannten Prinzip „Trial and

Error". Niemals Aufgeben, kämpfen und siegen, das ist der amerikanische Weg. Der gute alte Durchhaltewillen führt also auch zum Ziel, dies wußte bereits die italienische Philosophin Katharina von Siena, die von 1347-1380 lebte und schrieb: Nicht das Beginnen wird belohnt, sondern einzig und allein das Durchhalten.

Viele können mit der Herausforderung eines Studiums nicht mehr richtig umgehen, weil sie von Haus aus nur Lob gewohnt sind, verhätschelt werden und ihnen keine Mißerfolge mehr zugemutet werden. Doch das Kennzeichen erfolgreicher Menschen ist, daß sie immer wieder aufstehen.

Passiert in Deutschland ein Fehler, geht es um Schuldzuweisungen.

Als vorgeschobener Grund des Abbruches nannte er Geldmangel. Im Teufelskreis der Mißerfolge war er heillos in den Wahn verstrickt sein Vater wäre der Schuldige. Einer der wirklichen Gründe war mangelnde Leistung auf der Basis einer Donaldschen Stinkfaulheit und Disziplinlosigkeit, indem er, statt zu studieren, seine Zeit mit anderen Freuden des Alltags verzettelte. Wenn man dann im Studium ständig strampeln muß, um seine Nase über Wasser zu halten, ist dies keine angenehme Situation. Leistung erbringen zu müssen wird dann leicht als Bedrohung wahrgenommen.

Nach einer alten psychologischen Erfahrung scheitern Menschen weniger an den Umständen als an sich selbst. Glück hat oft auf Dauer meist nur der Tüchtige. Wer sich behaupten, vorankommen, Ziele erreichen und vielleicht das Wichtigste von allem, Lebensfreude und Lebensmut nicht verlieren will, darf dazu nicht in sich selber verstrickt und befangen sein. Nur die besten, die dank ihrer Erziehung zur Selbstständigkeit, hochmotiviert und eigenverantwortlich studieren, setzen sich durch, und haben Erfolg.

Man nennt dies sozialer Darwinismus. Gute Allgemein-
bildung ist in diesem Zusammenhang erstrebenswert, die
Basis dafür wird in der Familie gelegt.

Es gab für Jesikel die Zeit nach der Scheidung seiner Eltern,
eine Zeit in der Tsensy mit dem Haushalt und den Kindern nicht zurecht kam. Die Kinder waren viel allein und
sich selbst überlassen. Sie sollten sich frei wie Pippi Lang-
strumpf möglichst selbst erziehen, sollten in ihrer Abwesenheit den Haushalt übernehmen, Wäsche waschen und
sich selbst bekochen, damit waren die Kinder aber heillos
überfordert. Von woher sollten denn die Kochkenntnisse
kommen? Urplötzlich wurden sie ins Erwachsenenleben
katapultiert. Die Kinder sollten die Rolle der Eltern übernehmen.

Die großen Hoffnungen auf Otto, als adäquaten Nach-
folger von Larry, hatten sich zerschlagen. Auch er sollte das
Bekochen der Familie übernehmen, war dazu aber kaum
in der Lage. Wie die meisten dummen Menschen hatte er
eine übertrieben hohe Meinung von seinen Fähigkeiten.
Bei ihm gab es nur Nudelgerichte in allen Varianten, bis die
Kinder es satt hatten und Tsensy auf die Idee kam Fertiggerichte zum Aufwärmen einzukaufen oder Gerichte über
den Pizzadienst zu ordern. Gab es doch bei den Pizzalie-
feranten Gerichte aus allen Regionen der Welt, nur eben
Gerichte und keine auf Dauer eßbaren Speisen. Die Kinder
stupften lieblos darin herum. Das eine oder andere Mal
wird ihnen nicht einmal klar gewesen sein was genau sie
bestellt hatten. Und das Meiste flog dann samt dem mitbe-
stellten Plastikbesteck in die Tonne. Schließlich wurde der
zunächst erfolgreiche Versuch gestartet Jesikel mit Massen
von Wurst zu sättigen, dafür besorgte Tsensy abgebundene

Schinkenwurst in der Größe von einem Kilo, von der er sich nach Herzenslust und Appetit ein Stück abschneiden konnte. Alles diente dazu die lästige Vor- und Zubereitung einer selbst gekochten Mahlzeit zu umgehen. Dies lief nach einer gewissen Zeit ebenfalls in's Aus, weil Jesikel die fette Schinkenwurst nicht mehr sehen und riechen konnte.

In dieser Zeit entschied sich Jesikel, er wolle fortan vegan leben und nichts aber auch gar nichts mehr essen, was mit Tieren und tierischem Fett zu tun hatte. Deshalb verkündete er, nicht einmal mehr eine Suppe, die aus Tieren gemacht wurde zu essen. Bei Tisch erklärte er, daß die Beilagen vollkommen ausreichend für ihn wären und man das Fleisch bei ihm weglassen soll. Diese übereilte Entscheidung traf er, um die Vergangenheit hinter sich zu lassen. Eine Abstrafung von Otto und Tsensy für deren Wurst- und Fleischkonsum. Fleisch wollte er auf gar keinen Fall mehr essen.

Seine Mutter hatte ihm schon immer und immer wieder gesagt, daß er etwas besonderes wäre. Nun denn, dazu gehört logischerweise auch eine andere Art von Essen, um sich von denen die nichts besonderes sind abzuheben. In der Folge versuchte er sich im Alleingang über die vegane Ernährung selbst zu verwirklichen.

Er glaubte dies wäre ganz einfach, indem er auf alles tierische verzichtet. Doch so einfach ist es nicht Veganer zu werden, und nicht ohne Risiko. Den Hinweis von Larry wenigstens vegetarisch, also ovo-lacto, zu leben lehnte er rundweg ab. Larry erklärte ihm: „Jede Form der einseitigen Ernährung ist ungesund. Eine ausgewogene Mischkost hält Körper und Geist gesund und fit".

Larry sagte ihm, daß bestimmte Mineralstoffe in dieser Ernährung fehlen würden, z. Bsp. Eisen und Jod oder

Vitamin B12. Eine ausreichende Zufuhr der fehlenden Mineralstoffe deutlich schwieriger zu erreichen wäre als mit einer normalen Mischkost und er unbedingt zusätzlich künstliche Vitamin- und Mineralstoffe zu sich nehmen müßte. Diesen Rat wies er hohnlachend zurück. Selbst der Hinweis auf das Risiko von Mangelkrankheiten und chronischen Erkrankungen hervorgerufen durch fehlende Mikronährstoffe (Vitamine, Mineralstoffe und Spurenelemente) und eingeschränkter Intelligenz durch Unterversorgung des Gehirns mit Mikronährstoffen, die dieses für die Bildung von Nervenzellen benötigt, stimmte ihn nicht um. Der Effekt der Ernährung auf das Gehirn ist nicht zu unterschätzen. Nahrung ist eine pharmazeutische Verbindung, die auf das Gehirn einwirkt. Letztlich ist der Mensch, was er ißt.

Aus der Medizin weiß man, ist der Vitamin-B-Spiegel drastisch erniedrigt oder praktisch gleich null, muß man mit Erinnerungsstörungen rechnen. Armer Junge, in seinem Kopf geht es drunter und drüber, dachte Larry. Er erinnerte sich, daß es zu seiner Zeit nicht so heftig gewesen war. Warum passiert das, der muß doch begreifen was man ihm erzählt, dachte er. Doch einen anderen Menschen und seine Aussagen in ihrem Wert zu schätzen, ist nur dem vergönnt, der sich selber schätzen kann.

Besonders prekär war, daß er unablässig rauchte. Bekanntlich sind Raucher nikotinsüchtig und haben einen hohen Bedarf an Vitaminen und anderen Mikronährstoffen, abgesehen von den giftigen Stoffen, die ein durch Mangelernährung ausgemergelter Körper in Schach halten muß. Alles in allem nicht sonderlich gesundheitsbewußt.

Raucher führen sich erbgutschädigende Substanzen, sogenannte freie Radikale, in großen Mengen zu, deshalb haben sie z. Bsp. einen um 40 % erhöhten Bedarf an Vitamin C.

Aus ideologischen Gründen die Ernährung freiwillig einzuschränken, die Versorgung mit Mikronährstoffen, wie die einer Mangelernährung bei Armut, ist nicht sinnvoll. Ernährungswissenschaftler lehren: „Gutes und vernünftiges Essen heißt von allem etwas und niemals zu einseitig".

Für Psychologen sind Heranwachsende mit mangelhaftem oder dem fehlenden Vorbild einer Vaterfigur suchtgefährdet und wenn es nur Nikotin und Alkohol ist. Durch die Orientierungslosigkeit entstehen darüber hinaus Angstgefühle, die je nach psychischer Vitalität zu Depression und Aggression führen können.

In der der arabischen Welt sagt man: „Ein Sohn ist nur ein Sohn, wenn er den Vater achtet und ehrt, sein Leben teilt und ihn als Vorbild nimmt. Seine Meinung einholt, um den Stürmen des Lebens zu trotzen". Dies beinhaltet, daß ein Vater sein Wissen erfolgreich an die nächste Generation weitergibt.

Alle in Jesikels Umfeld leben in Gedankengebäuden voll blühender Fantasie auf dem Niveau von Frühpubertierenden. Intrigante Schreckensgestalten, Rechthaber aus eigenem Gesetz, die mit falschen Anschuldigungen ein negatives Bild von Larry vermitteln, an dem sie kein gutes Haar lassen. Wahrscheinlich hatten sie ein eher geringes Selbstwertgefühl, sonst hätten sie sich nicht alle so aufgeblasen und wichtig gemacht. Und die Unwahrheit ist bekanntlich das Mittel der kleinen Leute. Durch herablassendes Schlechtreden, geradezu bis zu einer Art Gehirnwäsche, wurde Jesikel sein so dringend benötigtes Vorbild genommen. Mit der Zeit neigt bekanntlich fast jeder, besonders ein labiler Charakter, dazu, schließlich das zu glauben, was man ihm hartnäckig und ohne müde zu werden erzählt. Sie vermittelten ihm eine Sichtweise, die nicht mit der Wirklichkeit um ihn herum übereinstimmte. Aus der Hirnforschung weiß man, daß Erinnerungen durch häufige Einrede verändert werden können. Wird die Erinnerung hervorgeholt und neu gespeichert nennt man dies Rekonsolidierung. Das Gedächtnis ist nicht wie eine Fotografie, die mit der Zeit verblaßt. Bei jeder dieser erneuten Rekonsolidierung kann die Erinnerung (z.Bsp. durch Einrede) verändert werden.

Er spürte keine lenkende Hand, war allein mit den Schwierigkeiten und Bösartigkeiten des Alltags konfrontiert und wurde mit einer Rhetorik der Intoleranz und paranoiden Feindlichkeiten vorsätzlich getäuscht, um eine negative Haltung Larry gegenüber einzunehmen. Einer Bezugsperson glaubt man was sie sagt und zweifelt nichts an. Vertrauen ist eine emotionale Sache. Wenn eine Mutter etwas behauptet, dann neigt man dazu ihr zu vertrauen.

Ein einmal falsch gebuchtes Denken, besonders wenn eine Mutter als Bezugsperson, in feindlicher Atmosphäre, ihr Kind absichtlich auf das falsche Gleis setzt, ist dies oft gar nicht mehr oder nur schwer und unter großen Mühen abzuändern, deshalb siegte am Ende wie beabsichtigt die Entfremdung von Larry.

Durch seine Eßstörung steuerte Jesikel langfristig auf eine Magersucht zu, eine gefährliche Eßstörung, die tatsächlich auch eintrat. Die Folge der Eßstörung ließ nicht lange auf sich warten, er konnte sich nichts mehr merken.

Somit war die Eßstörung ein weiterer Faktor für die mangelnde Studienleistung.

Tsensy sah all dem tatenlos zu und widersprach in ihrem Machtkampf allem, was Larry an diesem Thema zu ändern versuchte. Das Untergewicht von Jesikel gab Anlaß zur Sorge - aber nur aus der Sicht von Larry.

Jesikel argumentierte „die Welt wäre besser für die Tiere ohne Menschen".

Und Tsensy schrie ihm zuliebe nicht mehr „Ich finde saftige Steaks geil!"

Jesikels tiefe Empörung Tiere zu töten, wirkte fast heilig. Er vertrat eine Quasi-Religiösität, die sich einstellt wenn Menschen sich einer Meinung anschließen und sich dann nur noch gegenseitig bestätigen. Das Lebenselexier ist die gemeinsame Empörung und Unversöhnlichkeit mit der sich dann Veganer und ihre Gegner gegenüber stehen. Jesikel umgab sich mit einer missionarischen Aura und der satten Gewissheit als Veganer auf der richtigen Seite zu stehen. Er sah sich als den besseren Menschen durch den Verzicht auf sämtliche tierischen Produkte. Wehe, jemand erdreistete sich, ein zweifelndes Wort zu sagen, dieser wurde in eine endlose Diskussion verwickelt oder gleich mit einem aggressiven Shitstorm konfrontiert. Seine fanatische Haltung als Veganer brachte ihm jedoch nicht bei allen Sympathien ein, eher ein Spinner zu sein, der sich außerhalb des Mainstreams bewegt. Er wollte sich gar nicht anpassen. Wenn seine Kommilitonen und andere ihn für verschroben hielten, war das nicht sein Problem. Ein junger Mann, der mit dem Rest der Welt offenbar nicht im Einklang war. Die Rolle des sublimen Intellektuellen wollte er spielen, das selbstherrliche zukünftige Genie Daniel Düsentrieb, der sich von der Menge fernhielt. Lächerliche Posen nahm er ein, ein groteskes Gemisch aus Schüchternheit und Arroganz, hin und her gerissen zwischen langem, verlegenem Schweigen und heftigen ungestümen verbalen Ausbrüchen.

Veganer meinen, wer ein qualvoll erzeugtes Hühnchen verspeist, hat zwar die arme Kreatur erlöst, sich aber letztlich mit Unrat gefüllt. Ihnen ist es auch egal, daß die Lebensmittelhersteller mit der Lebensgewohnheit und Gesinnung der Veganer, die bezahlen um verzichten zu können, üppige Gewinne mit ihren Produkten einstreichen.

Eines Tages stellte sich Jesikel sonnenbrillenbewehrt in hautnahen schwarzen Jeans vor, enge feminine Röhrenjeans. Er wollte sexy aussehen, mit seiner total wirren Frisur und seinen schwarzen gegeelten Haaren. Er wollte originell nach Rock'n Roll und Ozzi Osbourne aus der Rocky Horror Show aussehen. Ein sehniger spannenlanger Hansel mit Oberschenkeln so fohlenhaft dürr wie die Waden, so daß man schon zweimal hinsehen mußte, um sich zu vergewissern, daß dort in den Super Skinny-Jeans ein richtiger Mensch mit funktionierenden Organen drinsteckte. Alles in allem sah er, der dürre junge Jesikel, mit seinen schmalen Jeans und seinem schwarzen Lederjäckchen aber nicht wie ein Rockstar aus, sondern war eher mit einem hungrigen Raben zu verwechseln.

Was für eine seltsame Figur.

Dieser ausgemergelte Veganerchic war nur noch mitleiderregend, und Tsensy sagte und unternahm wie immer nichts. Wenn man bei der Erziehung versagt, verliert alles, was man sonst tut an Bedeutung. Ihre wichtigste Aufgabe war, sich um die Kinder zu kümmern. Wer dies nicht schafft, schafft überhaupt nichts im Leben. Die Familie gibt den Kindern Kraft und Liebe für die Welt.

Der körperliche Verfall rührte sie nicht, Jesikels Körper stand kurz vor dem finalen Kollaps. Der dänische Familientherapeut Jesper Juul sagt: „Je besser unser Kontakt zu uns selbst ist, desto tiefer kann unser Verständnis für andere sein". Ihr ging die Fähigkeit zur Empathie verloren, denn mittlerweile war sie eine kalte Seele ohne Mitgefühl, unfähig sich durch Fürsorge dem Leid eines anderen Menschen zuzuwenden.

Jesikel erzählte von seinen nächtlichen Alpträumen, die den Tag füllten weil sie bei Tagesanbruch nicht verschwanden. Tag und Nacht ging in seinen Alpträumen offensichtlich ineinander über. Manchmal vernahm er Stimmen und in schlimmsten Momenten kicherte er oder sprach mit sich selbst, lebte in einer eigenen Welt. Eine Welt, die andere Menschen nicht verstehen konnten.

Er wisse nicht wer er sei und wohin er gehe und wie er es jemals in seinem Leben herausfinden sollte, sinnierte er bei einem Treffen mit Larry. Weil ihm das unmöglich war, hatte er sich absichtlich außerhalb der anderen gestellt. Larry antwortete ihm wie es der Gründer der Waldorfschule R. Steiner einmal formulierte „Suchst du dich selbst, so suche draußen in der Welt. Suchst du die Welt, so suche in dir selbst".

Die einst sichere mütterliche Bindung zwischen Tsensy und Jesikel ging verloren. Durch seine Aggressivität und Egozentrismus, fehlender Fähigkeit zu Mitgefühl und Verantwortung wurde er verhaltensauffällig, die Folgen einer emotionalen Verwahrlosung. Er wurde aufsässig, hatte eine große Klappe, hielt sich nicht an Regeln und rastete von Panikattacken gemartert leicht aus, zog sich komplett zurück, hatte Angstzustände und ließ sich von der Großmutter nicht mehr und von Tsensy nur ungern in den Arm nehmen, verhielt sich auffallend steif und wenig herzlich. Sich umarmen zu lassen hätte stärkend und tröstlich sein können und ihm etwas von der Geborgenheit vermittelt nach der er sich sehnte. Vorbilder sind nicht zu unterschätzen. Wir brauchen die Familie, Lehrer und Freunde, die uns neue Horizonte zeigen. Hätte er eine andere Erziehung erhalten, so wäre seine gesamte Lebensphilosophie eine völlig andere gewesen, er wäre vielleicht ein sehr viel glücklicherer Mensch geworden.

Zunächst erzählte er, daß er Möbel von Ikea hasse und seinen Vater. Später erzählt er in Gewaltfantasien, daß er bestimmte Menschen hasse, daß es ihn danach verlange sie zu töten. Ein kluges Gegenüber hätte ihm sagen können: „Wenn man einen Menschen hasst, so hasst man in seinem Bild etwas, das in einem selber sitzt. Was nicht in uns selber ist, das regt uns nicht auf. Deshalb ist es unnötig seine Feinde zu vernichten, weil der nächste Tag schon neue bringen wird".

„Willst du Frieden oder willst du nur einem schrecklichen Ende entgegengehen?" fragte ihn Larry.

Er will Signale setzen vertraut sich noch einmal Tsensy seiner Mutter an, er glaube, manisch-depressiv zu sein. Jesikel wurde bewußt, daß etwas mit ihm nicht stimmt und er suchte nach Erklärungen für sein Anderssein. „Verrückt – na und?" Er recherchiert im Internet und stellt sich selbst die Diagnose: bipolare Störung – eine manisch-depressive Erkrankung, die sich in Depressionen, Stimmungsschwankungen und Verwirrtheit äußert.

An einem schlechten Tag, als er wieder einmal litt wie ein Schwein, das Ergebnis all seiner schmerzhaften Erinnerungen, kaum faßbar in all seinen flatterhaften Facetten.

Als wären es Artverwandte von Hitchcocks „Vögel" sammelten sich seine schlechten Gedanken unter einer dichten Wolkendecke, die sich über ihn ballte. Er war niedergeschlagen und in ein ganz tiefes Loch gefallen, hatte sich die ganze Nacht hin und her gewälzt, schlaflos von unbezähmbaren Ängsten und Beklemmungen.

In dieser Verfassung kam er mit einem depressiven Gesichtsausdruck zu Tsensy, diese machte Fotos von ihm, um sie Tage später in seiner manischen Phase unter Gelächter herum zu zeigen. Daß es sich hier um Notsignale handelte kam ihr nicht in den Sinn, auch nicht daß eine Depression eine sehr schwere psychische Erkrankung ist, die ohne Therapie zum Tode führen kann. 70 bis 80 Prozent der Menschen mit schweren Depressionen haben Suizidgedanken. Wer einmal das Leben zum unerwünschten Faktum erklärt hat, kann es nicht so einfach wiederherstellen. Jenen bleibt der Schmerz und die Freude verpufft.

Bevor er in diesen Abgrund steigt möchte er die Nachtseiten seiner Gedanken, der einst so engen Vertrauten erzählen, aber sie tut es als Fantasie ab, ohne ihn ernst zu nehmen und das Notwendige, eine ärztliche Behandlung oder eine kognitive Verhaltenstherapie, in die Wege zu zuleiten, um ihm seine marternden Seelenzustände erträglicher zu machen. (Bei der kognitiven Verhaltenstherapie lernen Betroffene, zu verstehen, wie ihre Gedanken, Gefühle und Verhaltensweisen daran mitwirken, eine Depression hervorzurufen und erlernen Strategien mit ihren negativen, angstbesetzten Gedanken besser umzugehen).

Statt ihn ins Krankenhaus zu bringen, um ihm eine Therapie und ggf. medizinische Fachbehandlung zukommen zu lassen, wurde also darüber gelacht, im ernsthaften Glauben Jesikel damit behilflich zu sein. An diesem Verhalten

zeige sich, daß die biologische Nähe keine Garantie dafür
war, Jesikels Innenwelt wirklich zu verstehen und vielleicht
war gerade sie es am allerwenigsten.

Seine Mutter gab ihm in flammender Rede den ihrer amerikanischen Denkweise geschuldeten Rat, um glücklich zu
sein müsse er sich eine Freundin suchen und sie heiraten.
In ihrer Vorstellungswelt sind nur Verheiratete gesund und
glücklich. Unverheiratete sind krank und unglücklich, so
die konservative Volksmeinung in den USA in glückhafter
Rückständigkeit. Jeder dort sollte die Möglichkeit bekommen, der Mensch zu werden, der er glaubt sein zu sollen.
Sie hat ihn gezwungen zu glauben er sollte verheiratet sein
um gesund und glücklich zu werden.

Er entwickelt Behausungssehnsüchte, folgt dem Rat seiner Mutter, findet Patricia eine junge Frau, die er mit einer
Mitleidsmasche einwickelt, ihr in Anlehnung an die Geschichte seiner Mutter etwas von Liebe erzählt. Sie gehörte
dem weiblichen Typ an, der ihm sofort gefiel, hatte einen
klugen Blick und war kaum älter als er, selber aber viel fer-
tiger mit einer Art Jungenhaftigkeit im Gesicht, dies gefiel
ihm besonders an ihr.

Er erzählte Patricia Geschichten, die von A bis Z frei erfunden waren, führte sie mit Unaufrichtigkeit, Lüge und
Verstellung an der Nase herum und verdrehte ihr den Kopf.
Um besonders bemitleidet zu werden, schilderte er alles als
trübsinnig hoch drei. Damit hält er erfolgreich Patricia davon ab, die richtige Entscheidung für ihr Leben zu treffen.

Schließlich glaubt sie ihm und will Jesikel, wie seinerzeit
seine Mutter als die vermeintliche Retterin von Otto seinem Stiefvater, aus seinem Seelentief retten. Patricia und
Jesikel heiraten. Schon nach kurzer Zeit fängt Jesikel an sie

furchtbar zu nerven, mit seinem missionarischen Eifer veganes Essen vorzuschreiben und mit seiner egozentrischen Selbstsucht, die nach Überzeugung von Patricia nirgendwo hinführt. Sie bemühte sich stets, in seinen Augen gut dazustehen und er benutzte sie wie eine Dienerin. Von seinem Zorn, seiner Wut und Aggressivität war Patricia entsetzt. Bereits nach zwei Jahren trennt sie sich von ihm wieder und reicht die Scheidung ein. All ihre Sanftmut hatte keine therapeutische Wirkung für ein harmonisches Miteinander. Sie konnte seine Halsstarrigkeit nicht lösen. Patricia hält es nicht mehr aus und gibt auf. Gegen die Bilder in ihrem Kopf hat sie keine Chance. Sie sah in die Zukunft, stellte sich vor, wie es sein könnte und sah all die Dinge, die ihr erspart bleiben würden. Sie mußte nicht mit ihm alt und von anderen bemitleidet werden.

Von ihrer Mutter hörte Patricia: „Man kann seinen Partner nicht ändern, sondern lediglich begleiten. Jede funktionierende menschliche Beziehung beruht vor allem auf gegenseitiger Achtung und gegenseitiger Wertschätzung".

Für Jesikel aber war es als hätten sie gerade die ersten Worte gewechselt und kußmundspitz einen vorsichtigen Kuß riskiert, einen alles erfüllenden Kuß, der ihn zu zarten Liebesträumen verführte, nach denen er sich nun sehnte. Einen inneren Sturm und Drang, der schwer zu beschreiben ist. Nichts ist ihm geblieben von dem Frieden den er meinte gefunden zu haben. - Es war nur ein Traum gewesen.

Ein Besiegter, ein wilder Riese und zugleich ein zartes Männlein, verzweifelt, verlassen von Patricia seiner Frau. In der Halbdämmerung starrt er vom Bett auf das Fernsehprogramm, ein apathisches Opfer schwerster Depression. Dort liegt er als bedrückendes Jammerbild, dessen

Lebensperspektive nach und nach in Trümmer gefallen ist. Und wünschte sich, das Dunkle und Böse in sich ablegen zu können, weinte und fluchte.

Jesikel ersann sich zahllose Rechtfertigungen, aber letztlich war es nichts anderes als Verzweiflung. Er war verzweifelt, zutiefst aufgewühlt, und hielt irgendein drastisches Vorgehen für angebracht, wollte der Welt ins Gesicht spukken, etwas so ausgefallenes wie nur möglich machen. Doch mit dem ganzen Eifer eines jungen Mannes, der zu viel nachgedacht hatte, beschloß er dann zunächst gar nichts zu unternehmen. Er fand es besser geduldig und unerschütterlich durchzuhalten, wenn das Leben so weiterginge wie früher. Jesikel wußte einfach nicht was ihn erwartete und was heute oder morgen passieren würde, eigentlich war es ihm egal was passieren würde, so dachte er jedenfalls. Die Fähigkeit vorauszudenken war ihm abhanden gekommen, und so sehr er sich auch bemühte, sich die Zukunft vorzustellen, er konnte sie nicht sehen.

Seine Gedanken an Patricia waren seine letzte Verbindung mit ihr und da es das Letzte war, da ihm nichts anderes mehr von ihr geblieben war, wohnte in diesen Gedanken die gesamte Kraft seiner Seele. Wann immer er an sie dachte, spürte er diese Kraft in sich. Jesikel konnte sich daran festhalten, wie an einem Wrackteil, das ihn über Wasser hielt. Den Verlust von Patricia empfand er als das Grausamste und Furchtbarste, was ihm je zugestoßen war.

Doch dann kam die totale Finsternis. Jahrelang hatte er keine so schweren Alpträume mehr gehabt. Jetzt kamen sie wieder, mit einer ganz neuen Art von Bildern. Die Alpträume, die ihn immer und immer wieder überfallen sind surreale Visionen. Auch halluziniert er in einem

Spiegelkabinett männlicher Wünsche und Ängste, einge-
doste Erinnerungen wie eine Fata Morgana: die auf der
Ablage vor dem Spiegel abgelegten Ringe, das stille Paar
Hausschuhe im Flur, die gebrauchte Tasse auf der Spüle,
das Haargummi auf dem Fußboden, der Kopfabdruck im
Kopfkissen. Taumelt in einem Alptraum durch eine Landschaft mit abgestorbenen Bäumen, wo Abkürzungen un-
auffindbar oder tatsächliche Umwege sind, eine Welt voller Leichen am Wegesrand oder urplötzlich Selbstmörder,
die in sein Blickfeld geraten. In einem anderen Alptraum
sieht er daß ein Superheld einen Bösewicht verprügelt, der
für das Gute das Böse auslöschen möchte. Realitätsferne
Gewaltfantasien einer Konfliktbewältigung die auf Gewalt
beruht. Gedanken tauchten auf, und wenn er sie bis zum
Ende verfolgt hatte und aufblickte, sah er daß es Nacht
war. Die verlorenen Stunden konnte er sich nicht erklären.
Er ging ins Badezimmer und weinte wie ein Verrückter,
weinte, schluchzte, schrie und fluchte. Jesikel tobte sich aus,
bis kein Tropfen Qual mehr in ihm war und er wieder auf
dem Bett lag wie ein zerknüllter leerer Sack. Sein Geist war
ins Treiben geraten, und wenn es einmal soweit war, besaß
er nicht mehr die Kraft, ihn aufzuhalten. Dies waren für
ihn die schlimmsten Momente.

Gedankendschungel

Er fühlte sich wie in Trance, eine tragische Figur, ein Kämpfer gegen Windmühlen, der diskutieren möchte, weil er glaubt alles schlau zu durchschauen und kommentieren zu können. Und weil er viel Fantasie hat, braucht die Wahrheit lang, um zu ihm zu gelangen, viel zu lang, daß sie ihn noch nicht erreicht hatte.

Patricia wollte nicht mehr mit ihm diskutieren.

Was sollte er tun um Patricia umzustimmen, sie zurück zu gewinnen?

Eine Frage die sich erst ergibt, wenn man am Ende einer Beziehung, beim Abschiednehmen zur Rückbesinnung gezwungen wird. Dann ist es in vielen Fällen zu spät. Jesikel suchte verzweifelt nach einer Antwort. Der Homo viator, der auf seinem Lebensweg wandernde Mensch hat keine Möglichkeit die Zeit zurückzudrehen und noch einmal von vorne anzufangen. Wer Marcel Proust „Auf der Suche nach der verlorenen Zeit" gelesen hat, der weiß , daß er nicht fündig geworden ist, denn es ist die Eigenart der verlorenen Zeit, daß man sie nicht wiederfindet.

Was geschehen ist und auch was versäumt wurde, hat unauslöschbare Spuren hinterlassen.

Jesikel hatte das Leben für viel zu kurze Zeit ein wenig leichter genommen.

Man ahnt, wie er sich unruhig im Bett wälzte, zwischen Hoffnung und Verzweiflung.

Und zur Erkenntnis kommt: Ja, er ist schlecht, heillos schlecht und wie er auf ewig ausgespart bleiben wird und fühlte, daß man ihn so nicht lieben konnte. Noch nicht ahnend, daß genau diese Gedanken ihn am Ende in das Reich der Schatten führen und sie nach seinem Leben trachten. Niemand sagte zu ihm „Nimm das Leben ernst, aber nicht zu ernst. Erst wenn man alles Leid überwunden hat, kommt menschliche Reife und die Erkenntnis: Du hast nichts zu verlieren und nichts zu gewinnen, du bist auf der Welt nur da. Sei dankbar für das Leben, das Gott dir gegeben hat. Hab Mut zum Leben".

Der Lebensweg ist oft steinig und wie ein Puzzle. Es gibt viele positive und auch negative Erfahrungen. Die Frage ist nur, wie setze ich das zusammen? Manches läßt sich überhaupt nicht zusammenfügen, erst dann redet man von Scheitern. Aber auch dies gehört dazu und Krisen sind oft reinigend. Ein gelingendes Leben ist kein Leben ohne Krisen und scheitern, sondern eines, das einen nicht zu kleinen Rahmen hat, wo alles seinen Platz findet. Wenn sich eine Türe schließt, geht anderswo eine auf. Das große Thema des Lebens ist nicht fremdbestimmt von Trieben, Aggressionen und Impulsen zu leben. Dann ist man Herr seiner selbst und man wird nicht gelebt.

Und jede Begegnung, die unsere Seele berührt, hinterläßt eine Spur, die nie ganz verweht. Und wirkliche Liebe läßt sich nicht herbeireden, so wenig wie sich ein Kuß einfrieren läßt.

Der Traum von der heilen Familie spukt durch seine Gedanken, dieser Traum von der Rückkehr ins schmerzlich verlorene Paradies und die Annullierung seines schlechten Benehmens. Der Traum vom Leben im Heil der Familie, die ihm zum zweiten Mal genommen wurde. Er sah sich plötzlich einsam und verlassen in der Welt. Noch nie hatte er dieses Gefühl gehabt, ein Gefühl wie ausgesetzt auf einer einsamen Insel.

Als Jesikel seinerzeit nicht verstand warum seine Mutter, seinen Vater verließ, hatte er von seiner Mutter erfahren, wie der nachfolgende Otto ihr Mitgefühl anzapfte indem er erzählte, er würde sich umbringen wenn sie ihn verlasse. So etwas hätte sein Vater nie über die Lippen gebracht. Otto erschien ihr damit als der bessere Mensch. Es war aber nichts anderes als eine emotionale Erpressung mit der Otto, der Selbstbestrafer, seinem Opfer Tsensy zu verstehen gab, was er sich antun wird, wenn er nicht bekommt was er will. Sie sollte sich dann zutiefst schuldig fühlen.

Jesikels Noch-Frau, war nach seinem Gefühl ganz Gutmensch und so dachte er sie würde sicher genauso, wie seine Mutter einst bei Otto, reagieren und ihn nicht verlassen, wenn er sagt er werde sich umbringen. Dem war aber nicht so, sie ließ sich weder erweichen noch erpressen und gab nicht nach.

Glück läßt sich nicht an einem bestimmten Ort wiederfinden. Denn Glück gleicht den Fischen, es ist schwer zu fangen und an vielen Orten zu Hause, sagt man. Es besteht auch a priori kein Anspruch auf Glück, wie seine Mutter meint, weil es in der amerikanischen Verfassung als „Pursuit of happiness" - Streben nach Glück - niedergeschrieben ist.

Patricia ist kein Vorwurf zu machen, sie mußte sich nicht aufopfern. Ihre Warmherzigkeit steht in einem krassen Kontrast zu ihrer scheinbaren Kälte, indem sie Jesikel nicht davor bewahren will, sich das Leben zu nehmen. Sie ist dem Erpresser selbstbewußt entgegengetreten, um dafür einzustehen was ihr selbst wichtig ist.

Wenn das Zusammenleben von Anbeginn nicht funktioniert, wird sich auch später nichts ändern, das ist eine Lebenserfahrung, die ihm auch seine Mutter hätte vermitteln können. Es ist besser zu sagen was Fakt ist, die Konsequenzen zu ziehen, statt möglicherweise jahrelang alles künstlich gegen den Strich zu bürsten. Wer sich für den falschen Mann oder die falsche Frau entschieden hat muß die Reißleine ziehen. Wer einen Fehler gemacht hat muß dazu stehen und das Problem lösen bevor die Psyche darunter leidet.

Jesikel, der über viele Jahre vom Wahn besessen war, man könne und solle möglichst von Wasser und drei Trockenfrüchten am Tag leben. Und Nichtveganer sollten von zwei weichgekochten Eiern pro Tag, zwei Scheiben Brot und so viel Wasser wie sie trinken können, leben. Selbst dann wenn der Magen tagsüber unablässig brüllt und im Ansturm der Säfte gurgelt, würde es gelingen seine Leere durch zähes Ringen zu ignorieren. Er, der Anfälle von Bockigkeit und „aggressive Durchbrüche" hatte, in vulgo: ausrastete.

Einer der dachte:

Ich kann mit mir machen, was ich will.

Mein Bauch der gehört mir.

Und das ganz Normale, das mache ich nicht.

Alle essen Fleisch, da esse ich vegan.

Alle wollen leben, dann will ich tot sein.

Existenz? Darüber entscheide ich selbst.

Ich bin etwas Besonderes, muß mich nicht einordnen, dann bringe ich mich lieber um.

Hinter solchen Gedanken steckte viel Egozentrik und Arroganz.

Wäre es nicht besser gewesen Larry hätte ihm sagen dürfen: Dich und alle anderen gibt es nur einmal in der Geschichte dieser Welt, ein einziges Mal! Das Leben ist so einzigartig und wichtig, daß ich dich ermutige, nimm so viel davon wie du kannst, und laufe nicht davon.

Du bist nicht der mißmutige Dagobert Duck aus den Comics, der sich selbst nicht leiden kann, und auch sonst niemanden. Einer, der in seinem Mißmut herumtobt, zornig durch seinen Zwicker schaut und die „Zähne" fletscht.

Jesikel der alles dafür getan hatte seinen Körper mit Mangelernährung und Nikotinsucht zu quälen, lebte nach der Trennung von seiner Frau wie unter einer Glocke in einem grauen Sumpf, wollte in den letzten quälenden Stunden, unbedingt dieses Gefühl los werden, stürzte sich deshalb in einem Anfall von Wahn, kopfüber von einem Hochhaus in die Tiefe und erleidet einen grauenvollen Tod. Fast alles spielt im Angesicht des Todes keine Rolle mehr: die Erwartungen anderer, der eigene Stolz, jegliche Angst davor blamiert zu werden oder als Versager zu gelten.

„Never run faster than your guardian angel can fly", hätte man ihm in der Sprache seiner Mutter sagen können. Jeder Mensch vollendet sein Schicksal auf seine Art und niemand kann ihm dabei helfen, außer durch Güte, Großmut und Geduld. Er fühlte sich sicher sehr unglücklich, scheinbar alles verloren, leer nur noch eine Null und ohne Träume. Noch ein Sonnenstrahl und ich bin verrottet - Purri avant d'etre mûri! sagen die Franzosen. Damals waren gewisse Dinge unerklärlich, die heute klar sind…

Seine düsteren Gedanken in seiner verbohrten engstirnigen Art, bahnten ihm einen leichten Übergang von der Verzweiflung zum Suizid. Vielleicht dachte er, ist es möglich seinen Körper für immer zu verlassen und endlos ohne Körper umherzuwandern, losgelöst als unsterbliche Seele wie Gott – Wer kann das sagen?

Vor einiger Zeit hatte er bereits den Beschluß gefaßt sich aus dem Fenster zu stürzen, hatte drei Tage an seiner Arbeitsstelle auf den richtigen Augenblick gewartet, dabei wurde ihm klar, daß ihm dazu der Mut fehlte.

Mit einem von Tsensy gesponserten Fallschirm-Tandemsprung, ein Geburtstagsgeschenk, hatte Jesikel dann die Überwindung der Angst vor dem Sturz in die Tiefe geübt. Ein Sprung bei dem sich sein Tod theoretisch abspielte und er die Welt mit dem Blick eines Selbstmörders betrachtete, sich vorstellte, wie sein Kopf aufplatzt und zerspritzt wie ein Ei das man aus großer Höhe auf den Boden fallen läßt, wie sein Hirn ausläuft und er sah sich am Boden zerschmettert sein Leben beenden.

Er flog einfach über das Kuckucksnest namens Welt, um abzustürzen wie ein Stein.

Es blieb ein Traum, sein Traum, unerfüllt und ungerettet. Wie übel das Leben auch immer sei, es gibt immer einen Grund zur Dankbarkeit, dies war ihm nicht bewußt.

Was aussieht wie eine spontane Tat, war der Sprung von einem Berg von Problemen, die sich über lange Zeit aufgestaut hatten, per se war nicht die Zurückweisung seiner Frau der Grund. Jesikel befreite sich von einem Leiden, welches Depression heißt.

Angstzustände, depressive Symptome, aggressive Verhaltensweisen sind Schäden aus der Jugendzeit, die ihre

Ursachen in einer Störung der Eltern-Kind-Beziehung haben.

Und der Suizid als Hilfeschrei der Seele gegen die maßlosen Ansprüche die man an sich selbst hat, wenn man meint man müsse immer und in jeder Lebenssituation erfolgreich sein.

Die Fähigkeit für den Augenblick das Richtige zu tun, die richtige Entscheidung zu treffen. Dem Augenblick und seiner Noch-Frau gerecht zu werden wäre Klugheit gewesen. Klugheit spürt, was möglich ist und was im Umgang mit dem anderen klug ist. Klugheit – prudentia kommt von providentia, das bedeutet voraussehen. Klug ist nur der, der alles in einem größeren Horizont sieht, der eine Vision für die Zukunft hat.

In einem deutschen Märchen, dem Märchen der Bremer Stadtmusikanten von den Gebrüdern Grimm sagte der tatkräftige Märchenesel „Etwas besseres als den Tod findest du überall".

Was für ein Unterschied zum amerikanischen Comic Dagobert Duck, der sich offensichtlich in rasch zunehmender Erregung schließlich mit erigiertem Bürzel kopfüber hinabstürzt (ins Geld) um zur Erfüllung zu gelangen.

Es hätte nicht bis zum Suizid kommen müssen. Jahrelang konnte sich die Schwermut wie eine Schlinge um Jesikels Seele legen und diese langsam erdrücken. Die Depression blieb unbehandelt. Er erhielt keine Medikamente und nahm an keiner Psychotherapie teil. Niemand half ihm eine neue Perspektive zu finden. Wenn man niemanden hat, der einem Wege im Leben aufzeigt und Potenziale weckt, kann das ein großes Gefühl von Leere erzeugen. Daraus kann

Wut und Drang nach Zerstörung resultieren. Die Haltung seiner Mutter quälte ihn zusätzlich. Sie sah die Dinge in ihrem eigenen Leben sehr schwarz und nahm sich nicht die Mühe das zu verbergen. Dann und wann gingen ihr die Nerven durch und sie kanzelte ihn gehörig ab, beschimpfte ihn mit den gröbsten Ausdrücken. Larry, der ihm hätte helfen können, mied er zu dieser Zeit völlig. Seine Sinne waren zunehmend gestört. Am Ende konnte er nicht mehr abschätzen, was sein Tod anrichtet.

Larry blieb nichts anderes übrig als seine Entscheidung zu akzeptierten, er respektierte sie sogar. Aber er sagte auch: Jesikels Haltung war rücksichtslos gegenüber allem und allen.

Ich traf in der Seelsorge Menschen, die sagten: „Ich war auch schon mal dicht dran, aber ich freue mich, daß ich noch lebe".

Tatsache bleibt, daß, sobald man sich einmal entschlossen hat zu leben und sich des Lebens zu freuen, keiner dieser traurigen, betrüblichen, und quälenden Fakten die geringste Bedeutung mehr hat.

Ein kluger schwer an Krebs Erkrankter sagte einmal „Es geht mir nicht darum, daß man jede Stunde rettet, sondern jede mögliche gute Stunde lebt".

Nach Untersuchungen von Kriminalwissenschaftlern an der University of Alabama gehen bei Selbstmördern Selbsthass und Hass eine verhängnisvolle Allianz ein: Einerseits fühlen sie sich ungerecht behandelt; andererseits hassen sie sich selbst dafür, daß sie mit der Welt nicht zurechtkommen. Mit Hass kann man nicht leben.

Der Philosoph Schopenhauer sagte „Aller Eigensinn beruht darauf, daß sich der Wille an die Stelle der Erkenntnis gesetzt hat. - Wenn es dahin gekommen ist, daß die Schrecknisse des Lebens die Schrecknisse des Todes überwiegen, wird der Mensch seinem Leben ein Ende setzen".

Ein mit fettigen Haaren ausstaffierter schmuddeliger Thekenphilosoph sitzt im Bademantel vor Tsensy und doziert aus kühler Distanz. Der Dozierer, ihr verwitterter Altfreak, ein Karusselbremser und Hühnerfänger, der im Grund von der Welt nichts mehr erwartet, kostet die Möglichkeit, die sich ihm bietet, lustvoll aus, um Tsensy in Grund und Boden zu dozieren, mit nicht wenigen Gesten und Grimassen. Kein Trost für die Verzweifelte. Höhnisch in der Pose seiner Gedankenmacht, ein beinharter Zyniker: „Die beleidigte neurotische Leberwurst ist geplatzt".

„Dein Sohn ist gescheitert, er griff in die Speichen des Lebens und geriet unters Rad".

Das ist für Otto verschmerzbar „Na und?".

„Er ist unbeirrbar seinen Weg gegangen", sagte Otto.

„Jesikel eine bipolare Persönlichkeit, die ins Halbdunkel der Extreme abgeglitten war. Nichts und niemand hätte ihn aufhalten können".

„Wie willst du das wissen?" fragte Tsensy.

„Du weißt doch, wie es diese ganzen letzten Monate um ihn stand. Wir haben ihn ja kaum mehr zu Gesicht bekommen, aber gewußt haben es doch alle"

„Was gewußt?" fragte sie. „Was zum Teufel haben alle gewußt?"

„Ich war immer der Meinung, daß er ein ziemlich egozentrischer Charakter ist – wenn du die Wahrheit hören willst. Oder hättest du eine Möglichkeit gefunden ihn zu retten?"

Tsensy antwortete „ Ich glaube - ach, ich weiß einfach nicht genug, um mich zum Richter über ihn aufzuspielen. Keiner von uns weiß, was im Herzen eines anderen vorgeht. Keiner von uns kann sagen, warum er es getan hat, was er tat. Keiner von uns ist dabeigewesen, keiner von uns kann es wissen. Er wird große seelische Qualen gehabt haben, vielleicht nicht nur aus Liebeskummer. Ich denke er hat sie geliebt. Ich bin sicher er hat sie geliebt".

„Lieben – das tun manche", sagte Otto.

„Wie meinst du das?"

„Ich meine, ein Mann begegnet einer Frau und er braucht sie. Aber das nutzt sie gegen ihn aus. Und das ist so leicht. Frauen sehen Männer nicht so, wie Männer gesehen werden wollen".

„Verstehst du was ich meine?".

Tsensy mußte an sein Gesicht denken, und wie es gewesen war als sie ihn zum letzten Mal sah. Sie dachte an alles, was er ihr bedeutet hatte und was sie an ihren Sohn band. Ich will ihn, hatte vor Jahren eine Stimme in ihr gerufen als sie mit ihm schwanger war.

Als er noch ein Kind war und auch später hatte sie zu vielen Dingen nein gesagt, obwohl sie wußte sie hätte ja sagen sollen, um des Friedens willen. Sie hatte vieles geglaubt, von dem sie gar nicht sicher wußte, ob sie es wirklich glaubte. Sie begann sich zu fragen, ob es etwas gebe, das sie bedauern müßte: etwas, das sie Jesikel angetan hatte ohne daß sie es bemerkt hatte. Sicher ist, man weiß erst wie nah man sich ist, wenn man miteinander anstatt übereinander geredet hat.

Daß Menschen sich beim Einsturz des World Trade Centers in NY am 11.9.2001 in Panik aus den Fenstern stürzten, muß Jesikel nachhaltig beeindruckt haben. Er war ein todunglücklicher Mensch, voller Hass auf sein persönliches Umfeld, von dem er sich nicht angenommen und mißverstanden fühlte. Er lebte in einer verqueren Denkwelt.

Er bäffte einmal „Ihr geht mir alle so auf den Sack!"

Seine Seele war verschandelt von der scheinbar einzigen Alternative sich zu töten. Ein Mensch voller Sehnsucht nach Anerkennung, Stärke und Sinn des Lebens. Jesikel, der sein Leben als sinnlos und ohne Perspektive, sich als Loser – Verlierer empfand, beendete es deshalb.

„Morning has broken" wurde auf seiner Beerdigung angestimmt. „Nach dieser Erde wäre da keine, die des Menschen Wohnung wäre" heißt es in der deutschen Fassung des Liedtextes.

Einst spielte in Weißrußland der Trauerviolonist beim Begräbnis eines Selbstmörders, eine Geige die mit Saiten bezogen war, die aus den Därmen eines Menschen gefertigt waren, der seinem Leben ein Ende setzte. Bei Jesikels Beerdigung war es eine Gitarre mit harten Metall- und Plastiksaiten.

In den USA gilt der Selbstmord bei vielen, wenn sie Probleme haben, als große finale Show. Je ausgeklügelter und ausgefallener desto besser. Beeindruckt davon sind aber die Wenigsten. Sie tun so, als würde sie dies nicht weiter interessieren und treiben gleich darauf ihre eigenen Pläne mit frischem Elan und gesteigertem Ergeiz voran. Nach dem Motto: „Smile, what's the use of crying…"

Déjà - vu

Tsensy hatte auch eine Tochter auf die sie sich jetzt konzentrierte. Die Tochter Katja gab es nur, weil sich Larry vehement gegen ihre Abtreibung gewehrt hatte. Es ist eine weit verbreitete amerikanische Vorstellung alles was man im Augenblick nicht gebrauchen kann zu verschenken oder wegzuwerfen, auch wenn es ein Menschenleben ist.

Ihre Tochter hat die Umstände ihrer Rettung nie erfahren, Larry stand es fern aus den Abtreibungsabsichten zu seinen Gunsten Kapital zu schlagen. Man könnte nun meinen ein Mensch wie Tsensy hätte aus der Rettung ihrer Tochter durch Larry etwas gelernt. Mit Hilfe der fremden Sprache hätte sie das Denken auch in anderen Kategorien kennen und lieben lernen können. Menschen dieses Schlages (Psychopathen) lernen aber nichts aus ihren Fehlern, weil ihnen diese keine Schmerzen bereiten, sie sind eiskalt und gefühllos, skrupellos.

Wenn es diese Tochter nicht geben würde hätte Tsensy mittlerweile kein Kind mehr zur Freude und Trost oder Hilfe im Alter. Sie hat aber nichts dazu gelernt, hatte schon immer eine dunkle boshafte Seite voller Hass und Paranoia, die sich früher oder später durchsetzt.

Als Katja unerwartet schwanger wurde setzte sie alle Hebel in Bewegung das Kind abtreiben zu lassen, endlich konnte sie ihren Willen, wenn auch um Jahre verspätet und nun bei Ihrer Tochter, durchsetzten. Katja ist zunächst hin und hergerissen zwischen den grundverschiedenen Welten, dem „american way of life" ihrer Mutter und ihrer eigenen Lebensauffassung. Vielleicht gab es auch so etwas wie einen natürlichen Mutterinstinkt, der freigespült wurde mit den ehrlichen Tränen, eine angeborene, unbeirrbare Neigung, sein eigen Fleisch und Blut zu beschützen und alles zu tun, um es vor Übel zu bewahren. Dieses bereits entstandene Leben war ein Mensch, eine unausweichliche Realität.

Katja hatte alle Argumente auf ihrer Seite, doch das machte für ihre Mutter keinen Unterschied, sie blieb stur. Sie die Engherzige, dachte nicht daran dieses Kind zu retten. Katja sei zu jung, um Mutter zu werden. Katja entgegnete „Andere waren und sind auch nicht älter als ich jetzt bin, ich könnte es auch weggeben, sollte ich es nicht schaffen mich um das Kind zu kümmern".

„Unmöglich sagte Tsensy, du kannst doch einem Kind nicht die Mutter nehmen. Ein Kind bringt eine ungeheure Verantwortung mit sich, und die muß man ernst nehmen. Eines Tages kannst du Kinder haben, sagte sie, aber jetzt ist noch nicht der richtige Zeitpunkt dafür".

„Aber der Zeitpunkt ist da", sagte Katja „ich bekomme ein Kind und jetzt möchte ich die Dinge nehmen, wie sie sind".

Katja wurde von den starrsinnigen Argumenten ihrer Mutter zur Verzweiflung gebracht und brach jedes Mal in Tränen aus. Für sie war das Kind eine Chance, Teil einer Familie zu sein, etwas anzugehören, das mehr war als nur sie selbst und da ihr dieses Verlangen bisher nicht bewußt gewesen war strömte es mit gewaltiger Verzweiflung aus ihr heraus.

„Wenn du vernünftig gewesen wärest, schrie sie Tsensy an, dann wäre ich nicht auf die Welt gekommen".

Letztlich aber wurde ihr Widerstand gebrochen. In den USA würde man sagen „She could talk her out of it". Man weiß, daß vermeintlich wohlmeinende und planende Mütter mehr schaden können, als die Sorglosen und Gedankenlosen.

An der Oberfläche gab sich Tsensy gütig und idealistisch, darunter aber war sie beinhart und verkniffen. Katja fühlte sich ihrer Mutter verbunden, doch umgekehrt war es keineswegs so. Katja war für ihre Mutter ein zufälliges Ereignis, daß sich besser nicht ereignet hätte. Diese schmerzliche Lektion mußte Katja schon früh lernen.

Bis zur Geburt existierte ein Kind für sie nicht. Wenn man es abtreiben läßt, ist das für sie nicht dasselbe wie Mord. In ihrem Herzen herrschte nur wenig Mitleid.

Mangels fehlender Empathie rührte Tsensy Trauer und körperlicher Schmerz nicht. Sie empfand sogar Freude und eine nicht geringe Befriedigung zur Lösung des „Problems" beigetragen zu haben, und erwartete nun Hörigkeit und ewige Dankbarkeit von Seiten der Tochter. Sie glaubte Katja zu helfen, indem sie deren Kind abtreiben läßt.

Es ist doch völlig sinnlos, selbst wenn man gegen eine Schwangerschaft ist, und dazu noch brutal, wenn man ein Kind tötet, das man vielleicht einmal brauchen kann. Ein Kind, das hilft wenn man später einmal alt und krank ist. Ein Kind das niemand etwas getan hat. Ein Kind kommt in aller Unschuld zur Welt. Es bringt Licht und Liebe mit sich. Es gibt viele Menschen in der Welt, die ungeborenen hilflosen Kindern gegenüber kein Gefühl für Menschlichkeit haben. Warum zerstört man die Hoffnung auf die Zukunft? Katja wird nie wissen, was sie vielleicht gehabt hätte.

Larry hatte dem wenig entgegenzusetzen außer Ohnmacht und stiller Trauer. Im wurde bewußt, je älter man wird, um so klarer wird es, daß das Leben häufig daraus besteht,Vorgänge zu akzeptieren, an denen man keinen Gefallen findet, die man gar nicht mag. Jedem Menschen begegnet es im Laufe seines Lebens. Jeder muß versuchen damit fertig zu werden.

Aus Studien weiß man, daß Menschen nicht nur darin versagen, sich für unethisches Verhalten zu schämen, sondern die Resultate ihres Fehlverhaltens sogar als Grundlage dafür nehmen, sich selbst für bessere Menschen zu halten. Genau wie Tsensy finden sie ständig Rechtfertigungen für ihr fragwürdiges Verhalten, um ein positives Selbstbild aufrecht zu erhalten.

Wenn man Tsensys Lebensgeschichte betrachtet unter dem Bewußtsein, daß es bei einer Abtreibung nicht um einen Gegenstand, sondern um ein Menschenleben geht, wird das Forcieren der Abtreibung unverständlich. In Deutschland lebt man nicht wie in der amerikanischen Pampa in größter Armut oder im Dschungel. Vieles kann zur Disposition gestellt werden, nicht aber die Fähigkeit selber zu denken. Die Gedankenlosigkeit ist das Schockierende, ebenso sich aus Denkfaulheit nicht für das Gute entscheiden zu können. Die Dummheit ist und bleibt eine der sonderbarsten Krankheiten. Oder fehlte es an Intelligenz, die sich durch die Fähigkeit zu kognitiven Leistungen, wie Lernen und Problemlösen auszeichnet. Sie hilft auch sich in neuen Situationen zurechtzufinden und Aufgaben durch Denken zu lösen. Nicht aber durch Mord und Totschlag.

Albert Einstein meinte einmal, zwei Dinge seien grenzenlos: die Weite des Universums und die Dummheit des

Menschen – wobei er sich bei der Weite des Universums nicht so sicher war.

Und nach den Lehren von Buddha wird dem, der Schlechtes tut, Schlechtes widerfahren.

Tsensy hätte als Großmutter auch der Idee einer Pflegschaft oder Adoption zustimmen können, um dieses Menschenleben zu retten, so wie Katja gerettet wurde. Anstatt zu dem empathielosen Entschluß zu kommen, ein unschuldiges gesundes Kind mit einem Stich ins Herz töten zu lassen, um es Stückweise aus dem Leib zu kratzen, die Mediziner nennen es Ausschabung, in einen Abfallkübel hinein.

Hörst du nicht das Weinen des Kindes, das nicht leben darf?

Fühlst du nicht die Schmerzen seiner Seele ?

Was für ein empathieloser böswilliger Mensch mußt Du sein, um einem unschuldigen Kind das Leben zu nehmen.

Und wie sieht es mit ihrer Religion aus, kann eine zum Kindsmord anstiftende Großmutter und die Mutter als Mörderin jemals im rechten Glauben eine Kirche besuchen, wie es bigotte Amerikaner jede Woche so gerne tun und ansonsten ständig das Wort „Gott" im Munde führen?

„Du sollst nicht töten", steht in den Zehn Geboten. Besonders dann nicht wenn es nicht erforderlich ist. Es fehlen Entsetzen, Selbstzweifel und Selbsterkenntnis. Gottes eigenes Land nennen sie ihr Amerika, dort wo sie, reichlich weit verbreitet, nichts dabei finden ihre Kinder schon im Mutterleib umzubringen. Jeder Mensch ist ein einmaliger wertvoller Beitrag der Natur, es gibt ihn nur einmal, darum ist jeder der lebt und den Willen der Natur erfüllt wertvoll und der Beachtung würdig. Für religiöse Menschen ist in jeder Kreatur, in jedem Menschen der Geist Gottes Gestalt geworden. In jeder Abtreibung wird der Erlöser gekreuzigt. Sie erklären auch: wenn die Zeit für ein Kind gekommen ist kann nichts sein Leben aufhalten. Die Seele wartet auf der Schwelle die vorbestimmte Stunde ab. Wenn die Zeit gekommen ist zu leben, so leben wir, genauso wie wir sterben, wenn die Zeit zum Sterben gekommen ist. Dieser Kreislauf läßt sich nicht aufhalten. Manches Menschenleben ist kurz und manches ist lang.

Gläubige Christen sind überzeugt, daß Gott an jeden Menschen einen persönlichen Ruf hat, das kann ein Ruf ins Leben sein. An uns liegt es diesen Ruf zu erkennen und ihn zu verwirklichen.

Gallig komisch, wenn man sein Verhalten aus einem Land importiert, in dem Lüge, Doppelmoral und Gaunerei die soziale Norm geworden ist, welches den menschlichen Anstand, die Menschlichkeit und das Mitgefühl verkommen läßt. Und manche ihr Leben lang erst gar nicht zu vollständigen Menschen werden.

Den Erzeuger wird es gefreut haben, ihm hat Tsensy in Wirklichkeit geholfen, denn es wurden ihm jahrelange Unterhaltszahlungen und die Kosten einer späteren Ausbildung des Kindes erspart. Er hatte sein Vergnügen umsonst und ohne langwierige Konsequenzen und medizinisches Risiko.

Auf die beschriebene Weise hat Tsensy drei Leben ruiniert, ihre eigene Familie zerstört und sich damit selbst ins Unrecht gebracht. Ganz nebenbei ist ihr das Leben über die Jahre davongelaufen, wie sie vor der Verantwortung davongelaufen ist um sich neu zu erfinden – ohne jemals zu sich selbst zu finden. Irgendwann wird sie möglicherweise

erkennen, daß sie vor sich selbst davongelaufen ist. Ihre bis-
herige Glücklosigkeit im Leben ist in ihrer Gefühllosigkeit
zu suchen. Die Tragödienschreiber wußten von jeher, daß
Menschen die ihrem Schicksal entkommen wollen, ihm
aber dadurch umso mehr erliegen.

„In der Welt, in der wir leben, gibt es Geradlinigkeit und
Wege, die in die Zukunft blicken lassen. Es gibt Verpflich-
tung, schlechtes Gewissen und Schuld. Aber auch Weisheiten, daran sollte man sich halten, wenn das Leben klar und
schön und geordnet sein soll", meinte Angie.

Strandleben in New York

„Morgen gehen wir zum Beach". kündigte Angie an.

„Du denkst an Coney Island".

„Nein, die Strandszene dort hat sich total verändert. Seit dem Hurrikan Sandy ist es dort meist rappelvoll. Für Jahrzehnte hatte man dort allen Platz der Welt für sich".

„Ich kann mich gut erinnern, das war ein ziemlich drekkiger Strand. Manche behaupteten so dreckig, daß sogar die Hunde vor den vielen Kötteln ihrer Artgenossen reißaus nahmen".

„Jetzt ist es wieder ein Spaßbad für die ganze Stadt, mit Achterbahn und Kinderkarussel, und nicht mehr der schreckliche Dreckstrand", erwiderte Angie.

„Hurrikan Sandy hat dies geändert aber nicht nur an diesem Stadtstrand, sondern alle Strände sind wieder verstärkt in das Bewußtsein der New Yorker geraten. Coney Island wurde mittlerweile zum Remmidemmi-Strand für das fröhlich sumpfende Supproletariat.

Das kommt vom U-Bahnanschluß, den die vielen New Yorker bevorzugen, die zu faul oder zu geizig sind weiter raus zu fahren.

Im Hochsommer sind aber nun alle Strände voll, dank Sandy. Wer an einem heißen Sommerwochenende auch nur einen Tag in Williamsburg verplempert ist selber schuld, dies gilt auch für viele andere Stadtteile von NY, ihre Bewohner sind so gut wie komplett am Strand.

Eine erstaunliche Entwicklung, die Stadtstrände wurden über Jahrzehnte gemieden als würde man sich dort die Pest holen, und dies ist bekanntlich noch gar nicht so lange her. Die Strände hatten nie einen guten, nicht einmal einen halbwegs guten Ruf. Irgendwann, vor und besonders nach Sandy als man mit den Aufräumarbeiten anfing, waren die Strände, durch den angeschwemmten Müll, eine einzige Müllkippe. Der seinerzeitige Bürgermeister Bloomberg hat das Ruder herumgerissen und Lkw-Ladungen voll Sand ankarren lassen. Sand, der die Stadt NY eine Menge Geld gekostet hat. Und jetzt fahren wieder Kinderkarussels in den kleinen Lunaparks am Strand und auf den Strandpromenaden saufen sich die Eltern einen an. Coney Island ist wieder ein angesagtes Spaßbad für die ganze Stadt und ausgerechnet ein Hurrikan hat den New Yorkern wieder ihre Strände ins Bewußtsein zurückgebracht".

„Wenn man es schafft sollte man an einen der Strände weiter draußen fahren. Je weiter draußen desto besser. Am Rockaway Beach, eines der interessantesten Ränder von NY, liegen die angesagten Strandabschnitte. Rockaway, das sind 10 Km Küste am Atlantik bis weit über die Stadtgrenze von NY hinaus. Zum Übernachten für die Hipsters und ihre neue Flamme gibt es künstlerisch ausgestaltete Boote, die originell mit Strandgut dekoriert sind. An den Stränden dort triffst du neuerdings halb NY. Es gibt Strandabschnitte, die einem im Sommer den Eindruck vermitteln als wäre man in Kalifornien am Venice Beach von L.A.

Einer dieser beliebten Strände ist der Jacob Riis Strand, dieser ist ganz gut auch mit dem Bus von Brooklyn aus oder der Fähre von Manhattan aus zu erreichen. Am besten geht's natürlich mit dem Auto. Leider ist der Riis-Strand im Moment so populär, daß an schönen Wochenenden die mit dem Bus eingesammelten Leute dort Barbecue Partys feiern und sogar Musikbands spielen".

„Ist da so etwas wie der Ballerman in Spanien?"

„Nein, es hat Niveau, nicht nur die Musik sondern auch das Essen ist viel niveauvoller".

„Life is a beach" kalauern sie hier nach ein paar Bier.

„Am Riis-Srand gibt es auch einen naturbelassenen Strandabschnitt an dem die Mädchen oben ohne liegen. Vielleicht sind es europaerfahrene Brooklyner Babies, die sich da für etwas Bräune topless in der Sonne räkeln. Man sollte aber bedenken, daß schon einen Strandabschnitt weiter von strengen Familienwächtern der Sheriff gerufen wird, wenn auch nur ein vierjähriges Mädchen ohne Oberteil am Strand spielt, auch das ist immer noch Amerika.

Topless eine Freizügigkeit, die es zum Ärger der Stadtverwaltung übrigens bis ins Zentrum von NY geschafft hat. Für ein Trinkgeld posieren am Times Square junge Frauen mit Touristen.

Amerikanische Fähnchen schwenkend winken sie die Touristen heran und halten gegen ein Trinkgeld ihre nackten mit Stars und Strips bemalten Brüste in die Kamera. Bekleidet sind sie mit nichts als einer String-Tanga und Flip-Flops".

Zur Rede gestellt antworten sie: „Ich bin ja nicht vulgär, die Leute sollen mich nicht anfassen und ich nutze meinen Körper nur als Leinwand, um allen zu zeigen, was es bedeutet frei zu sein".

Oder „Es muß kein Tabu sein, wenn eine Frau ihren Körper zeigt".

Andere meinen „Das hier ist Amerika, das Land der Freiheit".

Der New Yorker Stadtverwaltung, vom Polizeipräsidenten bis zum Bürgermeister, ist das ein Dorn im Auge. Halbnacktheit ist nach dem Gesetz in NY nicht verboten, wenn es sich um eine künstlerische Darbietung handelt, verboten ist es jedoch wenn es um ein Geschäft geht. Darüber wird nun heftig diskutiert. Der Bürgermeister erwägt den Platz wieder dem Straßenverkehr zuzuschlagen, um den Girls buchstäblich den Boden unter den Füßen zu entziehen. Mit Sicherheit keine allzu brillante Idee, denn es gibt noch genügend andere attraktive Plätze in NY.

Moden kommen und gehen, auch blöde Ideen mit schlechtem Verhalten. Geduld und Toleranz zählt mehr als engstirnige moralische Rechthaberei. NY ist eine so große Stadt mit einer unbestrittenen Vielfalt an Menschen, auf die man stolz ist, daß ein paar spinnerte Frauen problemlos zu verkraften sind.

Laßt den Leuten ihren Spaß, davon geht die Weltstadt New York nicht unter.

Was würde dieser Bürgermeister zu den Nackerten mitten im Zentrum des katholischen München sagen? Für manche eine Touristenattraktion. Für andere ein deutliches Zeichen von moralischem Verfall, Sünde und Dekadenz. Man läßt sie seit Jahrzehnten gewähren!

Der römische Philosoph Seneca, der um 1-65 n. Chr. lebte schrieb bereits vor 2000 Jahren:

„Wer die Einsicht besitzt, ist auch maßvoll.

Wer maßvoll ist, ist auch gleichmütig.

Wer gleichmütig ist, läßt sich nicht aus der Ruhe bringen. Wer sich nicht aus der Ruhe bringen läßt, ist ohne Kummer“.

Eine kluge Erkenntnis, die bald 2000 Jahre alt ist!

Auf Wiedersehen in New York

Zum Abschied sagte mir Angie „Es war gut, dich wiederzusehen. Und – sieh zu, daß die Lampe nicht ganz ausgeht, ja?"

Und ich lachte und sagte „Ich werde versuchen sie am Brennen zu halten".

„Dann ist alles gut".

„Wir sehen uns wieder".

„Mach's gut!"

„Du ebenfalls".

„Tschüß, auf Wiedersehen!"

Für die Rückfahrt zum JFK-Flughafen nahm ich einmal wieder mit viel Mut die U-Bahn, um die Ebbe auf meinem Bankkonto etwas auszugleichen und vielleicht noch einige, hoffentlich ungefährliche, verwertbare Eindrücke zu erhaschen. Mit schlappen $ 2,75 kann man von Brooklyn in Richtung Flughafen starten. Je entlegener die U-Bahnstationen sind, um so düsterer, heruntergekommener und verschmutzter sind sie. Um so mehr kann man mit wenig Fantasie in die Vergangenheit der letzten Jahrzehnte der Stadt NY eintauchen. In den U-Bahnschächten ist die Luft dick, mit unangenehmer stickiger Schwüle. Alles scheint verdreckt zu sein. Boden und Wandkacheln sind völlig verdreckt, die meisten sind zersprungen oder haben Löcher. An fast allen der U-Bahnstationen ist die Betondecke von

Schimmel und dicker Staubschicht schwarz verfärbt und man sieht funktionslose mit dicken Staub- und Dreckflokken belegte Elektrokabel zwischen rostigen Eisenstützen herabhängen. Auf manchen Gleisen steht Wasser und die Ratten sind allgegenwärtig. Das alles ist der Gegenwert für den niedrigen Fahrpreis. Darüber hinaus ist man nie sicher, ob der Zug wenigstens halbwegs pünktlich ist und dorthin fährt, wohin er eigentlich fahren soll. Verspätungen und Umleitungen sind auf längerer Strecke, und die Fahrt zum JFK ist eine solche, an der Tagesordnung.

Ein New Yorker fragte mich mit strahlendem Lächeln „Warum erwartest du, daß Züge und Busse auf die Minute pünktlich sind?" Vielleicht ist es eine deutsche Eigenheit, die mir schon gar nicht mehr auffällt.

Die New Yorker nehmen es mit Gelassenheit, man läßt sich Zeit. Wer es sich leisten kann nimmt in der Regel ein Taxi, den Kleinbus oder als preiswertere Alternative eine der über 300 Buslinien. Das ganze U-Bahnnetz soll in den nächsten Jahren mit einem Milliardenaufwand saniert werden. Nach Zeitungsberichten soll es um 29 Milliarden gehen. Streitigkeiten über die Finanzierung und den Zeitplan zeichnen sich bereits ab.

Trotz aller Bedenken gab es keine besonderen Vorkommnisse und keinen Ärger am Abreisetag auf der Fahrt mit der U-Bahn zum JFK . Genau so wenig auf meiner Rundreise mit der Bahn durch die USA. Ich hatte mit Beschwernissen gerechnet, doch ich hatte nicht gedacht, daß meine Reise so reibungslos ablaufen würde und ich die Reise so genießen würde. Von dem Augenblick als ich im Zug saß geriet ich in den Bann der Mitreisenden und der Orte, die ich besuchte. Vor allem war ich angetan von den Menschen denen ich begegnete. Ich bewunderte sie, wie sie ihr Leben bewältigen.

Die ungezügelte Energie von NY City mit den Stadtteilen, die ich besuchte, hatte ich ebenso genossen wie die einzigartige Stimmung in diesem ethnischen Schmelztigel, die jeden sofort in ihren Bann zieht. Ich war fasziniert vom Lebensrhythmus dieser riesigen, blühenden Stadt. NY ist ein großartiges Symbol für den Traum von Amerika. Fortschrittliche Kunst, Literatur und wegweisende Kultur der Gegenwart werden von dieser Stadt geprägt.

NACHWORT

In meinem Buch geht es darum, das was Menschen aus Egoismus tun, ihnen bewußter zu machen, daß sie es deutlicher und heller sehen, dabei muß es sich nicht um eine Art Erleuchtung handeln. Ich verstehe es als Angebot an die Leser. Statt Wahrheitssuche beherrscht uns immer mehr bewußte Desinformation. An die Stelle von Fakten treten Meinungen oder auch in Worte gehüllte Absichten und Interessen. Man will etwas erreichen und versucht, das eigene Wollen mit „postfaktischen" Aussagen zu belegen. Das Ziel dieses Vorgehens ist immer, eine Stimmung und/ oder eine Entwicklung in einer Art zu zu beeinflussen, die den eigenen Absichten dienlich ist.

Wenn dem einen oder anderen im Laufe der Lektüre einige Lichter aufgegangen sind und andere ausgeblasen wurden, wäre ich zufrieden.

Entäuscht wäre ich aber, wenn einige Teile der Lektüre von Unvernünftigen als Tipps und Rezepte für ihre Unaufrichtigkeit verwendet werden.

Tipps und irgendwelche Rezepte will ich nicht liefern.

Jeder soll das glauben, was für ihn am plausibelsten ist. Jenen ihr Vertrauen schenken, die es ihrer Meinung nach am meisten verdienen. Und danach konsequent handeln.

Im Verlag Monsenstein & Vannnerdat
2011 < Onkel Sam tickt anders >
2013 < USA – Jeden Tag viel Schlechtes und wenig Rechtes >

Als erweiterte und aktualisierte Neuauflage

2013 bei Books on Demand (BoD) <Onkel Sam tickt an-
ders> 249 Seiten ISBN 978-3-7322-1402-0

2014 bei Books on Demand (BoD) <USA - Illusion und
Realität> 320 Seiten

2017 überarbeitete Neuauflage (BoD) <USA – Illussion
und Realität..ISBN 978-3-7448-7922-4

2015 bei Books on Demand (BoD) < Tapetenblumen>
279 Seiten

2017 bei Books on Demand (BoD) <Typisch Amerika-
nerin>

Das Buch <Illusion und Realität>, sowie das vorliegende
Buch <Typisch Amerikanerin> sind zu einem erheblich
reduzierten Preis auch als E Book lesbar.